儒家與現代政治

編輯委員會

總編輯：錢永祥

編輯委員：王超華、王智明、沈松僑、汪宏倫
　　　　　林載爵、周保松、陳宜中、陳冠中

聯絡信箱：reflexion.linking@gmail.com

網址：www.linkingbooks.com.tw/reflexion/

目 次

思想訪談

公民儒教的進路：陳明先生訪談錄

我分別從「作為一個宗教的儒教」和「作為公民宗教的儒教」兩個層面思考儒教的重建問題，並且強調「最終獲得公民宗教的地位或功能」這個目標的重要性。儒教如果不能發揮這個作用，那麼它的存在意義有限。

思想評論

後全球化時代的愛爾蘭劇場

愛爾蘭劇作家正是文化視野改變的催化劑，亦即透過對「島外」世界的觀察與體悟，以及對外來移民及社會邊緣族群的刻畫，來彰顯各種差異性的可貴，並深化多元文化的內涵。

思想人生

余英時：知人論世

讀了余先生的著作或是和余先生通過電話，我會冥思時空的奇妙，古人今人，天涯咫尺，竟在神遊與笑談中穿越時間與空間的隔閡，這也許便是歷史研究的魅力。

致讀者

前近代、亞洲出發思考與作為方法的中國[1]：
重新理解溝口雄三教授的一些歷史觀點

葛兆光

前記

溝口雄三教授（Mizoguchi Kozo，みぞぐちこぅぞぅ，1932-2010）對日本和中國，尤其是對日本和中國的亞洲歷史研究，有很深刻和廣泛的影響。他是一個具有領袖氣質的學者，也是一個親切友善的朋友。我與他1995年在東京相識，此後，我一直關注他的研究，特別是關心他對日本中國學研究理論與方法的論述。他於2010年7月去世，失去了一位可敬的前輩學者，我感到非常難過。這些年來，我曾經寫過和他商榷的書評，也在中國的清華大學和復旦大學，與年輕博士生們一道討論他的著作。雖然我和他在學術上有一些不同看法，但是我一直是把他當作最可尊敬的學術對話者，通過對他學術論著的閱讀，我了解了日本中國學的變化和趨向，也讓我了解到他個人的關懷和思考。這篇評論其實是我的講課記錄稿，我做了較大

---

1 這是我在清華大學、復旦大學博士課程中的一份講義，這裡有些枝蔓，因為保留了講義記錄的大體原貌，只是增加了一些必要的注釋。——作者

的修訂。我想用一些不同於他的學術意見，作為對他的深切紀念，
可惜的是，我們再也不能聽到他的回應了。——葛兆光

引言：日本的思想史研究傳統及其影響

今天要討論的，是日本學者對於中國思想史的研究。在討論溝
口雄三的研究思路之前，我想先說一些題外話，權當引子。

在二戰以後有關文史方面的日本學術界，最有影響的當然是丸
山真男（1914-1996），丸山真男在日本的影響之所以極大，是因為他
討論的是日本自身的思想史問題。我必須告訴大家的是，任何國家
的學術，特別是文史之學，必然是與本國有關的領域才是主流，沒
有哪一個地方，研究外國文學、歷史、哲學可以成為主流的，即使
是研究外國的，這個「外國」也要和「本國」的問題相關，否則就
是屠龍之術，是紙上談兵，是隔靴搔癢，就好像古詞裡說的，「吹
皺一池春水，干卿底事」？除非是沒有建立文化主體性的殖民地區，
被人家控制了經由學術研究上升為上流階層的管道，你才會「錯認
他鄉是故鄉」，像非洲過去一些殖民地的大學，把英、法文學和歷
史當作主課，連一些非洲出生的大學生也不得不到英法去讀英國歷
史、法國文學，不過那是一種特殊情況。丸山真男是研究日本政治
思想史的權威，順便說一句，在日本的大學裡，很多研究政治思想
史的學者是在法學部的，丸山真男就是東京大學法學部的教授，我
曾經去東京大學法學部訪問，那裡和文學部真不一樣，是走廊有紅
地毯、門口有傳達室的，哪裡像文學部那樣簡陋和自由。因為他是
主流學科的教授，因為他研究的是日本本國的思想和政治，所以他
研究日本近代思想史的立場、方法和思路，極大地影響了一兩代學
者，一直到現在，包括他的學生，比如我的朋友渡邊浩、黑住真等

等，還在他所提出的問題和使用的思路的延長線上，爲什麼？因爲他對於日本政治和思想「走向近代」的敘述，大體上奠定了日本近代思想史論述的基本框架，要想在這一框架之外，另走出一條詮釋和敘述的路子來，實在是很難。

他的名著是《日本政治思想史研究》，很早就有英文本，現在也有了北京三聯書店出版的王中江中譯本，很好找的。簡單地說，這部著作的邏輯思路就是這樣的──

（一）在信奉佛教的鎌倉時代，從中國傳來的朱子學本來處於邊緣，但是，在德川時代，朱子學開始成了主流的政治意識形態，關鍵人物是藤原惺窩和林羅山，他們以「自然」的秩序爲中心，建構了德川時代關於自然、社會和倫理秩序一體化的統一的理論基礎。

（二）但是，由於「古學者」繼起，如山鹿素行（1622-1685）、伊藤仁齋（1627-1705）、貝原益軒（1630-1714）及荻生徂徠（1666-1728），他們用復古的方式，有點兒像中國的乾嘉考據學回到漢代一樣，他們借了更古老的經典解釋，來批評朱子學，走出朱子學。於是引出了這樣一個結果，就是儒學是治國平天下的學問，那麼，它就應當是政治統治者的事情，「上帝的歸上帝，凱撒的歸凱撒」；儒學只是一種政治學說，不應當干預「私」領域就是人的實際生活世界。這是適應日本生活領域以及日本本身文化「古層」並不那麼儒家化的實際情況。這樣一來，「公」與「私」就開始分化，這兩個領域的分化，是近代性產生的一個基礎。

（三）接著，又由於賀茂真淵（1679-1769）開創的「國學」，特別是本居宣長（1730-1801）的繼起，朱子學開始瓦解。「國學」很民族主義，它開始逐漸在思想世界中「去古典中國化」，確立日本文化的自主性。按照丸山眞男的說法，古學和國學者的邏輯是，第一步回到文獻學傳統，在古文獻中直接觸摸聖人之心，排除後人各種解

說的影響，包括朱子之學。第二步是真理依據的歷史化，用歷史的精神「掀翻了僵化的儒學合理主義的重壓，一步步獨立發展的過程鮮明地展現出來」[2]。第三步是對人的自然性的合理解放，它進一步把聖人之道歸於政治領域，於是在生活世界更加排除了道德嚴厲主義[3]。

在這裡，你看到的好像是歐洲文藝復興時代一樣的歷史，丸山真男也描述了一個很流暢的日本近代思想史過程，從朱子學到古學，從古學到國學，好像是一次又一次的「蛻皮」。隨著朱子學的瓦解，原來社會的基本觀念和秩序就隨之崩潰，日本政治思想和社會秩序便出現了巨大的近代轉型[4]。這個說法最像誰的論述？梁啓超。梁啓超《清代學術概論》就是這樣的，清代先是考據學從宋代

2　丸山真男，《日本政治思想史研究》，王中江譯(三聯書店，2000)，頁111。

3　特別是荻生徂徠，在他的思想世界中，首先，「道」只是人類規範，不是自然法則，所謂天道、地道，只不過是一種「類比」，其次，他把領域區分為「公的」和「私的」，公、私各得其所，再次，改變過去「公」占有絕對合理性，籠罩一切人類生活，「私」被徹底摒棄和鄙夷的情況。因此，「朱子學的連續性(即整體性——引者)思維在此已完全解體，一切都走向了獨立化」，這個「獨立化」的意義是，將「社會」從自然秩序下分解出來，政治和社會不再受「天」的秩序合理性控制，將「人」從社會合法性下分解出來，個人的道德不再受社會秩序所控制，一切都需要重新確認其合理性，因而由「自然」轉向「作為」。丸山真男，《日本政治思想史研究》，中譯本，參看頁51、69、74。

4　在丸山真男的《思想史の考え方について》中，他曾經說到，思想史有三種進路，一是教義史(history of doctrine)，二是觀念史(history of ideas)，三是時代思潮史，他的這部關於近代日本政治思想史的名著，其實就是按照思潮史的方法來寫的。載武田清子(編)，《思想史の方法と対象》(創文社，1961)，頁3-33。

復古到東漢，今文學再從東漢復古到西漢，終於也成就了中國的文藝復興，兩者論證的方式，真的很像。

　　但對於中國學界來說，九山真男的影響一直不大。這很奇怪吧。1990年代初，留日的區建英女士翻譯了他的一部論文集《福澤諭吉與日本近代化》（上海：學林出版社，1992），其實很好，可是好像沒有產生應有的反響。後來2000年王中江翻譯了這部《日本政治思想史研究》，但是，一來理解這部書，需要日本史的知識背景，二來卷首孫歌的序文把歷史變成了理論，弄得很難懂。所以雖然有一些反響，但對他理解還不深。倒是溝口雄三的影響在中國學術界卻非常的大，爲什麼？一是溝口雄三非常熱情地聯絡和溝通兩岸的中國學研究者，他人很好，而且多次來往中日之間，甚至還在北京外國語大學當過日本學研究中心的教授；二是溝口的一些理論，對於大陸的學術界很有吸引力，因爲它一方面符合中國學術民族主義的潛流（指「前近代」等不以歐洲歷史爲歷史座標的思路），一方面符合中國學術世界主義的潮流（指超越中國的「從亞洲出發思考」），同時，他對於中國研究的方法論的批判和檢討，也相當有刺激性；三是他對於日本本身政治和文化的批判，很能夠讓一些中國學者產生好感。

　　他的學說和影響，曾經對中國學術界起了很大作用，因此，這裡我要對他的中國學研究的立場、觀念和方法，作一個比較全面的討論。在這個學術越來越國際化的時代，不能關起門來，山中無老虎，猴子充大王，也不能像以前魯迅說的「拿來主義」，照單全收。接受外來的啓示當然是很好的，但我一直強調，你要考慮人家有人家的立場，人家有人家的問題，連過去都知道要「馬克思主義與中國革命實踐相結合」，現在你要是照貓畫虎，可能最後結果就是邯鄲學步、鄭人買鞋、刻舟求劍，連自己怎麼走都走不好，連自己腳

有多大都不知道了。

現在言歸正傳，回到今天討論的主題溝口雄三先生。溝口雄三
的著作很多，這裡最主要討論的，一是他的《中國前近代思想的曲
折與展開》(日文，東京大學出版會，1980)、二是他和其他一些人
主編的《從亞洲出發思考》七冊本(東京大學出版會)，三是《作爲
方法的中國》(日文，東京大學出版會，1989)等等。在這些著作和
其他的論文裡面，我簡單地歸納有幾個很重要的基點，(一)他以所
謂「前近代」爲歷史單位來分析上連古代中國，下連現代中國的明
清思想，揭示一種所謂「反歐洲中心」的歷史觀念，(二)以「亞洲」
爲空間單位，構造出一種新的歷史視野和文化共同體，試圖以「歐
洲」爲中心的西方作爲「他者」，來認識東亞文明，(三)提出「作
爲方法的中國」，反省日本中國學的立場和方法。這些論著，無論
在日本的中國學研究領域還是日本的日本學研究領域，都產生了很
大的衝擊[5]。

因此，下面我們就要討論這三個觀念，「前近代」、「亞洲」
和「作爲方法的中國」。

---

5 除了他的代表性著作《中國前近代思想的屈折與展開》(索介然、
   龔頴中譯本，中華書局，1997)之外，溝口雄三有相當多的論文已
   經譯成中文，建議閱讀的較重要論文，如1.〈論明末清初時期在思
   想史上演變的意義〉，載辛冠潔等編，《日本學者論中國哲學史》
   (中華書局，1986)；又，見《史學評論》第十二期(1986年7月「世
   界漢學專號」，台北，史學評論社，1986)。2.〈明夷待訪錄的歷
   史地位〉，載《日本學者研究中國史論著選譯》第七卷(中華書局，
   1993)；3.〈明清時期的人性論〉，同上；4.〈中國民權思想的特色〉，
   中研院近史所編，《中國現代化論文集》(台北，1991)；5.〈日本
   與韓國儒學研究的共同課題〉，《學人》第八輯，江蘇文藝出版社，
   1995；6.〈禮教與革命中國〉，《學人》第十輯，江蘇文藝出版社，
   1996；7.〈日本人為何研究中國〉，《新史學》1卷2期，台北，1990。

一、「前近代」：重新命名，意義何在？

　　我過去反覆說，我們所有的學術課題，本身不僅直接面對著一個研究領域的各種文獻資料，同時它自身也是一個要放在學術史領域中回顧和審視的東西。我們討論溝口的研究，當然也要看他的觀念和方法，出自什麼歷史和思想背景，所以，就要檢討在他之前的近世中國思想史的研究史。

　　在關於近世中國思想和文化史的領域，在溝口之前日本學界已經有很多傑出的研究。其中，有兩個學者是很有名的，一個叫山井湧(1920-？)，一個叫島田虔次(1917-2000)。

　　山井湧關於思想史時代劃分的論述，是在他的名著《明清思想史研究》(東京大學出版會，1980)。這本書的第二部分是「從明學到清學」，有兩篇論文很重要，一篇是《明學から清學への轉換》，這是1961年在日本東北中國學大會上的發言，這裡面他歷數梁啓超的《清代學術概論》(1920)、《中國近三百年學術史》(1923)、錢穆《中國近三百年學術史》(1937)、和田清《東亞史論藪》(1942)中的《明代總說》、市村瓚次郎《東洋史統》(1950)中的種種說法，提出一個關於明代學術和思想的總看法。他認為明、清之間，有三個趨向，一是實踐派，批判科舉背誦之學的無用，主張實際修養，如孫奇逢、朱之瑜、陸世儀、李顒、陸隴其等等；二是技術派，以天文曆算、農業水利、兵學火器為學，如徐光啓、薛鳳祚、王錫闡、梅文鼎等等；三是經學史學派，否定空談心性虛理的，要用實際知識來解決社會問題和政治問題的，像陳第、黃宗羲、顧炎武、王夫

之、毛奇齡、費密、萬斯同、唐甄等等。他覺得這是明清之間的過渡[6]。

在這個歷史敘述的基礎上，另一篇論文《明末清初的思想》則提出了明清之間，應該是王陽明之學到經世致用之學，從經世致用之學到考據學的三階段，他有這樣一個表：

(1)目的：心學是「作聖」，經世學是「經世」，考據學是「實事求是」。

(2)內容：心學是「心的本體功夫」，經世學是「政治論」，考據學是「文獻學」。

(3)方法：心學是思考、體認、踐履，經世學是博學、實證和政治活動，考據學是讀書。

(4)關懷：心學是自心和人格，經世學是社會政治改善，考據學是追求古典真相。

(5)領域：心學是「心─我」關係，經世學是「社會」問題，考據學是「學問」。

(6)哲學：心學是「理氣渾一」，經世學和考據學都是「氣」的哲學。

因此他得出一個結論：第一，明末清初是「中世的思想到近世思想的過渡期」；第二，這種過渡期的背景是資本主義萌芽，市民階級的興起，社會危機和民族危機，西洋文化的進入等四個因素；第三，思想的表現是客觀主義就是唯物主義和實證的方法，這和「氣」的哲學相關；第四，經由明末的經世之學的轉換，明代的思想，因爲轉向客觀思考、實證方法和氣的哲學，就產生了近代性的考據學。

這個看法顯然很接近馬克思主義的公式。和中國的「資本主義

6　山井湧，《明清思想史研究》，頁239-249。

萌芽」討論一樣,這種範式當然很簡單機械,但是,它卻使一些過
去不注意的歷史浮出水面。比如「資本主義萌芽」討論,由於注意
「資本主義」,所以,你就要去發掘那些有關的歷史資料,因而城
市市民階級或者商人的資料、城市紡織業的資料、鄉村買賣土地的
資料、人口和流動的資料,以及在思想上促進個性和自由,在知識
上熱心於新方法和新科技,在經濟上關心私人財產所有權,在倫理
上諷刺傳統道德的種種資料,就在這個聚光燈下,變得非常顯眼了。
山井湧也是這一方法和思路,而且他的預設和前提,顯然有一個「什
麼叫近代社會」的理論,就是「近代」一定有資本主義生產關係、
有城市的市民階級、有反抗神學的唯物主義、有實證的理性等等。
儘管現在看來這種理論已經很陳舊,但是大家要知道,這種看來很
舊的理論,在日本當時是很有影響力的。

　　在日本,對於中國「近代思想」的歷史更有影響力和籠罩性的,
是島田虔次的論述,他的代表性著作是《中國における近代思維の
挫折》(東京:筑摩書房,1970)。

　　和山井湧把清代考據學看成是近代性標誌思想不同,島田虔次
是把明代中葉的王陽明到李贄看成是近代中國思想發展的萌芽。他
提出的標誌性證據是,(1)在明代中葉的這個思想過程中,因為特別
突出了「心」的自主性,所以有自我心靈的凸顯和個人精神的確立。
他覺得,「心學的根本問題是人類、人性的問題」,而人的問題可
以分為兩個部分,一是人作為內在的人的概念,這是「心靈精神」
的層面,一是人之所以為人的外在實踐,就是心靈決定的外在「社
會行為」[7]。島田認為,人終究是社會的人,實踐終究是社會的實踐,
而這裡說的社會即作為對象的古代中國社會,它的基礎是由士大夫

7　《中國における近代思維の挫折》序,頁2。

組成的，所以任何士大夫的思想和行為傾向的變化，都是社會性質
的變化。所以，他認定明代中葉的思想和社會，是一個具有新傾向
的思想和社會。(2)個人的精神或者心靈世界和社會秩序的關係究竟
如何？宋代是依賴所謂「天理」，也就是依靠外在於個人內心的「他
力約束」來實現社會秩序的，可是這個「天理」究竟是什麼？顯然
它是一個被預設的，不言自明的東西。「天理」與包弼德所說的唐
以前的「自然」雖然不同，但它仍然是不需論證的外在於「人心」
的力量。而明代心學則把它轉向了「心靈」，就是說，社會行為和
社會秩序是否合理，其判斷尺度在自我的內心裡，是依靠「良知」
來實現或把握的。這是一個很大的差別，因為這背後涉及一個如何
處理社會與秩序、以及自由和個人的問題。(3)他認為，王陽明的心
學，已經到了儒家世界可以容忍的極限，如果再往前走一步，就走
到了儒家世界的邊界外面，就是強調個人、自由、平等等等價值的
近代了[8]。

8　這種思路和觀念，可能受到中國學術界的影響，1931年稽文甫寫成
　　《十七世紀中國思想史概論》(此書未出版，據《稽文甫文集》整
　　理者說，是他在1931年北京中國大學的講義，其中第四章1932年發
　　表與《百科雜誌》1卷1期，第一章則為1934年《左派王學》一書的
　　附錄。參看《稽文甫文集》頁131，河南人民出版社，1985)，1934
　　年他又出版《左派王學》(後來1944年又出版《晚明思想史論》)，
　　基本上是把王學和王學左派與五四聯繫起來，構成近代性的資源。
　　他和後來侯外廬都是這一觀念，覺得明代中後期有思想解放思潮。
　　吳震指出，先是後藤基己(1915-1977)在1942年的論文裡《清初政
　　治思想の成立過程》中採用了左派王學的說法，後來島田也用了這
　　一觀點，並在書中特意介紹稽文甫的說法。見《十六世紀中國儒學
　　思想的近代意涵──以日本學者島田虔次、溝口雄三的相關討論為
　　中心》，載《東亞文明研究學刊》第1卷2期，台大東亞文明研究中
　　心，2004。

　　其實，這個思路的來源很早很早，早在1941年，他在京都大學寫的大學畢業論文《陽明學における人間概念、自我意識の展開と其の意義》，曾經發表在《東洋史研究》8卷3號和5、6號合刊（1943）。這篇文章可以說就是這部書的基礎，所以，這部書其實寫得很早，序文完成於1948年，應該算是島田的早期著作了。可是，我們要注意島田討論的重心是，從王學本來的思想趨向，特別是王學左派即像李贄以及泰州學派那種趨向，換句話說就是走向「近代」的傾向，為什麼——請注意，他要問的就是這個「為什麼」——後來「只開花不結果」，結果是受到挫折？所以，他的書名是「近代思維的挫折」。他把原因歸結為：（1）當時中國的這個趨向，之所以沒有像歐洲那樣形成近代中國，是因為它的承擔者，不是新興的資產階級或者市民階級，而是士大夫；（2）對於當時社會那種爛熟的危機和緊張的危機意識，他們只是用自我整肅的方式來挽救；（3）尤其是東林黨如顧憲成等等，又開始復興朱子的禮教主義，所以，它不能真正地走向近代，反而受到了挫折。

　　有人把這部書和丸山真男的書並稱，比如曾經擔任過日本關西大學校長的河田悌一教授[9]，可能這在日本是一個共識，前幾年我在京都大學和夫馬進教授聊天時，他也這麼評價他的老師，覺得島田和丸山就是研究中國和日本思想史的雙峰並峙。這是有道理的，因為島田虔次和丸山真男一樣，用清晰的脈絡敘述了一個「走向近代」的思想史過程，建立了一個典範。不同的是，陽明學及其左派思想中所存在的和西洋一樣的自我覺醒的近代思潮，和日本不同，在明末清初遭受了挫折。如果說，丸山真男的脈絡是，德川時代的思想

9　河田悌一，〈民國初期近代學術研究之成立〉，《國史浮海開新錄》
　　（台北：聯經出版公司，2001），頁537。

是從朱子學，到分化自然和社會兩大領域的古學，再到確立日本主
體性，從中國思想籠罩下脫魅的國學，政治思想逐漸走向「近代」，
那麼，島田虔次的脈絡就是從朱子之學的天理中掙脫出來，確立「人」
和「心」價值的王學，到更加追求自由和解放的左派王學，最終由
於這一趨向受到挫折，因而「中國」不能順利走向「近代」。

　　當然，也有人對他的研究思路相當不滿意，比如另一個著名學
者山下龍二，在1949年8月的《斯文》雜誌第三號上就發表了批評的
書評，1951年7月更在《哲學雜誌》上發表《論明末反儒教思想の源
流》，對島田的歷史觀進行很嚴厲的批評，說他是「結論先行」，
因為島田預設了「中國存在近代精神」，所以反過去到歷史裡面去
「發現」。他覺得，並不是中國近代思維產生了之後受到挫折，而
是中國近代思想受到挫折根本就沒有生出來。這是很尖銳的批評。
而另外一個學者岩間一雄則提出，王陽明和李贄都是處於封建社會
末期，試圖「補天」的理想主義者，而明末清初仍然是舊的封建時
代，他們是想為這個時代彌補破綻，改弦更張，而不是真的要破壞
這個社會的秩序，所以實際上當時中國思想世界已經沒有創新的活
力了，他在1968年出版的《中國政治思想史研究》（未來社，1968）
中就是這個意見。

　　針對種種批評，1970年島田虔次在這部著作的〈再版後記〉中
進行了強硬反駁：

　　首先，關於所謂「近代」。他特別強調宋以後的中國是「近世」，
是與歐洲近代是平行的，宋以後的中國和文藝復興以後的歐洲有同
樣的現象。大家可能已經注意到了，因為島田虔次是宮崎市定的學
生，他當然認同宮崎氏關於宋代為中國近世這一觀念[10]。當然，這

_____

　10　參見島田虔次，《中國の傳統思想》所收〈宮崎市定の系譜論〉（東

也是在批評當時日本學界所謂的「中國停滯論」，同時也是主張，要在世界歷史的普遍法則之中，觀察中國歷史。

二，但是，他又相信中國的道路也是特殊的，所以，也主張要在東方特殊的背景中理解中國。和文藝復興不同，中國是從宋代的「理」(外在於人心的天理)的他力約束，轉向明代的「心」(內在於人的心性)的自力約束，這種轉變極容易啓動「心」的凸顯和「情欲」的高揚，因爲這給了人心以判斷和裁判善惡的最高權力，而這種凸現個人和自由的思想，在李贄時代到達了高峰。

三，「情欲」與「天理」、「私」與「公」、「人」與「天」之間分裂，前者在王學及其左派那裡被高揚，而後者則在朱子學那裡被堅持，這種「分化」正是近代思想產生的重要標誌，和丸山真男一樣，「不同領域的分化」被理解成是近代理性主義的表現。

四，可是，這種具有近代意味的思想在李卓吾之後就遭到「挫折」，東林黨是一種轉向，使歷史回到朱子學的軌道，因而清代是一個「反近代」(性質上)的「近代」(時間上)，一直要到清末，中國才又一次進入「近代」。

山井湧和島田虔次雖然立場不同，但是他們有一點是一樣的，就是堅持從「古代」到「近代」的歷史脈絡，而這個古代和近代的分野，就是從西方文藝復興以後的歷史那裡來的。顯然，這和丸山真男，也和中國敘述清代思想史的梁啓超相似，這樣的條理清晰而立場清楚的研究，即所謂背靠西歐歷史、堅持以自由、民主和科學爲基本價值，認爲人類將普遍趨向進步的現代的歷史觀，是很長一段時期內強大的歷史典範。

溝口雄三先生就是在這一學術背景下登場的，因此，他勢必首

(續)————————————
　　京：すずみ書房，2001)，頁329-337。

先對這種典範進行批判。溝口在理論上很有辨析力和想像力，他左右開弓，一邊批判那些把王陽明和李卓吾當作「近代」源頭、強調其個性主義和自由精神、並且認為他們在晚明遭受失敗的說法，像山井和島田，一邊批判那些把王學和李贄當作「古代」的末端，因而強調其基本仍局限於傳統內的說法，像岩間一雄，和另一位學者即《中國鄉紳地主研究》（汲古書院，1978）的作者奧崎裕司[11]。溝口批評他們，特別是針對島田虔次，認為這些論述實際上都沒有脫出「西歐中心主義」的價值觀（指以歐洲近代的理性、自由、科學為絕對價值）和時代分期論（如同歐洲一樣，從中世到近代），是用歐洲模式來套中國歷史。

其中，溝口雄三對島田虔次的批評主要集中在三點上——

一，島田是以朱子學的「天理」為封建的規範，以「人欲」為人類的自然，然而，這種二元對立的思想史樣式，是基於日本式的「近代」概念（即丸山真男所謂古層和低音的日本民眾生活世界與外來的經典和上層的理論世界的分離），和中國思想史的實際狀況並不吻合。

二，從王陽明以後，肯定並且包攝「人欲」的新「天理」觀，從東林黨、到戴震，是一貫的新取向，是連續的而不是斷裂的，所以不能說是「挫折」，只能說是「曲折」。在這一點上，溝口對東林黨有很高評價，這和島田虔次認為東林黨造成「中國近代思維的挫折」相當不同。

三，從王陽明到李卓吾，並不在於島田說的，意義是對「自我」與「心靈」的確立，而是「理觀」的內在轉變，換句話說，就是富

11　參看溝口雄三，〈論明末清初時期在思想史上的歷史意義〉，《史學評論》第12期（1986年7月「世界漢學專號」），頁99-102。

於包孕性的「天理」本身的變化。

　　在他看來，明末思想界雖然有對「欲」和「私」的肯定，確實是最重要的變化，但是「人欲」被放在正面肯定，並不意味著把「天理」放在反面，「私」被置於合理的位置，也不意味著「公」被貶為負面的位置。所以，溝口提出，重新理解「欲」和「私」，給「理」觀以重新解釋是很重要的。「理」在明代末年的演變，包含了「理」中有「欲」、「公」中有「私」，欲合天理、私即大公的轉變。例如，黃宗羲把民眾的「小私」還原為「大公」，肯定了「欲」和「私」的合理性，而把過去絕對的皇帝權力之所謂「大公」批判為「大私」，否定了這種「公」和「理」的合法性，並且要求為「天下之大公」而分治，其實，這是地方鄉紳意欲與國家和皇帝分權的背景下產生的觀念。溝口的結論是，這一明代王學以來的新動向，並不是在明末清初夭折了，而是在清代以後繼續發展，一直延續到清代末年，形成「大同的公理觀」──這就是現在一些學者說的「從天理到公理」的過程。因此從王陽明到李卓吾、到東林黨、到戴震，是連續的思想史過程，這一過程只是「屈折」與「展開」，而這個時代就是「前近代」，是近代之前的那個時代。

　　他的批評有沒有道理呢？應該說還是有一定道理的，除了他提出的對西歐中心主義歷史觀念需要警惕之外，主要可以提出的有三點，（一）把「理」的演變分析得更加細緻，更可以包含「天理」中複雜的多面性，不至於把「天理」簡單地理解為與「人欲」對立的、籠罩自然、政治和倫理各領域、維護舊時代秩序的規範。（二）把視角轉向「內在理路」[12]，即考慮到不僅是中國社會、政治、經濟的

12　在2001年溝口雄三發表〈俯瞰中國近代的新視角〉，指出中國近代的敘述，有三個視角，一是資本主義視角，即以鴉片戰爭為近代歷

歷史不是停滯的，而且思想本身也孕育著自我轉化的資源和可能，「天理」這樣的東西，其引發的後果不是一面的，而是多面的。(三)重新構造了一個連續性的思想史線索，不再強調斷裂和中止，而是突現了蔓延和伸展。

但是，在這裡我還是要提出質疑——

第一，所謂「前近代」的說法，雖然批判了「近代」分期依據歐洲歷史的問題，但是，它是否仍然落在依據中古與近代的「社會分期論」的窠臼裡面？換句話說，就是他一方面主觀上要跳出歐洲中心，一方面客觀上又落入歐洲中心。為什麼？因為你所謂的「前近代」或者「近代之前」，仍然是西歐歷史背景下分期的結果，無論是「近代之前」還是「前近代」，它仍然要有一個「近代」，而「近代」的標誌仍然是是否具有「個人」、「自由」、「民主」等等價值，那麼，「前近代」和「近代」這種差異有什麼意義？正如溝口所說的，「『近代』這一概念本來是地區性的歐洲的概念」[13]，它是按照西方歷史的變化和分期確立的一個標誌著社會歷史階段的詞彙，它的背後有種種特定的歷史意味和價值判斷，並不是所有「距今若干年」的時間都可以稱作「近代」或「前近代」的。按照溝口的說法，我們要反對歐洲中心主義，東亞各國各有各的「近代」，那麼，「近代」這一詞中所包含歐洲標準，是否還是沒有被拋棄？

(續)————————————————————

> 史的開端，以帝國主義的侵略與對侵略的反抗為基本線索的敘述；二是文明視角，以歐洲文明的威脅，以及中國自我改革來回應威脅，以洋務、變法、革命的三段論構造歷史脈絡，以五四運動為「啟蒙」的敘述；三是內發式視角，大體上這第三種，就是溝口所主張的，構築中國近代歷史脈絡的視角。文見《台大歷史學報》第28期，2001，頁233-242。

13 《中國前近代思想的屈折與展開》，〈緒言〉，索介然、龔穎中譯本(中華書局，1997)，頁7。

如果我們還是要使用這個「前近代」的話，是否又得先回到歐洲「近代」所確立的一些標準上去[14]？顯然，站在日本或中國的立場回顧歷史，在感情上肯定傾向於用自己的歷史時間表，不想被西曆所控制，就像用黃帝紀元或用天皇紀年一樣。按照溝口的說法，歐洲的「近代」標準可以不要，各自有各自的，就好像籃球場上打足球，拳擊比賽用高爾夫規則，對中國人說愛斯基摩語，對歐洲人說古代漢語文言文。那麼，試問又以什麼為尺度，把一個民族和社會的某個歷史時段算成是「近代」？如果沒有這個「近代」，你又如何能夠確立一個所謂的「前近代」？

第二，使用「前近代」這個新的概念工具來重寫明清思想的歷史，是否能否改變整個歷史圖景，容納更多的新資料，產生更多的新脈絡。需要強調的是，所有的新概念工具，最重要的是，它能否讓另一些歷史浮出水面，出現在聚光燈下，成為理解新歷史的新證據。如果沒有達成這樣的目標，那麼新的概念工具只是「換湯不換藥」，等於是二五一十和五二一十的差別。換句話說，就是要追問這種歷史分期說法的變化，是歷史敘述的整體變化，還是僅僅是解

---

14 例如溝口雄三本人在《中國前近代思想的屈折與展開》中分析明末思想史上重要的新現象時，一而再再而三地強調，「一，對欲望予以肯定的言論表面化，二，提出對『私』的肯定」（序章，頁10）「這種對欲望的肯定和『私』的主張，在明末時期具有一個歷史性的意義」（序章，頁21），「明末時期對『欲』的肯定和『私』的主張，是儒學史上、思想史上的一個根本的變化」（序章，頁27），其實就與西方近代性的認知有關，因為肯定欲望和私的合理性，背後就是以所謂的「個人權利」的確立作為近代性的標誌。因此在某種意義上說，這一「前近代」概念的確立，並沒有根本改變關於明清思想史的知識，包括歷史資料的使用、歷史敘述的結構和歷史解釋的思想。

釋方式的轉變。這就像同樣用生產工具、生產關係、階級結構來定義「封建社會」，卻一樣有不同的封建分期一樣。我覺得，溝口和島田在討論明清思想的時候，使用的歷史文獻、處理的歷史現象和事實、敘述的基本脈絡，幾乎完全一樣。那麼，對於島田來說，溝口的著作是真的改變了歷史敘述嗎？

第三，這種以「近代」或者「前近代」的時代劃分來討論思想史的方法，是否仍然可以只依據陽明學為中心（最多加上陳白沙、湛若水），後面拖上一個東林黨來討論？可是，這種以「心學」和「理學」為主線，來討論明清文化和思想，能夠劃分中國社會、政治和經濟的時代嗎？小島毅曾經指出，這些明代思想史的研究，常常是以長江下游一帶的一些文化人為中心來討論的，可是那麼廣大的、複雜的明帝國，其整體思潮和文化，是否可以以這一地區的變化為代表，並劃出一個新時代？[15]

第四，我們是否可以用別的標準、別的線索、別的問題來劃分思想史的時代，而不必依傍政治、社會或經濟史的分期？換句話說，就是我認為，社會、政治、經濟和文化思想，不必要同步走，一二一進入某個叫做「前近代」的新時代。它可以自己有自己的時間表，更可以有自己的標誌性指標，不一定要依賴歐洲進入近代歷史時的那些自由、科學、民主的標誌。我們知道，歐洲是有一個神權籠罩的中世紀的，走出中世紀當然要反抗神學對理性、科學、個人、自由的壓抑。可是中國是在另外一種情形下走進新時代的，我們既然批評用西歐為標準，那麼，是否可以通過另外一些方式，來討論時代的變化：比如從「天下」到「萬國」，這是早期全球化時代，中

---

15 小島毅，〈地域からの思想史〉，載《交錯するアジア》（アジアから考えるI，東京大學出版會），頁36-37。

國被迫拉入了這個國際體系裡面，不得不放棄朝貢爲中心的國際秩序。正因爲這樣，思想文化領域就出現了四方面的變化；（一）自我完足的思想與文化體系，變成不得不依賴全球背景和其他文明來支持其合理性，來自「他者」和「公理」的內容，取代原來天經地義的依據，即古代中國的聖賢和經典。（二）支持思想合理性的傳統知識，諸如「天圓地方」之類，漸漸不僅失去了自身的合理性，也失去了支撐政治合法性的能力，取代它的，是由科學和實驗支持其正確性的「科學」。（三）原來一統的傳統知識世界，出現了分裂，仿佛莊子說的「道術將爲天下裂」。（四）意識形態與思想學說與宗教神學的合一，由於政治權、真理權和宗教權的分化，開始出現分離現象。這樣，明代後期的傳教士、世界地圖、天文曆算、神學觀念等等，就更有其思想史的意義，這是否也可以區分出一個思想史的新時代？

　　所以，我總覺得溝口雄三提出所謂「前近代」的觀念，好像並沒有給思想史研究帶來更多的新面貌和新變化。

二、亞洲：爲什麼要這樣一個歷史空間單位？

　　我在這裡首先要討論的是關於日本近代的亞洲觀。

　　這是一個竹內好（1910-1977）討論過的老問題，簡單地說，日本的亞洲主義思潮開始於中華帝國朝貢體制的崩潰，就是明治時代。從16世紀以後，西洋傳教士、探險家、殖民者、商人逐漸進入東亞，改變了這個本來就已經分崩離析的東方世界，也瓦解了以中華爲中心的天下圖像，和朝貢體制爲中心的國際秩序。因此，這一巨大變化，促進了日本的變化，也成就了日本，成爲他們重新建構新的政治地圖和文化地圖的契機。大家有興趣的話，看看明治時期日本的

言論界，不僅是日本的亞洲主義觀念（包括「興亞論」和「脫亞論」），
甚至一切後來的思想史變化，都可以在這個時代找到其原因。其中，
福澤諭吉、樽井藤吉、岡倉天心，都是人們常常會提到的例子。

竹內好關於日本的亞洲主義的說法，在他編的《亞洲主義》卷
首的論文裡面可以看到。簡單地說，就是：

（一）「亞洲主義」的呼聲漸高，與明治維新的成功有關。明治
維新的成功，一方面使日本從根本上擺脫了以中國爲中心的朝貢體
制，擺脫了傳統中華的文化籠罩，重新確立了日本的「自我」（日本）
和「他者」（東洋與西洋），一方面也使日本產生了擺脫西方，從西
方邊緣的尷尬地位中掙脫出來的願望。換句話說，就是通過返回亞
洲，再度確立一個地緣與政治、經濟、文化重疊的、作爲亞洲領袖
的「日本」。這是日本的亞洲主義的來歷，它和日本的民族主義有
關。

（二）其結果之一，就是竹內好所說的，產生了日本和亞洲的「連
帶感」。後來的興亞論、三國一體論（佛教信仰基礎的印度、中國、
日本，或者同文同種的中國、日本、朝鮮）都與此有關。就連主張「脫
亞」的福澤諭吉，在明治十八年（1885）三月十六日發表在《時事新
報》的《脫亞論》中也有這樣的話：「我日本國土在亞洲東部，但
國民之精神已經擺脫亞洲的固陋，而移向西洋文明。然而，……爲
今日謀，我國不能不等待鄰國之開明，一道振興亞洲，與其脫離其
伍而與西洋文明國度共進退，還不如接引支那、朝鮮……」[16]。當
然，同時他也說到，這個亞細亞的同盟，當然不能不以日本爲盟主，
因爲，日本在東洋的文明化進程中已經是當然的盟主和領袖[17]。

16　參看《福澤諭吉全集》第十卷（東京：岩波書店，1959），頁238-240。
17　參看福澤諭吉，〈朝鮮の交際を論ず〉，原載《時事新報》1882年

　　(三)其結果之二，就是刺激了日本的亞洲領袖欲和對抗歐美心，後來即成爲大東亞共榮圈之類對亞洲諸國「侵略心」的起源。例如，早期日本所謂從清國手中「解放」朝鮮、臺灣、琉球，二戰時期日本所謂從英美殖民者手中「解放」中國和東南亞之類的言論和行動，就是這一亞洲主義的產物[18]。

　　竹內好的說法很有說服力。如果再講得清楚一些，那麼，日本的亞洲主義觀念就是，第一，明治維新的成功，使日本迅速崛起，福澤諭吉「脫亞論」出現，日本成爲東方的「歐洲」，和「亞洲」在認同上漸漸脫節，儘管福澤從來沒有用過「入歐」字樣，但是大家都覺得是「脫亞入歐」，可見這個取向很明顯。第二，作爲亞洲區域國家的日本，在真正「西方」的壓迫下，逐漸有了「另類」的感受，因爲擠不進這個瓜分世界的列強圈子，這使他們有一種屈辱感。比如1895年簽訂「馬關條約」以後，俄、法、德三國迫使日本返還遼東，把已經吃進肚子裡的地盤吐一塊出來，這使日本人大爲震驚。當時著名的德富蘇峰(豬一郎)就大哭一場，頓時覺得，根本沒有「真理」只有「強權」。所以，日本人又從這裡反省，開始試圖重返亞洲，成爲和西方相對抗的「東方」。1900年前後，很多日本學者有這樣的想像，像岡倉天心寫的《東洋的理想》、《東洋的覺醒》、《日本的覺醒》等就是例證。下面這段話是很有名的，就和夏目漱石的「吾輩是貓」一樣有名：

　　亞洲是一個(アジアはひとっである)。喜馬拉雅山脈把兩個強

(續)————————————————————

　　3月11日，〈東洋の政略果して如何せん〉，原載《時事新報》1882
　　年12月7日，見《福澤諭吉全集》(東京：岩波書店，1959)卷8，頁
　　30、427。
18　竹內好編，《アジア主義》(東京：筑摩書房，1963)，卷首論文。

大的文明，即孔子的共同社會主義中國文明和吠陀個人主義的
印度文明分開，但雪山並不是障礙，它不能將追求普遍性的「愛」
的思想割斷，而這種「愛」是所有亞洲民族共同的思想遺傳，
正是在這一點上，它區分開了自身與偏好尋求人生手段而非目
的的地中海沿岸諸民族。[19]

所以他認爲，亞洲不必在歐洲面前妄自菲薄，說「歐洲的榮耀就是
亞洲的恥辱」，日本應該做亞洲的解放者等等[20]。此外，像樽井藤
吉提出的「大東亞聯邦國」構想(《大東合邦論》，1893)、近衛篤
麿提出的「同人種同盟」(《太陽》雜誌，1898)，都是這樣的想法，
這是一個很大的轉折。第三，1905年日俄戰爭之後，戰勝俄國的日
本，逐漸開始膨脹，在自我膨脹以後更趨向「回歸亞洲」和「亞洲
一體」思潮。其實，這是現代化以後的日本民族主義意識高漲的結
果，因爲日本的強盛，所以他們自然而然地產生了亞洲拯救者和亞
洲盟主的意識。——結果，「亞洲」論在明治到大正年間非常流行
和興盛，並且成爲二戰時代「大東亞共榮圈」侵略理論的基礎[21]。

19　所以在那個時代，日本各方都有把「亞洲」視為一體的計畫和行動，
　　例如明治六年(1873)佛教徒中的小栗棲香頂在《護法論》中說，三
　　教(儒道佛)協力、三國(日中印)聯手，向世界推廣佛教，參看葛兆
　　光，〈西潮卻自東瀛來〉，載《葛兆光自選集》(桂林：廣西師範
　　大學出版社，1997)。
20　龜井勝一郎、宮川寅雄編，《岡倉天心集》(筑摩書房《明治文學
　　全集》38，1968)。
21　比如1945年出版的平野義太郎《大アジア主義の歷史の基礎》(東
　　京：河出書房，1945)的序文裡，就引用岡倉天心的話為依據，還
　　在強調亞洲在地理、血緣、文化、歷史上的一體性(日滿華中心)，
　　以及從英美桎梏下解放的必要性。

　　關於日本的這個亞洲論，大家可以看竹內好編的《亞洲主義》(筑摩書房，1963)，簡單的可以看野原四郎寫的詞條「大亞洲主義」(《アジア歷史辭典》第6卷，平凡社，1971年第7版，頁6-7)。我要先說明，溝口雄三當然並不是延續這種思潮，但是，身處日本的他也用「亞洲」這個空間來構造一個和歐洲相對應的文化、歷史和知識空間，作為中國歷史研究的基礎，對於中國學界來說就有些麻煩。因為中國學界並不習慣這種「從亞洲出發的思考」，而是日本才有這種思考的基礎。

　　為什麼呢？簡單地說，日本在近代化的過程中，在觀念上出現了三個可能或者可以作為選項的「認同」。第一個是象徵著近代化的西方，就是「西洋」，以民主、進步、理性、富強、科學為標誌，這是西方文明，就是過去所說的「脫亞入歐」的「歐」。第二個是亞洲主義的東方，這也是東方文明，是傳統的以佛教和儒家、自然簡樸、內在超越、忠孝之道等等為標誌的東方文明。第三個是日本自身，強烈的民族自尊和自豪，和同樣強烈日本國家主義。這三個認同和日本自德川時代以來的東洋、西洋、日本的世界觀念有關[22]。

22　子安宣邦說，「『東亞』並不是一個實體，不存在於地圖之上」，「『東亞』概念是以中國及其文化的支配、傳播範圍為前提，由『論述』(discourse)所建構出來的地域概念」。他覺得，一旦使用了「東亞」這個概念，就等於默認「中國儒學」向周邊產生影響這一「空間」的實在。但是，實際上用「東亞」與不用「東亞」概念，其實都是日本學界；中國學界一直很少用這個空間單位。那麼，如果它不是以中國儒學為中心的空間，那麼，它得以成立的前提是什麼呢？子安宣邦指出，1940年代，日本用這個概念，說明「日本人對於日本帝國作為『東亞』的政治核心，以及日本帝國所希望支配的範圍，都已經了然於心」。見子安宣邦著，陳瑋芬譯，《東亞儒學的批判與方法》序言，23-23(台北：台灣大學出版中心，2004)。

可是,進入現代的中國呢?卻只有兩個認同選項,不是中體西用,
就是西體中用,進步富強科學民主的那個「西方」,或者是固守本
位的那個東方(實際上就是中國),從來就不曾把「亞洲」或者「東
亞」算在裡面。

　　這當然是有歷史原因的。朝貢體制下的中華帝國,基本上是以
自我想像的天朝大國為中心的。直到西方人的堅船利炮來了之後,
「中國」便有了一個對應的、富強的「西方」。即使講到「東方」,
心中想的就是「中國」,從來沒有想到自己要入亞洲、入東亞,才
可以和西方對應。當然,古代中國遺留的關於「天朝大國」的歷史
記憶,並不是什麼值得誇耀的東西,不過,這種記憶是歷史存在,
它不會考慮一個相對於西方的「亞洲」,或者一個可以互相認同的
「同文同種」。因此,亞洲主義在很大程度上是日本的「亞洲主義」,
而不是中國的「亞洲主義」,這個作為西方的「他者」的「亞洲」,
往往只是日本想像的共同體,而不是實際存在的共同體。

　　所以,我在1992年寫了一篇關於晚清民初中國和日本的亞洲主
義論述的文章,發表在《台大歷史學報》上。有人也許會說,不是
中國當年也有梁啓超、章太炎、孫中山等等講過大亞洲主義等等的
言論嗎?[23]其實,這是一個誤會。從明治到大正,日本似乎確實有
一種「提攜支那」的熱情和「同文同種」的想像,有人覺得,在晚

23　貝塚茂樹,《孫文與日本》(講談社,1967)已經涉及孫中山的亞洲
　　思想,頁170-172;武田清子認為,孫中山雖然在1924年11月28日
　　在神戶演講中提出「亞洲主義」,但是其實1913年在大阪的演講裡
　　面已經有這方面的內容了,見《正統と異端のあいだ》(東京大學
　　出版會,1976)中的〈國家、アジア、キリスト教〉第二節「アジ
　　ア主義にぉける孫文と滔天」,頁273-331。但是,這個判斷是不
　　對的。

清到民國初期，中國好像也有人很熱心這些有關「亞洲」的說法。
不過，這都忽略了當時中國真正的心情和感情，更誤看了當時的歷
史。一個仍然處於傳統與近代轉換期間的中國，未必願意接受這種
以日本爲首的「亞洲主義」。以孫中山爲例，雖然他也有提倡日中
共同提攜亞細亞一家、中日合作強亞洲的說法[24]，甚至還在《三民
主義》第一章〈民族主義〉裡面，也講從日本的維新運動看到新希
望，把日本當作榜樣，並且把白人和亞洲人相對應，把日本當作亞
洲的未來代表等等。日本的藤井升三曾經寫過一篇〈孫文的亞洲主
義〉[25]，其中說到1913年孫中山到日本，和首相桂太郎的談話裡面，
贊同日中聯盟，1917年和河上清的談話也承認亞洲主義等等。但是，
你要看他是在什麼時候、什麼場合下講的，後來在1919年他就變了
嘛，他在1919年接見鶴見佑輔的時候，就批評日本對華外交的徹底
失敗，而1924年到日本去，雖然講了亞洲主義，但是又大講「王道」
和「霸道」，這是什麼意思？而五四前後的李大釗的「新亞洲主義」，
尖銳批判日本試圖通過亞洲一體來併吞中國，其實也不是日本所想
像的那種亞洲主義[26]。他們這樣講的原因，一方面是因爲對西方列
強侵略的警惕，換句話說，是由於「西方」或「歐美」的壓力而被
逼出來的一個「東方」或「亞洲」。至於聯日的具體心情，或是在
處於困境時對日本支持的感銘在心，如梁啓超，或是出於反滿的漢
族民族主義或者出於反觀中國時的痛心疾首，如章太炎，或是訪問

24　〈在日本東亞同文會歡迎會上的演說〉(1913)、〈同題異文〉之二、
　　〈在東京留學生歡迎會的演說〉(1913)等等，載《孫中山全集》第
　　三卷(中華書局，1984)，頁14、16、27。

25　載《中國近現代史論集：菊池貴晴先生追悼論集》(汲古書院，
　　1985)，頁413-438。

26　《李大釗選集》(人民出版社，1962)，頁127-129。

日本時的外交辭令，如孫中山，其實都未必真的對所謂「亞洲」有真心的認同[27]；另一方面，這也只是處於積貧積弱狀態下的中國知識人，對日本迅速「富強」與「文明」的豔羨，這種豔羨的價值基礎恰恰是對西洋文明以及近代性的認同，日本在當時中國人看來，不是日本，好像是化作日本的歐洲呀。所以，說親日興亞這類話的人，心裡想的，並非是對日本民族與文化的認同，甚至不是對亞洲的認同。研究歷史的人，最忌諱的就是脫離語境把文獻資料從歷史裡面抽離出來。這裡我不多說了，大家有興趣，可以看我的那篇論文。

這種傾向也影響到日本的東方學界，這從明治時代就已經開始。有的可能並沒有政治意圖，比如，最早一些追隨西方逐漸形成研究風格的日本中國學研究者，對於中國「四裔」如朝鮮、蒙古、滿洲、西藏、新疆有格外的關注，而不再把中國各王朝看成是籠罩邊疆和異族的同一體[28]；但是，這一原本只是學術研究的取向，逐漸變成了一種理解中國的觀念。很多日本學者提倡「東洋史」也就是「亞洲史」，早期像桑原騭藏等等，後來影響很大的像宮崎市定《亞洲史研究第三》就把西洋史和東洋史對應，並且把東洋史理解

---

27 趙矢元，〈孫中山的大亞洲主義與日本的大亞洲主義〉一文指出，孫中山在1924年發表的〈大亞洲主義〉演講，「題目本不是孫中山要講的，而是日本神戶商業會議所、日華實業協會等五團體提出的」，而且他把認同和排斥的標準已經從同文同種轉向了「王道」和「霸道」即壓迫與被壓迫，所以與明治維新以來日本一般的大亞洲主義不同。載《中日關係史論文集》（哈爾濱：黑龍江人民出版社，1984），頁183-194。

28 參看桑兵，《國學與漢學》第一章〈四裔偏向與本土回應〉（浙江人民出版社，1999）。

成爲亞洲史[29]，這在二戰前後的日本歷史學界形成熱門話題。但是，
也有的是有明確政治意圖的，尤其在二戰的前後，爲了「亞洲一體
化」，換句話說就是建立大東亞共榮圈，提倡「亞洲」研究。舉一
個例子，二戰之前的1923年，矢野仁一出版的《近代支那論》，開
頭就有〈支那無國境論〉和〈支那非國論〉兩篇文章。矢野認爲，
中國不能稱爲所謂民族國家，滿、蒙、藏等原來就非中國領土，如
果要維持大中國的同一性，根本沒有必要推翻滿清王朝，如果要建
立民族國家，則應當放棄邊疆地區的控制，包括政治上的領屬和歷
史上的敘述[30]。1943年，在第二次世界大戰的關鍵時刻，他更在廣
島大學的系列報告中，提出了超越中國，以亞洲爲單位的歷史敘述
理論，此年以《大東亞史の構想》爲題出版[31]。當時的日本政府，
也有意識地支持這種「亞洲研究」，要求學者論證亞洲文化的一體
性，論證文化原來是從西往東傳播，頂峰就在最東方的日本，然後
即將從東往西，趨勢就是把東方最精華的文化從日本向朝鮮、中國

29　宮崎市定，〈アジア史とは何か〉，收入其《アジア史研究》第三
　　卷（京都：同朋舍，1957, 1979），頁1。

30　矢野仁一，《近代支那論》（弘文堂書房，1923）；參看五井直弘，
　　〈東洋史學與馬克思主義〉，載其《中國古代史論稿》，頁58，薑
　　鎮慶、李德龍譯（北京大學出版社，2001）。五井氏指出，隨著二戰
　　時期日本對中國的占領，激發了日本當時的東洋史熱，矢野的這種
　　論點越來越流行，例如《世界歷史大系》（平凡社，1933-1936，26
　　冊）和《岩波講座東洋思潮》（岩波書店，1934-1936，全18卷）就是
　　這一潮流中的產物。此期間，又相繼出版了池內宏《滿鮮史研究》
　　（岡書院，1933）、岡崎文夫《支那史概說》上（弘文堂書房，1935）、
　　桔朴《支那社會研究》（日本評論社，1936）等等，均多少有這些觀
　　點的影子。

31　矢野仁一，《大東亞史の構想》（東京：目黑書店，1944），頁31以
　　下。

以及中亞南亞輻射開去。像宮崎市定他們就接受過這種研究指向，雖然也有學者不同意，但是戰爭狀態下的學界是沒有獨立性的。可是，這種歷史論述的思路，不僅有其基礎，戰後仍然有其影響，常常每轉即顯，有時也借屍還魂。特別是，近年來由於一些複雜的原因，特別是日本、韓國與中國學術界出於對「西方」即歐美話語的警惕，出於對以西方為標準的現代的反抗，往往接受同樣來自西方的後殖民主義理論(如東方主義)的影響，懷著擺脫以歐美為「普遍性歷史」的希望，使得這種「亞洲」論述越來越昌盛。

可是，「亞洲主義」在日本雖然是一個歷史存在，但是把「亞洲」這個空間作為中國、日方和朝鮮研究歷史和文化的基礎，覺得有一個叫做「亞洲」的文化、歷史和知識的共同體，讓大家來認同，讓歷史學家把它當成一個歷史世界，恐怕只是日本的幻覺，或者是想像。為什麼是幻覺和想像？我們要知道，亞洲或者東亞各國，其實差異是很大的。你說，要從亞洲出發來思考，要超越各個民族和國家的歷史局限性，當然很好。可是要注意，亞洲並不像岡倉天心說的是一個，而是差異相當大的。且不說包括西亞中亞和南亞，就是東亞三國之間，至少自從豐臣秀吉16世紀末進入朝鮮發生壬辰之變，1614年德川秀忠發布「驅逐伴天連之文」中，自稱是神國與佛國，「尊神敬佛」，尤其是1644年，滿清取代大明成為中國的統治者以後，這個差異就越來越大了。順便說一句，過去中西歷史和文化的比較研究中，人們常常說「異」，中國如何，西方如何，強調的往往是可資對照的不同，而中日或者東亞各國的比較研究常常講「同」。為什麼？因為第一是有歷史上確實存在「漢字文化圈」的記憶，第二是人們覺得東亞諸國同文同種，儒家文化影響深遠，第三是覺得「東方」應該可以成為和「西方」對比的整體。

其實未必，下面我們不妨看看近幾百年有關中國、日本和朝鮮

的文獻資料。

　　首先，原來日本朝鮮越南對中華文化的認同，是和天朝上國和先進文化的崇敬合二爲一的，可是在這個時代文化卻漸漸分離了，更不要說政治上更是互相猜疑。比如，我們從資料上可以看到，朝鮮文化人對滿清帝國是一肚子的瞧不起。你看《燕行錄》裡面的各種各樣的記載和詩歌，你就知道他們是把清帝國看成是「蠻夷」的，而倒覺得自己是「中華」，是朱子學和儒家傳統的真正繼承者，而且一直替中國人想像著中國人對於政治淪陷和文化墮落的悲哀和憤怒，好像他們才是漢族文明的拯救者。正是因爲朝鮮王朝和這個民族對於文化的固執和堅持，他們最後的轉變，確實是和外來的西方（歐洲）和東方（日本）衝擊有關。而日本呢？日本一方面沒有文化固執，因爲他們的上層文化多是外來的，德川時期雖然上層開始接受朱子之學，也要學習中華禮儀，照樣寫漢文詩文，但對於實際的中國也一樣瞧不起，因爲他們看到明清易代之後，中國文化已經是「華夷變態」，所以有一種文化的傲慢。另一方面，它的下層文化堆積層又很堅實，尤其是在私人生活領域裡面，就是丸山真男所說的「古層」。這個堆積層卻並不是儒家的世界，加上他們沒有科舉教育制度和上下流動機制，所以上下文化是不同的，這倒和中國社會和文化狀況很不一樣。日本現在很多人都開始注意這一點，都指出日本因爲實際社會生活和風俗的影響，逼得朱子學自身不得不轉型，雖然在「公」領域裡面可以堅持正統的政治理想和觀念，但在「私」領域即生活世界中，卻不得不去適應日本那種並不嚴厲的道德和倫理生活。這使得朱子學漸漸被「古學」所代替，回到古代經典的世界，生活和政治就可以分別處理了。而這種「古學」漸漸被去中國化的「國學」代替，日本自己的經典、學問和宗教開始成爲日本自己民族國家的政治依據。這樣，在進入近世的時候，日本就和中國、

朝鮮不一樣，它的民族主義資源和深厚的私人領域，是面對西洋衝
擊，接受西洋文明時的「古層」和「低音」，它會不斷修正和改變
外來的文化。所以，一個東亞，實際上是三個不同的世界。有時候，
東方和東方的差異，比起東方和西方來，一點兒也不小，這是應當
注意的。

　　其次，從思想史的角度看，還有一個問題很重要，就是知識分
子的差異性。在中國和朝鮮，所謂士大夫，是從科舉中出來的，而
在沒有科舉制度的日本，在由武家支配的社會裡，「士」或者就是
世襲的武士，或者只是一藝之師匠，所以他們並不拒絕各種其他的
知識和技術，像解剖、航海、醫學、塾師等等，甚至習武，並不像
中國和朝鮮的士那樣，有特權和有條件，可以從事思想學術，並且
掌控話語。所以文化環境並不一樣。渡邊浩指出，在1687年，在兩
百六十多個藩裡，只有四個有教儒家學問的藩學，到1715年，設有
藩學的也不過就是十個，所以從文化和思想史上，不能簡單地把中
國朝鮮和日本混同起來[32]。那麼，朝鮮和中國呢？其實也不一樣，
朝鮮有「兩班」制度，幾乎可以參加科舉的人，都是世襲的，這種
以祖先、家世來規定身分和前途的社會，和理論上人人可以參加考
試，形成社會流動的中國很不一樣，和實際上常常從事各種職業(比
如入幕、任塾師、作賓客、爲鄉紳等等)，因而思想比較多樣空間的
中國也不一樣。它的思想領域，同一性很強，可變性卻很弱。

　　再次，從過去歷史上各自關注的思想問題來說，三國也很不一
樣，我們分別來看。(一)朝鮮國內並無族群問題，也不大有階層問
題，它一直作爲中國的藩屬之國，認同和服從中華帝國，所以也不

---

32 渡邊浩，〈日本德川時代初期朱子學的蛻變〉，載《史學評論》第
　　5期，台北，1983，頁191-194

太有國際問題，甚至也很少有儒家內部的學派衝突。雖然有北學之類，但基本上是以朱子學爲中心，好像一大批士大夫，在一致地和異端像天主教、像陽明學、像佛教等等作鬥爭。在這種較量裡面，儒家尤其是朱子學始終是主幹，倫理道德論述的儒家傳統是堅強的主流。(二)而中國卻不一樣，佛教、道教都提不出太有影響力的命題，而天主教的資源只是在某些領域裡面發酵，所以，明清以來一直是儒家內部的各種傾向在互相角力，朱子學和陽明學，考據學和理學，今文和古文，各種傾向在互相衝突。但是，潛在的族群問題、外面的中心與邊緣問題、內部的中央與地方問題、歷史上的漢、宋問題都存在。相反，實際社會生活和倫理原則之間的衝突，卻因爲儒家基本倫理在制度化、普及化和風俗化的落實下，更因爲有了鄉村宗族組織的建設，反而沒有凸顯出來。(三)而日本呢？它當時面對的話題，是(1)封建、天皇、將軍的關係，(2)華夷之辨以及日本國家自主性的確立，(3)神道的合法性及其與政治的關係，(4)佛教是否國教的問題，(5)風俗和天理的衝突問題等等，這是相當不同的。

　　所以，最近這些年我感覺到特別麻煩的，就是這樣一件事情。溝口先生和日本、韓國很多學者，幾乎可以說是主流學者，在書寫歷史的時候，研究文化的時候，都喜歡用「亞洲」這個單位。從宮崎市定以後，他們就講「アジア史」，這簡直成了風靡一時的東西。一直到1990年代，就出現了一個高峰和熱潮。比如說，在中國大家都比較熟悉的像溝口雄三和其他日本學者主編了一套影響很大的書，一共七冊，叫做《アジアから思え》即《從亞洲出發思考》，第一冊是《交錯的亞洲》，第二冊是《地域的系統》，第三冊是《周邊的世界》，第四冊是《社會與國家》，第五冊是《近代化象》，第六冊是《長期社會變動》，第七冊是《世界象的形成》，影響相當大。從這套書裡你可以看到，這裡的理論和方法，來源很有趣，

第一是日本百年來的亞洲史研究傳統，第二是西方傳來的區域研究新傾向，第三是同樣來自西方的後現代後殖民的理論，第四是來自年鑑學派「長時段」的歷史研究觀念。可是，近來這一傾向很熱火，日本出版了一系列以「亞洲」或「東亞」為主題的書，比如1992年荒野泰典等合編的《亞洲中的日本史》，1996年古屋哲夫編的《近代日本的亞洲認識》，1997年小路田泰直的《日本史的思想：亞洲主義與日本主義的衝突》等等[33]。大家順便要記住，這裡說的亞洲實際上往往就是東亞。可是，日本學者的這一些理論、實踐和著作，似乎很新，給周邊帶來了很大的影響，有一些中國學者也跟著，大家都去談論亞洲和東亞。

　　我當然理解，用亞洲作為一個空間單位來研究歷史，有一個好處，就是它超越了民族國家的局限性，這是它的好處[34]。我們都會感覺到，通常在中國學術界討論中國社會、思想、學術和文化的時候，不太會考慮「亞洲」特別是「東亞」這個背景。這裡的原因很複雜。首先，它可能與傳統中國的「天朝大國」的觀念、來自朝貢體制的歷史記憶，以及近代民族主義思潮有很大的關係。其次，它可能與現代中國學科體制和學科傳統有關，中國文學、歷史和哲學的研究者，往往滿足於一個自足的「中國」，也常常矚目於另一個

33　小路田泰直，《日本史の思想：アジア主義と日本主義の相克》（東京：柏書房，1997）。古屋哲夫，《近代日本のアジア認識》（東京：綠蔭書房，1996）。荒野泰典、石井正敏、村井章介編，《アジアのなかの日本史》（東京：東京大學出版會，1992），特別參看第1卷《アジアと日本》的卷首〈刊行にぁたつて〉。

34　荒野泰典、石井正敏、村井章介編，《アジアのなかの日本史》（東京大學出版會，1992）第1卷卷首就說，他們關於日本史的基本視角是(一)用文化人類學的方法，使民族從國家從屬地位解放出來的民族視點，(二)超越國境的地域視點，(三)比較的視點。

可以作爲「他者」的「世界」（其實是西方）。因此，中國歷史學研
究的單位，不是「中」就是「西」，世界史沒有中國，中國史沒有
世界。而「亞洲史」通常是「世界史」的一部分，因此，中國歷史
常常研究的是「沒有亞洲的中國」。這與長期以來逐漸形成「東洋
史」、「西洋史」「本國史」三分天下的日本情況不同（由於日本有
「東洋」這個概念，又必須面向西鄰的朝鮮與中國，所以對於「東
亞」有一種關心，無論這種關心出於什麼目的）。因此，在中國研究
中間提倡「亞洲視野」，自然有其意義。

　　不過，我們承認它的意義，但在談論這個問題的時候，很容易
忽略一些問題。什麼問題呢？

　　第一個，它想像了一個亞洲，想像了一個具有共同性和同一性
的亞洲，而忽略了亞洲和東亞的內在差異。我們不可以用「同文同
種」或者黃皮膚、黑頭髮這樣的表面現象，去想像文化，文化和人
種是兩回事──這裡面是有非常複雜的問題的。

　　第二個呢？它忽略了東亞的歷史變化。實際上東亞文明的「一
體性」，如果真的有，也常常只存在於漢唐至多到宋的時代。我們
通常講「儒家文化圈」、「漢字文化圈」這一類的概念，卻常常忽
略了從漢唐以來到明清，實際上歷史是在不斷變化的，這些國家、
這些民族的文化是在不斷的變化的。漢唐時代共同享有的中華文
明，到了宋元明清時代的朝鮮、中國和日本，恐怕已經漸漸演化成
了各自的文化。如果說，過去曾經有過一個共同基礎的話，我們可
以相信，它是建立在漢唐中國文化基礎上的，到了明清以後，真的
還有這個文化認同嗎？沒有了這個同一性和認同基礎，我們現在所
謂的「從亞洲出發」，是從哪一個「亞洲」出發去思考問題呢？

　　第三個呢，我覺得還有一個麻煩就是說，當我們想像一個亞洲
或東亞的同一性的時候，它就會帶來一個新問題，你怎麼解釋在同

一性文化中間的這三個國家——中國、朝鮮和日本，在進入所謂全
球性的近代的時候，它們的經歷和路程是不一樣的。所以，我在2005
年北京大學的「東京大學與北京大學學術論壇」上就講到，我同意
用「亞洲視野」這個詞，但是「亞洲視野」只是「中國研究」的背
景，就是說研究中國學的人在考慮問題的時候，是要考慮到「亞洲」
這個背景，要用這個背景來解釋一些歷史和文化問題，但是並不是
用「亞洲」來取代「中國」。

　　為什麼？畢竟過去的「國家」，在歷史上確實是一個可以作為
歷史研究的單位。過於強調和固守「國家」邊界，只看到特殊性固
然不好；但是，也要小心地防止另一個傾向，就是用「區域」（亞洲）
的普遍性，來淡化各個國家的特殊性。因為歷史上東亞諸國的國家
邊界、國家意識、國家對於文化的形塑力量，是歐洲以及其他地方
都不能比擬的。在這裡，「國別史」的意義沒有那麼小，而「區域
史」的意義沒有那麼大。

三、什麼是「作為方法的中國」？

　　在2000年的日本重要學術刊物《東方學》100期上，溝口先生發
表了一篇《中國思想與中國思想史研究的視角》，裡面講到20世紀
後半的研究視角，要從單純的中國思想史研究，轉向以亞洲為基礎
的研究，因為「亞洲並非是歐洲意識中的東方，而是自立於，或者
至少是應該自立於歐洲的另一個世界，……是在世界史中擁有存在
的理由的獨立的世界」。他覺得現在是更新換代的時候了，他希望
以後的年輕人要有大變化，什麼大變化？就是「以亞洲為視角的伊
斯蘭研究、印度研究或東南亞研究」，當然，更包括他自己所從事
的專業，就是中國研究。

　　前面說到，提倡以亞洲爲整體歷史空間的研究，其實一開始是
針對日本的。他說，日本研究中國的人，第一是不加思索地把中國
思想看成是自己的傳統和思想，尤其是把中國和日本都看成是儒家
國家，自己也出身於這個文化圈，所以同文同種。我想，溝口先生
的這番話是針對京都大學學術傳統的，因爲京都大學從狩野直喜等
人以來，一直是把中國學問當作日本自己的學問來做的，他們一方
面覺得日本文化與六朝隋唐文化相關，一方面覺得自己的學問風氣
與清代學問風氣相連，所以常常有把中國學問當作日本學問，或把
日本文化看成是中國文化的接受和延續的看法。他覺得，這忽略了
中、日、韓的差異。第二，溝口雄三先生也反對把中國看成是「外
國」，完全把儒家中國當作「他者」，把中國當作純粹的外國，進
行「實證」的「技術」的研究，他覺得這也不對。如果說前者是不
加分析的「同一」，後者就是沒有理由的「爲二」。所以第三，他
提出要從亞洲出發思考，先確立一個和歐洲不一樣的，甚至可以作
爲歐洲的「他者」，可以作爲和歐洲對比單位的「亞洲」。所以他
說，「以歐洲爲基準的歷史價值觀適用於中國的看法，已經不再具
備生產性」。他覺得過去中國的思想史，可能是接受「歐洲尺碼」
而製造出來的，因此，他要確立一個很重要的觀念，就是「歐洲是
特例，而不是普遍性」，從這種立場來重新理解東方，尤其是中國
「文明生態的差異」。

　　這個看法，其實在1990年出版的《作爲方法的中國》裡就已經
形成了。表面上看，他是對中國思想研究發表意見，但你細讀之下
就會知道，他首先關心的還是日本，尤其是他自己所在的日本中國
學界。我要順便說到一點，我們研究中國歷史、文化、宗教的中國
學者，常常比較關注國外的中國學家，這當然無可非議。但是，我
們常常因爲過度關注，就忘記了他們在它們國家的學術界，其實是

很邊緣或者是少數的一批人，未必進得了它們國家的學術主流。像美國研究英美文學歷史的，是主流，影響大，但是，像我們熟悉的一些研究中國的學者，你去打聽一下，在他的國家一定很陌生，因爲「中國學」充其量和印度學、埃及學一樣，既不是他們自己的文明之根，又不在他們關懷的現實中心，所以很邊緣。通常，亞洲研究系是很小的。當然日本不同，過去，日本的中國研究或者叫東洋研究都是很大的，因爲傳統上很多日本學者都認爲，要理解日本文化，就要從中國文化的研究開始。爲什麼過去日本研究魏晉南北朝隋唐的人那麼多呢？就是因爲這是奈良時代和平安時代的文明之根，而京都學者乾脆就覺得中國的經世致用和實事求是之學問，包括經學、文獻學、考據學，都被日本繼承了，覺得研究中國就是研究日本，所以，東洋研究尤其是中國研究曾經是很盛的。大家有興趣可以看近些年出版的《日本中國學會五十年史》、《東洋學的先驅者們》、《京大東洋學的百年》等等。

在這裡，我順便簡單介紹一下日本的中國學史。第一，早在明治時期，受到西洋學術方法和觀念的影響，日本傳統的漢學就開始轉型爲現在意義上的「中國學」，像那珂通世、白鳥庫吉、內藤湖南、桑原騭藏、服部宇之吉、青木正兒、狩野直喜、新城新藏、武內義雄、石田幹之助等等。其特徵是什麼呢？我想，一方面擴大中國學的周邊研究，一方面引入歷史文獻和語言學的新方法，同時關注原來非主流的歷史與文化現象，思考與聯繫現實中國的各種問題——這是確立日本中國學的現代轉型。第二，逐漸成熟的日本中國學，出現風格和重心的差異，東京大學與京都大學的中國學不同。前者關注四裔(滿蒙朝越及中亞)與瓦解中國，引入西方哲學和語言學觀念方法，對於日本自身問題意識較濃厚；後者沿襲清代學術中課題與考據方法，把中國學文獻化與歷史化，偏重古代中國和經典

中國的研究。由此產生兩種中國認識，並形成兩種中國學流派。第三，經歷了二戰，日本中國學被綁在戰爭之中，學術成為政治，便都有很大的損失。戰後日本對於中國學的反省，首先是批判中國學家與侵略戰爭之共謀，其次是有人以中國為例，提出另一種近代主義的新途徑和新典範是中國，再次是馬克思主義史學的興起——追求新的進步的中國學。這是經過二戰失敗，出現的第一波反省。他們追問，中國學家與侵略戰爭共謀，是否是因為日本中國學界蔑視現實中國和想像古代中國的結果？這是否是因為日本中國學界以歐洲式的進步來衡量日本與中國的近代化所造成的？這是否和日本近代的「亞洲連帶論」或「亞洲主義」有關？第四，經過1960年代，由於中國文化大革命的動亂，加上日本類似「全共鬥」這樣的風波，打破了一些中國學家對於現實中國的迷思（myth），有人把它形容成為「新夢の幻滅」。他們在心裡開始對熱愛與想像社會主義中國進行反省，他們開始反思對於社會主義大民主的想像、對於計劃經濟和抑制分化的稱頌。特別是，由於當時日本越來越發達，和中國漸行漸遠，與美國卻越來越近，因此「中國研究」逐漸邊緣化，在思想的影響力和吸引力上越來越小，這個領域變得冷清起來，中國學漸漸脫離政治成為專業的學院派學術。因此，近年來的日本東洋學或者中國學，好像越來越衰落了。

其實，這一方面是正常現象；世界那麼大，你不能總是研究中國甚至是古典中國。另一方面也是形勢比人強，中國在日本主流的學術界和思想界，越來越不重要了，中國的實力弱是一個原因，中國研究沒有給日本提供新的思想資源和文化動力也是一個原因。因此，溝口雄三就是在這樣一個背景中，開始反思日本的中國學。我想，我們必須理解他的動機和想法。我覺得，溝口先生的現實焦慮實際上是在，日本的中國學如何定位，日本中國學是否可以給日本

提供新經驗和新刺激，日本中國學怎樣重新回到日本思想界的主流
中來？是在這樣一些思考上面，《作為方法的中國》的問題意識就
是針對這樣一些背景而產生的。如果讓我簡單地說，他把解決這個
問題的思考分成了五步：

第一，「沒有中國的中國學」。他很敏銳地提出，中國學的前
身即廣義的漢學，本來就是日本人對古典中國的認同和興趣。自從
豐臣秀吉以後，想像和把玩古典中國，把古典中國和現實中國分開，
成了一種取向。所以在這種研究裡面，「中國」並不是日本的「他
者」，也沒有真實的現實中國，他們不了解或者不願意了解近現代
的中國，只是在想像一個曾經和日本文化有關的古典中國。這是「沒
有中國的中國學」——大家也許看得出來，這可能是在批評京都學
派，批評他們沈浸在古典中國之中，還覺得自己是繼承了傳統中國
的經學和考據學，把中國當作文本上的東西來研究。

第二，「把中國古典化」。緊接著上面的意思，溝口先生尖銳
地批評日本的中國學界，重要的批評有幾點。（1），他們把他們研究
的中國古典文化與日本傳統相連，古典中國變成了日本自己的傳
統。（2），有的日本學者還把近代以後的中國，看成是丟棄了中華文
化的國家，因此中國不等於中華；他們延續著德川時代以來的日本
自認為是中華的習慣，把日本當作這一文化的正宗。因此，戰後日
本中國學對中國的興趣，仍然是「傾向於那個古老而美好的中國」。
（3），因此，他們在現實中非常看不起中國，比如津田左右吉為代表
的「近代主義中國觀」，就對現實中國採取批判的蔑視的觀念。溝
口認為，「近代日本自認為比亞洲、非洲先進的觀念，是因為沒有
根據各民族固有的、內在的價值標準把握其文化，（同時，這一觀念）

也源於將歐洲的近代當做普遍的價值標準，並單方面向其歸屬」[35]。所以，這種看似歐洲中心主義的歷史觀，反而助長了日本自大的民族主義，甚至產生像「大東亞共榮」、「拯救中國」等等觀念(5頁)。——必須補充說明，溝口先生對日本民族主義催生的侵略性的批判，不僅有他的合理性，也表現了他的正義感。

第三，另一種沒有中國的中國學。溝口先生對於日本戰後的左派史學，也有他自己的評價和反省。1949年以後，在反省侵略行為和抵抗美國佔領的雙重背景下，日本有一種「重新在中國發現亞洲」的思潮，就是對新中國的嚮往以及受中國馬克思主義史學的影響。在這種背景下面，日本中國學界有一種對於近現代中國的另類想像，就是覺得，可能中國象徵了和歐洲不同的、獨特的、革命和進化的「異端」中國。像前面提到的竹內好、山井湧、島田虔次等等，都在努力尋找「中國的近代」。比如竹內好，就把中國革命看成是「亞洲應有的光明未來」，覺得中國由於恰恰缺少歐洲式的近代，從而完成了日本沒有實現的社會革命，政治上建立了反帝反封建的共和體制，思想上徹底打倒了作為封建意識形態的儒學。在竹內好看來，中國近代雖然不斷地抵抗和失敗，其實正是產生了非西方的、超越近代的「東洋」，而日本則「什麼也不是」。——溝口認為，這也是割斷了歷史，憑著自己的想像發現中國，由於這個想像的中國與實際的中國之間的差異，使中國學還是在「拋開中國讀中國」(頁91)，所以也是「沒有中國的中國學」。

---

35 在一篇評論津田左右吉的論文中，溝口承認，自己的立場與津田有一種微妙的關係，因為津田雖然由於近代主義觀念，產生對中國的蔑視，但是他使中國「獨立」於「世界」了，而他自己則接受了津田的這一方法，儘管他並不主張蔑視中國，但他同樣強調各國文化的獨特性。

　　第四，他提出，重建中國學的關鍵是把中國作為方法。所謂「作
為方法」日語是「方法としての」，這是一個很複雜的詞語，像竹
內好有「作為方法的亞洲」、子安宣邦有「作為方法的江戶」等等，
大概的意思應當是，把研究對象放回當時的語境裡面去，甩掉層層
積累的、後設的概念和思路，重新思考它在當時的歷史。但是，可
能溝口的想法要複雜得多，首先，他要求研究中國的學者，拋開習
慣的各種固定看法，以多元主義的觀點來看世界和中國，要承認中
國是「多」中之「一」；其次，這個「多」中之「一」的中國，應
當和歐洲並舉，歐洲和世界的各個文化歷史單位包括「中國」，都
是多中之一，都不能宣稱自己的價值是普遍價值，自己的歷史進程
是普遍性進程；再次，日本和中國一樣，也是多中之一，所以中國
是日本一個巨大的「他者」，中國和日本是兩回事。要把日本和中
國區分開來，明白中國是一個對應於日本的「外國」，然而，研究
中國這個他者和外國，其實，就是為了研究日本自身。

　　第五，如果僅僅是這樣，那麼，中國學就成為外國研究，就和
日本無關了，中國學應當處在寂寞和冷落的邊緣位置。但是，溝口
的高明處就在於，他提出了建立「亞洲」論述的說法，給日本中國
學回到日本主流和進入公眾關注的視野，提供了契機。這個使中國
學重回中心的步驟是這樣的：(一)中國是日本的「他者」，你要確
立這一觀念，才能客觀和冷靜地看中國，也才能擺脫古典中國與日
本的糾纏，才能關注活生生的中國這個龐大的存在；(二)日本在亞
洲，不能永遠追隨歐美，要從歐美巨大的陰影下掙脫，建立一個對
應於歐美的自我，因此要看到自己在亞洲，亞洲問題才和日本息息
相關，因此要提倡「亞洲出發的思考」。(三)中國也在亞洲，朝鮮
也在亞洲，這不僅僅是地理問題，也是歷史問題。(四)中國和朝鮮，
因為和日本同屬亞洲，所以，他們的一切和日本自身的問題密切相

關，因此絕不容忽視。(五)因此，日本的中國學和朝鮮學，都是與日本自身相關的學問，它必須得到極大關注，也應當成為日本自身問題的一部分。

　　各位請看，溝口先生努力使中國學重返中心的步驟就是這樣的。我覺得，他對日本的中國學有很大貢獻，就是把逐漸邊緣化的日本中國學，漸漸拉回到日本學術世界和社會視野的中心。我理解溝口先生的這一抱負，同時我也看到，日本中國學界近年來的一些積極變化，顯然就是這種努力的積極後果。這種變化可以歸納為四個方面。第一，中國學由於有了這些與日本真正相關的問題意識，所以在「中國學」成為「外國學」的時候，使中國學成了與日本有關聯的學問。第二，它使一些本來是研究日本、朝鮮甚至越南的學者，也開始關注中國和朝鮮的話題。比如，像一直從事日本思想文化研究的著名學者渡邊浩、黑住真、村井章介、平石直昭、山室信一等等，都開始介入有關中國和朝鮮的研究。第三，它使日本學、朝鮮學和中國學，都有了一個比較大的視野和背景。第四，和日本有關係但又有區別的中國、朝鮮的「近代」，成了日本學界共同關心的重點(特別在東京)，而不是像過去那樣，「古典」作為中國學的中心，並被不加區分地和日本古代混在一起。比如，他們會關注和討論這樣的問題：中國進入近代的時候，何以不能像日本那樣有一個「明治維新」？中國在接受西方思想、知識和制度的時候，何以會和日本的理解情況不同？中國在回應西方衝擊的時候，為什麼不能有「王政歸還」、「神佛分離」等等舉措？因此，中國學就和具有主流和籠罩地位的近代日本歷史文化思想研究一道，成了日本學術界討論的話題。關於這一點，只要看一看溝口雄三、濱下武志、平石直昭和宮島博史所編《アジアから考える》七卷中的作者隊伍就可以明白，當「亞洲」成為一個歷史研究空間時，中國就和日本、

韓國一樣，成爲一個與日本自身密切相關的話題。

結語：他山之石，終究是他山的

　　對於溝口先生的評論中，我強調的是溝口的問題意識、思考方向、研究結論，都有強烈的日本背景，但是，這並不是說，我們要拋開外國人的中國研究。其實，我這裡借了溝口的書來討論，主要想要強調的，就是「他山之石」，你一定要記住，他終究是他山的石頭，不是你自己的石頭。像溝口先生，我是非常尊敬他的。只是當我們理解溝口理論與方法的時候，千萬不要忘記這些「差異」：

　　(1)溝口是針對日本學術界的狀況，特別是日本漢學狀況發言的，他的問題意識來自日本，而我們的問題意識呢？

　　(2)日本漢學面對的問題是如何區別「自身本有的古典文化」和「作爲外來文化的中國古典」；區別和確立「他者」，是爲了確立「自我」，就是日本自己的位置。而在中國，如果是研究中國歷史和思想的學問，卻沒有區別的問題，需要的倒是把「中國」放在「世界」背景中理解。

　　(3)中國學至少在中國大陸是主流，並沒有邊緣的焦慮，而日本的中國學卻在日本學界是邊緣，不意識到這一點，就會有影響的焦慮。

　　最近，研究傳統中國的中國文史學界，開始有了「走出(國外)漢學界」的聲音，爲什麼？因爲越來越多的人看清楚了，第一，外國的中國學，在外國是邊緣，邊緣常常想往中心靠，所以「跟風」是很厲害的，我們如果也跟風，不就等於三道販子了嗎？第二，外國的中國研究，有他自己的問題意識，和我們自己研究自己不一樣。像法國人研究道教，其出發點就和中國人研究道教不一樣，其出發

點是傳教士和人類學尋找「異」呀。同樣，美國人評價科舉，就和中國人評價科舉不同，他沒有晚清和五四的焦慮和經驗呀。第三，因為問題不一樣，所以評價的立場和方法都會不一樣，別人搞後現代，是經過了一個現代，你也在前現代就搞後現代嗎？人家用後殖民主義理論，那是來自印度、南非的經驗中出來的，中國的歷史恰恰是因為沒有經歷過完全的殖民統治，所以文化和傳統的主體存在很頑強，常常要顯現出來。你不可以邯鄲學步，也不可以照貓畫虎。

　　所以，我常常提議，研究傳統中國的文史學界，應當把自己取法、對話和商榷的視野，從外國專門研究中國學的領域，擴大到其他方面，研究中國思想史的人，也應當走出歐美和日本的中國學界，與研究歐美、日本思想史的學者互相對話。這裡的道理很簡單，外國的「中國學界」，他們研究的中國是一個作為「他者」的「外國」，和中國的外國文學、世界史、西方哲學史之類研究「外國」的專業其實比較接近，而在他們研究自己本國的歷史、思想與文化的時候，其研究的心情、思路和問題意識，倒可能成為中國人研究中國歷史、思想與文化的借鑒和資源。這一點，在我寫的〈誰的思想史，為誰寫的思想史〉一文裡面已經講了，希望大家格外注意。

參考文獻

溝口雄三，《方法としての中國》，日文本（東京大學出版會，1989）；中文本《日本人視野中的中國學》，李甦平等譯（中國人民大學出版社，1996）。

溝口雄三，《中國前近代思想的屈折與展開》，索介然、龔穎中譯本（中華書局，1997）。

溝口雄三等編，《アジアから考えて》（東京大學出版會，1990）

伊東貴之，〈溝口雄三〉，張啓雄譯，載《近代中國史研究通訊》（台北）11期。

Kuang-ming Wu and Chun-chieh Huang（吳光明、黃俊傑），關於〈方法としての中國〉的英文書評，載《清華學報》新20卷2期，1990。

李長莉，〈溝口雄三的中國思想史研究〉，載《國外社會科學》（北京）1998年1期。

高明士，《戰後日本的中國史研究》（增訂本）（明文書局，1987）。

孫　歌，〈作爲方法的日本〉，《讀書》1995年第3期。

葛兆光，〈重評九十年代日本中國學的新觀念——讀溝口雄三〈方法としての中國〉〉，《二十一世紀》，香港中文大學，2002年12月號。

吳　震，〈十六世紀中國儒學思想的近代意涵——以日本學者島田虔次、溝口雄三的相關討論爲中心〉，載《東亞文明研究學刊》第1卷2期，台大東亞文明研究中心，2004。

楊芳燕，〈明清之際思想轉向的近代意涵——研究現狀與方法的省察〉，載《漢學研究通訊》20卷2期，總78期，2001，頁46-49。

陳瑋芬，〈東洋、東亞、西洋與支那〉，載其著《近代日本漢學的關鍵字研究：儒學及相關概念的嬗變》第三章（台北：台大出版中心，2005）。

　葛兆光，上海復旦大學文史研究院特聘教授兼院長。著有《中國思想史》兩卷本、《宅茲中國》等。目前主要研究領域爲中國古代宗教、思想與文化史，並主持「從周邊看中國」研究計畫。

哈耶克經濟思想的現實意義：
21世紀的市場經濟和民主制度危機及其出路[1]

朱嘉明

正是由於人們把自己的命運交給市場那非人的力量，才使得一個文明可能實現她以往的進步。否則這種進步就是不可能的。

——哈耶克

今天，在很多人看來，自由主義不過是一種思潮，一種價值觀，一種理論。其實，自由主義的意義遠遠不止這些。自由主義還是一種歷史上存在過的共識，一種政治權利的原則，一種歷史的範式，一種真實的經濟、社會和政治秩序，也是一種生活方式。如果承認世界範圍內的市場經濟和民主制度的危機，承認「我們今日遭逢自由與奴役兩大思想體系的鬥爭」[2]，那麼就會認識到，重新評估哈耶克所代表的自由主義的現實意義，對於整個思想界是多麼的必要。

---

1 此文為紫藤文化協會主辦的「儒家思想、自由主義與知識分子的實踐——周德偉教授回憶錄出版暨研討會（2011年5月22-29日）」撰寫。2011年6月11日，作者對全文作了必要的補充和修訂。

2 〈社會與戰爭〉，《周德偉社會政治哲學論著》（尊德性齋，1968），頁239。

一、21世紀的自由主義危機的形成與發展

18世紀的歐洲,特別是19世紀的英國,自由主義通過經濟和政治的實踐,證明它的優越性:財富爆炸式膨脹;在人口增長的同時,大眾福利水準提高。其間,雖然不能避免經濟週期的影響,包括發生了1870年代的經濟混亂,但經濟結構和經濟制度基本上依然穩定運行。然而,進入20世紀,1914年第一次世界大戰爆發,導致自由秩序分崩離析,人類進入一個充滿武力和暴政的時代。接踵而至的是:國際共產主義運動的興起、1930年代的世界經濟危機、第二次世界大戰、戰後重建、冷戰,國家和政府權力不斷強化對自由經濟的干預,甚至形成了計劃經濟和集權政治結合的「社會主義陣營」;全球湧現的民族主義運動,也很少有自由主義的因素。自由主義,更精確地說是古典自由主義每況愈下,然而頑強地堅守陣地。1980至1990年代,自由主義從精神到實踐再次勃興。然而,進入21世紀,自由市場和民主制度重新陷入全面挑戰和危機,自由主義面臨完全衰敗。

第一,現代自由主義在1990年代的輝煌:如果說,20世紀的第一個十年,是古典自由主義最後的美好時光。那麼,20世紀的最後一個十年,則是現代自由主義最為輝煌的十年。1990年代的自由主義輝煌基於1980年代雷根和柴契爾夫人改善自由市場經濟的努力和冷戰的結束。1990年,針對市場經濟體系缺失的轉軌國家,在美國形成了「華盛頓共識」,即政府角色最小化、快速私有化和自由化。同年,分裂達41年的德國統一;1991年,蘇聯解體;1995年,旨在實現貿易自由化的WTO成立。全球化、市場化改革和私有化是1990年代的主旋律。自由主義從來沒有像在1990年代那樣的樂觀。美國

學者法蘭西斯・福山繼1989年提出「歷史的終結」這一命題後，於1992年出版了影響很大的著作《歷史的終結和最後一個人》，宣稱已經普世化的西方民主制度將是人類政府的最終形式[3]。

第二，自由主義命運在2000年之後的逆轉：在千禧年過後十年間，三個標誌性的歷史事件導致自由主義從輝煌回歸暗淡。第一件是2001年的911事件。911事件之後，全面刺激各國政府權力擴大，對民權產生了直接和間接地負面影響。例如，美國民權自由公會（American Civil Liberties Union）認為，911以後出現包括沒有根據的竊聽、刑求、綁架和拘留，以及侵害學術自由等十種濫用權力的情況[4]。第二件是2008年的世界金融危機。在世界性的輿論導向之下，此次世界金融危機被普遍認為是自由市場經濟失敗的證明。2008年諾貝爾經濟學獎獲得者克魯格曼明確指出，金融海嘯表明市場經濟的崩潰，意味著需要改變從凱恩斯主義到「新古典主義」的歷史倒退[5]。第三件是中國崛起，成為世界第二大經濟體。中國是今天世界少有的拒絕經典民主制度，堅持其中國特色社會主義道路的國家。中國經濟起飛「成功」，造成民主國家和成熟市場經濟國家經濟相對「衰落」的強烈反差，與七十年前的一段歷史十分相似：1932年，

3　Francis Fukuyama, *The End of History and the Last Man*.

4　十種政府權力濫用是：1. warrantless wiretapping; 2. torture, kidnapping and detention; 3. the growing surveillance society; 4. abuse of patriot act; 5. government secrecy; 6. read ID; 7. no fly and selectee lists; 8. political spying; 9. abuse material witness statute; 10. attacks on academic freedom. 資料來源：Top Ten Abuses of Power Since 9/11，http://www.aclu.org/keep-america-safe-free/top-ten-abuses-power-911

5　Paul Krugman, "How did economists get is so wrong?" Sep 2, 2009, the *New York Times*. 讀此文章時，務請讀 John Cochrance 的反駁文章："How did Paul Krugman get is so wrong?" Sep 11, 2009.

蘇聯完成第一個五年計劃，蘇聯的工業產量從世界的第五位上升到第二位。這樣的格局是因爲蘇聯不僅沒有遭受大蕭條的衝擊，而且成爲大蕭條的受益者。與蘇聯經濟成功相對應，共產主義意識形態與社會主義制度的影響力隨之上升。社會主義由「空想家的美夢」，變成「發展中的事業」。當時，在世界各國，有不少人甚至思考和討論西方的社會制度失敗和不再起作用的可能性。1933年，美國共產黨領導人威廉・福斯特參加總統競選，獲得了美共有史以來的最高選票。今天，人們討論「中國模式」，如果這個模式成立，可以複製，那麼勢必意味著經典自由主義的徹底失敗。

第三，自由主義的困境：2000年以來的自由主義危機是全方位的。在經濟領域，美國和歐元區存在債務危機，國際收支失衡，通貨膨脹率和失業率居高不下，福利指數下降，創新能力削弱，大型公司不可抑制地膨脹，國家資本主義復興；在政治領域，民權自由，公民社會不斷遭遇侵蝕，政黨政治混亂，民主制度制衡體系發生解構，「治理」成效甚微；在社會領域，貧富懸殊、兩極分化、社會衝突增大；在思想文化領域，主流是將治理的希望轉移到國家、政府和政治家。最重要的是，此次自由主義危機，不是僅僅發生在沒有自由主義傳統的新興市場經濟國家，而且發生在具有自由主義傳統的歐洲和北美地區。全球化曾經強化了自由主義的世界影響，全球化也加速了自由主義在世界範圍的「退潮」，政府對市場經濟干預程度的深化和擴大，是不可抑制的世界性共同現象。

過去十餘年，在市場經濟和民主制度整體性危機的背後是有組織的少數，剝奪組織力低和政治力不強的多數。它帶來兩個潛在的危險：其一，由理性官僚統理的「新的奴隸的樊籠」或者政府。這是韋伯的思想。韋伯認爲，經濟的富裕和知識充足是產生這樣政府

的前提,不是人類駕馭財富,而是財富駕馭人類[6]。其二,戰爭,甚至無限戰爭。政府如控制經濟,將使野心家有所憑藉,發動全體戰爭[7]。在政府萬能之意理體系下,和平決不能保持。只要「以一國之思想及政治體系凌駕別人,勢必演成衝突」[8]。

二、哈耶克思想的現實意義

在自由市場經濟和民主政治面臨今天這樣的危機面前,人民必須選擇:是屈服於政府進一步的強大,容忍自由市場的萎縮和民主制度基礎的全面動搖,還是爲了避免21世紀的「奴役之路」,重建自由市場制度,限制政府的擴張?在這樣的選擇面前,作爲自由主義的集大成者的哈耶克的思想,具有不可替代的現實意義。

第一、自由主義關於個人主義、市場經濟和民主政治的邏輯:哈耶克繼承了18世紀啓蒙思想家的思想,以個人主義出發,強調維護包括政治自由、思想自由和經濟自由在內的個人自由。而市場經濟和私有制是實現個人自由的基礎,因爲只有通過市場才能有效地配置資源,產生效率,形成經濟增長的原動力。民主制度則是實現自由的保障。依據哈耶克的自由主義邏輯,只要背離市場經濟和民主制度,就會從根本上損害個人選擇並承擔責任這一良好社會的價值觀基礎,讓人民不再相信個體的力量,不再追求自身的完善,不再有夢想和動力。於是,社會分裂,發生「階級鬥爭」和「人群衝

6　Max Weber, *Gesammelte Politishe Schriften*, Tuebingen(1958), p. 60.

7　《周德偉散文存稿》(尊德性齋,1968),頁159。

8　〈社會與戰爭〉,《周德偉社會政治哲學論著》(尊德性齋,1968),頁238,229。

突」[9]。進而實行社會主義,走向極權主義。極權主義就是奴役主義。
史達林統治時期的蘇聯是歷史上最典型的極權主義:通過強制集體
化,摧毀俄國原本存在的村社自組織體系;國有化剝奪城市居民自
主就業的可能性;社會「國家化」,使國家成為唯一的雇主,擁有
強制個人的無限權力。托洛茨基指此為唯一個雇主的理論:持不同
意見即意味著慢慢餓死。不勞動者不得食的古訓,已經由一條不服
從者不得食的新格言所取代了[10]。蘇聯1940年出版的《簡明哲學詞
典》對「個人」的解釋是:「馬克思主義的基礎是群眾,群眾的解
放是個人解放的基本條件」。所以,還必須消滅「自由的根源」,
「摧毀人出生時就稟賦著新生活開端的能力」[11]。支撐史達林模式
的還有秘密員警、恐怖主義、死亡和「古拉格群島」。在經濟發展
的尺度上,蘇聯模式實現了現代化,但是,這是「以人為代價的現
代化」,而不是「以人為主體的現代化」[12]。

　　第二,反潮流的勇氣。自由是哈耶克的永恆理想。哈耶克發表
《通往奴役之路》的1944年,儘管世界主要國家捲入世界大戰,實
行戰時統治經濟,但是,1930年前後的世界經濟大危機和嚴酷的經
濟蕭條的噩夢揮之不去,主張通過國家干預經濟,解決所謂「有效
需求不足」的凱恩斯主義大行其道。凱恩斯主義試圖在舊式資本主

9　周德偉認為:市場經濟機制使人們主觀和客觀的利益趨於一致;市
　　場地位的削弱,導致人們客觀利益削弱。在中國,並不存在「固定
　　的身份階級制度」,「一階層內人群之利害關係並非不變亦無絕對
　　一致……。」《周德偉經濟論著》(尊德性齋,1968),頁405-413。

10　Leon Trotsky, *The Revolution Betrayed*(《被出賣的革命》)(New York,
　　1937), p. 76.

11　Hannah Arendt, *The Origins of Totalitarianism*(《極權主義》)(台北:
　　聯經出版公司,1982),頁269。

12　金雁,〈蘇聯解體20年祭〉,《經濟觀察報》,2011年4月29日。

義和新式社會主義之間尋求中間道路。凱恩斯個人生命不夠長，但是，凱恩斯主義卻頗為幸運。戰爭和戰後重建，都給了凱恩斯主義巨大的歷史舞臺。羅斯福「新政」受到普遍肯定。與此同時，那時的人們羨慕奉行集體主義和計劃經濟的蘇聯的持續經濟增長，左派知識分子歡呼集體主義、計劃經濟和社會主義思潮在歐洲方興未艾。自由主義空間急劇縮小。哈耶克正是在這種情況下告訴人們：集體主義、社會主義和極權制度本質是相同的。後來，從1945年至1970年代的1/4世紀，凱恩斯主義在西方世界順風順水，是毋庸置疑的主流。又是哈耶克，在1960年發表了《自由憲章》。遺憾的是那時的人們對於這本充滿卓識遠見的著作，沒有給予及時的肯定，更不能理解其價值。幾乎是同時，1961年初，甘迺迪發表總統就職演說，其中一句話非常著名，「不要問國家能為你們做些什麼，而要問你們能為國家做些什麼」。這是國家至上主義。如今回顧哈耶克敢於反潮流、逆歷史的勇氣，頗有歷史悲劇特色，明知不可為而為之，是古今中外經濟學界少有的一種超越時代的英雄主義。

第三，對「理想主義」後果警示。1980年代後期，凱恩斯主義風光不再，自由主義取得歷史性勝利。但是，哈耶克沒有因此而喪失他特有的歷史洞察力。1988年，哈耶克完成了他一生最後一本重要著作，即《致命的自負》。他對自己畢生所反對「極權制度」的思想加以總結，指出社會主義的謬誤來自人們「致命的自負」。而這種「致命的自負」的基礎是理性主義，以及經驗主義、實證主義和功利主義。似乎唯有用理性加以證實的，唯有被觀察實驗所證明的，唯有能夠體驗到的，唯有能夠加以檢測的，才是值得相信的。於是，人們可以在科學知識的基礎上設計和建造一種理性的制度，例如社會主義。愛因斯坦、羅素、凱恩斯是這種理性主義的代表人物，他們不可能參與任何沒有事先對目標充分說明的任何一項事

業。「理性主義者大多數有可能既聰明又很有學識，而聰明的知識
分子大都傾向於成為社會主義者」[13]。韋伯也有近似的分析：社會
主義以另一種方式延續西方的理性主義。不僅如此，這種理性主義
會走向毫無信念的支配現實世界，增加了現實魔咒世界的非理性成
分[14]。如果哈耶克和韋伯是對的，如果承認人類頑強的理性主義傾
向，那麼，根除致命的自負和虛妄幾乎不可能，社會主義的謬誤就
會不斷重複。自由主義沒有一勞永逸的勝利。如今又過去了1/4世
紀，哈耶克的警示得到了驗證。

　　第四，古典自由主義道路和制度選擇。21世紀過去了十年，人
類可能再次臨近一個充滿政治瘋狂的歷史路口，需要選擇。哈耶克
告訴我們，制度的選擇，不可以割斷傳統，不是創造新制度，而是
回歸被否定的古典自由主義道路，回歸自由市場經濟制度，回歸「貨
幣非國家化」，回歸不為通貨膨脹主導的價格體系，回歸法律主治
下的有限政府。這種回歸，將有助於恢復經濟和社會的自組織的秩
序。自組織秩序具有化解經濟和社會內在矛盾和衝突的能力。哈耶
克的思想展現了連接傳統─現代─未來的可能性。

　　哈耶克不是「先知」，也不是「聖人」，哈耶克生前和身後，
都沒有出現以哈耶克命名的主義和學派。但是，哈耶克無疑是一位
不同凡響的經濟學家和思想家，窮盡一生，通過包括法學、歷史學、
政治學、哲學、心理學，以及倫理在內的學科，證明國家至高無上、
全能政府、理性主義的危害，執著地探索和論證自由市場經濟的合
理性。如果沒有哈耶克，沒有他的深邃的理論體系，沒有他參與的

13　哈耶克著，《致命的自負》(中國社會科學出版社，2007)，頁33。
14　Wolfgang Schuchter, *Rationalisierung und Burokratisierung*,《理性化
　　與官僚化》(台北：聯經出版公司，1986)，頁97、98。

與凱恩斯主義、社會主義的辯論，整個20世紀的經濟思想都會黯然失色。

三、自由市場經濟的勢衰原因

在過去十年間，特別是2008年以來，自由市場經濟從「復興」逆轉到危機。如果深入分析，在20世紀後半期，市場經濟全面惡化的基因始終頑強地存在，可謂「冰凍三尺，非一日之寒」。當代世界，威脅市場經濟的主要力量來自有限政府向無限政府的轉變，corporation 的膨脹，以及政府和 corporation 的結盟[15]。其中，政府權力的擴大，源於「自動」、「主動」和「被動」三個機制。所謂「自動」就是政府權力自發的擴展；所謂「主動」即政治家和官僚們利用各種藉口擴張政府權力；所謂「被動」是指面對重大的內部和對外衝突，民眾賦予政府更多權力。

第一，政府的財力快速擴張。一般來說，有限政府就是政府的經濟權力有限，憲法上對其嚴格限制的程度，不亞於保護個人基本權利的法規。而政府財力主要體現在財政預算。在過去數十年中，如下基本理論試圖解釋為什麼政府預算擴張的不可阻擋：其一，瓦格納定律。政府預算一般以前一年度的額度為基數，以遞增的方式加計而成。當國民收入增長時，財政支出會以更大比例增長。隨著人均收入水準的提高，政府支出占GNP的比重將會提高，這就是財

15　使用英文的corporation，不直接用中文的公司，是因為中文的公司對應的是company，定義為一般以營利、從事商業經營活動目的而成立的組織。而corporation含義更為複雜，是指一個「合法體」，或者法人團體（legal entity），擁有和「自然人」（natural person）一樣的權利。民法視corporation為「道德人群」（moral persons）。

政支出的相對增長[16]。其二，尼斯坎南「雙重壟斷」理論。尼斯坎南提出了預算最大化官僚模型和支持模型的兩個假設：假設一，官僚們試圖最大化他們的預算；假設二，官僚機構在最大化他們的預算時大多數情況下是成功的。這是因為官僚體系在國會面前具有兩個先天優勢：其提供的服務和產品具排他性，國會對官僚系統的成本函數不清楚，而官僚機構清楚國會需求函數，官僚體系相對於國會擁有資訊上的優勢；官僚有提案的權力，可以向國會提出「要不要隨你」take-it-or-leave-it的預算要求。所以，政府預算過於龐大而沒有效率，幾乎無法避免[17]。其三，政府本來只能提供最低限度的福利服務。但是，政府通過增加所謂的公共產品和服務，有意識地模糊市場和政府的邊界，置換市場和政府的角色，加劇民眾對社會福利計畫的幻覺。其四，政府可以發行債券。其五，政府可以實施財政赤字。

第二，政府貨幣發行權和鑄幣稅。政府操縱貨幣是最主要的危險，導致貨幣價值波動和貨幣經濟體系紊亂。1971年，尼克森宣布切斷美元和黃金的直接關係，戰後經布林頓森林會議建立的貨幣體系完結，作為世界貨幣的「美元」成為了完全的「fiat currency（法定通貨，不兌現紙幣）」。從此以後，"pure" fiat money system 控制了世界的經濟活動。fiat money system 最重要的特徵是與其不可分割的「鑄幣稅」（seigniorage）。「鑄幣稅」為政府帶來了源源不斷

---

16 瓦格納定律的提出者是阿道夫·瓦格納（Adolf Wagner,1835 -1917），德國人，社會政策學派財政學的集大成者和資產階級近代財政學的創造者，代表作有《政治經濟學教程》（1876）和《財政學》（1877-1901）。

17 尼斯坎南（Willem A. Niskanen），代表著作是*Bureaucracy and Public Economics*（《官僚制度和公共經濟學》）。

的高於貨幣本身價值的財富。在fiat money system下，世界貨幣體系進入了波動和不穩定的時代。伴隨信用貨幣制度的發展，政府對中央銀行的控制權也不斷加強，中央銀行官僚化和「政府化」，於是，不是市場，而是政府，或者已經喪失獨立權利的中央銀行官僚決定貨幣供給量，利息市場化的時代隨之結束。本來作為市場經濟組成部分的貨幣「異化」成為政府有效干預市場的最重要的手段。政府可以隨心所欲的增加和減少貨幣供給量，提高或者降低利息率，以影響所謂的宏觀經濟。所以，自1970年代，通貨膨脹成為了經濟生活的常態，且是政府一種新的和隱蔽的「稅收」形態。

第三，大公司法人(corporation)的膨脹。根據公司法：公司的力量來源於其具有「自然人」的性質；當公司無限擴大，科斯的產權理論就失去了「私有制偏好」基礎，交易成本就會喪失約束。早在1970年代，公司膨脹已經是世界經濟的重要特徵，那時，人們注意最多的還是公司的一種形態，即跨國公司。但是，伴隨全球化，公司和跨國公司的界線基本消失，幾乎是同一語，公司跨越全球與公司之間形成巨大的和複雜的網路，其力量膨脹，如同宇宙大爆炸那樣不可遏止，擠壓個體經濟和中小企業的生存空間，改變著自由市場經濟秩序。人類除了面對傳統的國家和國族，還要面對的是公司國[18]。在這個世界上，任何人正在逐漸都被擁有、被操縱，為了利潤被剝削[19]。可以肯定，在當今世界，公司已經是一種具有統治地位的機構，幾乎沒有什麼人，甚至那些被認為的公共領地，也難

---

18 Charles Derber, *Corporation Nation*, St. Martin's Griffin(New York, 1998).

19 Joel Bakan, *The corporations*(FP Press, 2004), p. 138 ("For in a world where anything or anyone can be owned, manipulated, and exploited for profit, everything and everyone will eventually be").

以擺脫公司的滲透和侵入。

第四，政府和公司的結盟。一方面，公司可以控制政府。人民沒有辦法通過選舉和選票影響和改變公司的組織和運行；另一方面，政府甘願演變為公司的代理人。在美國，政府的經濟救助花費巨額資金幫助大銀行、大汽車企業「脫困」，而在幫助中小企業增加就業方面卻成效不彰，人民在大政府和大商業之間，更反感的是大商業。2011年，日本因為海嘯災難導致了福島核電站事故，由此暴露了一個「原子能村」。這個「原子能村」源於核電設備商、國家電力企業的行政監管部門，以及主要分布在原子能安全委員會以及文部科學省的原子能研究開發機構等部門的核工業、核子物理等領域的專家學者。這原本是一套各負其責、互有牽制的體系，但是，實際上卻淪為一個盤根錯節、利益均沾的官、學、商的利益集團。其中，政府系統的墮落是關鍵。在亞太地區，政府的金融角色不是削弱，而是加強，許多亞洲國家都建立了主權財富基金。政府與商界之間的親密關係正在全面復辟，力求通過公私合作的方式促進自身的大型工業基礎設備出口。在日本，原本私有化的郵政服務將再度收歸國有；瀕臨破產的日本航空公司最終在政府的財政救助下起死回生。在韓國，政府成立了一個新形式的基金支持建造行業的出口。

第五，國家資本主義全面崛起。由列寧開創和斯大林完成的「計劃經濟」制度，以及希特勒的「國家主義」，殊途同歸，都導致了「國家資本主義」。列寧的「制高點」理論，就是「國家資本主義」的一種理論基礎。第二次世界大戰之後，「國家資本主義」還出現在石油輸出國。在石油輸出國組織（OPEC）成立之前，一家國際性石油公司來到一個國家、畫地為界，就能賺很多錢。而在石油輸出國組織成立後，國有化出現了，石油公司不能再按照過去的模式經

營了。從21世紀前後,「國家資本主義」捲土重來。國家資本主義
的特徵是,政府既當裁判又是運動員。中國是國家資本主義的中心
國家,甚至是國家資本主義的領導者。俄國作為放棄共產主義意識
形態的國家,也可以加入該行列。第二類型主要是一些資源豐富的
國家,包括安哥拉、伊朗、科威特、馬來西亞、尼日利亞、沙烏地
阿拉伯、阿聯酋和委內瑞拉。第三類型包括從大宗商品價格上漲獲
益、已經部分轉型到市場經濟的國家,包括巴西、埃及、印度、印
尼、墨西哥、南非和土耳其[20]。面對「國家資本主義」咄咄逼人的
態勢,2010年5月,政治風險專家布雷莫在他的著作《自由市場的終
結:誰將在政府與企業的戰爭中勝出》中提出:在自由市場經濟中,
政府的職能是執行合約、限制道德風險(比如貪婪)以及創造公平競
爭的經濟環境。而在國家資本主義中,政府如果被迫在保護個人權
利、提高生產力和政治目標中做選擇的話,國家資本主義將永遠選
擇後者。國家資本主義與自由市場經濟的主要區別在於決策過程中
的政治因素,後者是對全球市場經濟的最大威脅。

　　總之,政府企業化和企業政府化正在成勢,由此正在徹底改變
市場的自組織的傳統結構和機制。人們一度寄以希望的調和市場、
企業和政府關係的治理(governance),並沒有成功。

　　2008年,世界金融危機爆發。人們對它有不同的解讀:西方主
要國家政府,例如美國政府將其歸因於金融界,特別是華爾街的貪
婪;而商業銀行認為是政府長期不適當干預的結果;中國則認為是
資本主義制度所致,它標誌民主制度的衰落。但是,有一點是共同
的:世界主要國家(G20),特別是中國,試圖誇大此次危機的嚴重

20　Ian Bremmer, *The End of the Free Market: Who Wins the War between States and Corporations*(USA: Penguin Group, 2010).

性，甚至超過1930年代的大蕭條。其實，2008年危機，主要是政府
責任，政府不僅多年來成為了投資銀行的代理人，而且實行不正確
的貨幣政策，是政府破壞自由市場經濟結果。這種爭論，在解釋1930
年代的大蕭條問題上，曾經發生過。奧地利學派認為：大蕭條很大
程度是由於政府錯誤干預經濟所致，例如貿易保護主義。市場發生
問題，甚至失調，絕不是政府干預的理由。滯脹就是政府財政赤字
刺激經濟的後果。遺憾的是，人們誤以為此次危機是市場失靈所致，
為了避免人們福利遭到進一步傷害，支持政府擴大對市場的干預。
所以，2008年之後，全球對資本主義自由市場制度的支持率呈下降
趨勢。2008年的世界金融危機，給各國政府以進一步強勢干預市場
經濟的機會，各個國家政府實現了更「合法」地干預市場經濟的「自
動」、「主動」和「被動 」的集合。

四、民主制度基礎的脆弱性，以及是如何遭到侵蝕的？

　　哈耶克認為，民主並非是一種終極價值，但確是限制政府的最
好選擇，其原因有：人們會主動關心公共事物，增進公眾對政治問
題的意識和理解；許多人可以成為被選拔作為管理公共事物的對
象；大多數公民來決定政治領袖的變動，以和平方式完成政治領袖
交接。但是，民主制度本身其實是脆弱的，是可能走向反面的。哈
耶克也指出若干原因：民主機構擁有無限權力，且不正當地行使這
些權力；民主政府不受制於法律；各個利益集團的爭鬥、妥協和遷
就，以及少數利益集團支配民主政體的政策。1975年，薩繆爾・亨
廷頓的《民主的危機》出版[21]。在這本書中，亨廷頓歸納了民主危

21　Samuel P. Huntington, Joji Watanuki, Michel J. Crozier: *The Crisis in*

機的主要表現：民主對權威的挑戰；公眾信心與信賴的衰落；政黨
體制的衰敗；政府與反對黨之間的權力平衡轉移。全球化之後的21
世紀，民主制度的危機程度加深，正在遭遇持續的侵蝕。

第一，民主制度的基礎發生動搖。代議制度是民主制度的重要
基礎。在代議制度下，人民選舉政府，實現所有人在法治下的平等，
並爲自由市場經濟提供一個和平穩定的政治環境。代議制度的合法
性不在於獲得大多數人的支持，因爲，大多數人依然會犯錯誤，甚
至發生多數人的專政。代議制度的合法性在於，當社會對政府發生
信任危機，當人們需要改變，可以通過選舉方式，而不是暴力、內
戰。不僅如此，代議制度可以有效地緩衝國家的控制衝動，化解政
府信任危機。在代議制度下，民主制度能將絕大多數人培養成理性
的公民，因爲民眾知道，非理性行爲會破壞以理性程式來規範的民
主政治制度。至少在過去的十餘年間，代議制度面臨深刻危機。人
們在君主立憲的進化過程中所確立的限制至上權力的各種措施，在
代議政府建立以後，卻逐漸被一點一點地否棄了。究其原因，首先
是世界性的中產階級萎縮。在傳統的代議制社會，因爲社會的大多
數是中產階級，社會偏好自然向中產階級的意願靠攏。於是，多數
規則會發揮其作用，保證了社會的穩定。如果中產階級居於社會的
多數地位，整個社會難以發生極端的選擇，會呈現政治穩定，社會
經濟和政治生活理性化。在政治學中，有一個所謂的中間投票人定
理：任何一個政黨或政治家，要想獲得多數選票，贏得選舉的勝利，
其競選方案與綱領需要符合中間投票人的意願[22]。但是，由於中產

（續）――――――――――――――

   Democracy（《民主的危機》）.

22 Kenneth J. Arrow, *Social Choice and Individual Values*（《社會選擇與
   個人價值》）.

階級的人數和品質下降，社會結構改變，民主政治正在喪失穩定的
基礎。其二，政黨官僚化，個人利益壓倒政黨原本的世界觀，理想
主義淡化，政黨政治個人化和腐敗。

第二，社會快速分裂，沒有集合的機制。1951年，肯尼斯·約
瑟夫·阿羅在《社會選擇與個人價值》中，提出了著名的「阿羅不
可能定理」：如果眾多的社會成員具有不同的偏好，而社會又有多
種備選方案，那麼在民主制度下不可能得到令所有人都滿意的結
果。由此，很多人認為民主制度不僅低效率，而且難以為繼。其實，
阿羅不可能定理不是反對、而是為自由民主制度辯護的[23]。當下，
個人理性不能轉化為集體理性，碎片化，而社會分裂的根源是市場
經濟遭到破壞。與此同時，時代性的和世界性的公共知識分子嚴重
缺失，批判精神普遍喪失。

第三，狹義的個人市民自由權利和政治權利，廣義的人權，遭
到普遍侵犯。2001年的911事件，加劇了政府，甚至政府的某些部門
以國家安全的名義全面侵入公民社會，壓制保障民主運行的個人偏
好。納稅人納稅用於控制普遍的個人自由，導致人民爭取自由成本
大幅度的提高。

第四，媒體普遍喪失獨立性，遭到政府和公司的控制。例如，
美國政府可用不同方法影響相當數量的媒體及其內容：時代華納是
世界上最大的媒體集團，包括控股：CNN、CW（與哥倫比亞廣播公
司〔CBS〕合資）、HBO、Cinemax、卡通網路（Cartoon Network）、
TBS、TNT、美國線上（America Online）、Mapquest、Moviefone、華
納兄弟影業公司（Warner Bros. Pictures）、Castle Rock、新線電影公

---

23 經濟學家阿馬蒂亞·森（Amartya Kumar Sen）1998年在諾貝爾頒獎
典禮上的演說。

司（New Line Cinema），以及150多個雜誌，包括《時代》（*Time*）、
《體育畫報》（*Sports Illustrated*）、《財富》（Fortune），*Marie Claire*
和《人物》（*People*）。

第五，不可抑制的「無限政府」，導致民主制度的動搖。斯賓
諾莎是在人類思想史，特別是政治哲學上不可逾越的巨人。斯賓諾
莎承認國家的必要性，但是不信任它。他認為國家的最終目的並非
統治人，也不是用恐怖來約束人。國家的目的實際上應該謀求自由。
國家的作用是促進發展，而發展取決於自由。國家對思想控制的越
少，公民和國家雙方獲得的利益就越大[24]。歷史已經一再證明：一
個有限政府是一個民主政府的前提，而一個民主政府必須是一個有
限政府。如果政府不受限制，沒有法治制衡，侵犯各個獨立的和自
由的領域，那就是極權主義的政府。哈耶克也指出，民主制度走向
反面，並不是民主制度的一種必然結果，而只是那種被人們逐漸與
民主制度混為一談的「無限民主」或特定的無限政府的一種後果。
根據韋伯思想，在早期資本主義向後期資本主義過渡中，經濟和社
會不可避免地「徹底國家化」，進而開始自行摧毀如自由市場、企
業經營自由及就業市場自由等前提[25]。

第六，政府「聯盟」的出現。政府對市場經濟的干預普遍化，
不僅發生在新興國家，而且發生在具有資本主義傳統的市場經濟國
家。各國政府之間形成了沒有成文的「政府聯盟」，政府對市場干
預呈現國際化。每年的各類政府首腦的經濟高峰會議，就是這種聯
盟的運行方式。在今天，世界已經不存在完全獨立的貨幣政策。深

---

24 威廉・杜蘭特，*A Brief History of Philosophy*（《哲學簡史》，中國
　　友誼出版社，2005，頁124）。

25 Wolfgang Schuchter, *Rationalisierung und Burokratisierung*（《理性化
　　與官僚化》，聯經出版公司，1986，頁73）。

入分析，國家與國家之間，政府與政府之間的文化、意識形態和政治制度差異的影響，以及「地緣政治」的作用都在降低，相比較利益衝突，共同利益在強化，各國政府和政治家之間正在形成一種看不見的利益關係，走向「趨同」。特別值得注意的是，民主制度國家對極權和專制國家的縱容。在1930年代，西方民主國家不乏有識之士認清希特勒納粹主義和國家主義的反人類性質，但是，在國家政策方面卻採取「綏靖主義」，爲此，歷史付出重大代價。如今，問題更爲嚴重，民主國家的政府和爲數可觀的政治家，因爲利益關係交叉，對極權和專制國家不僅縱容，而且媚俗。

五、中國模式：21世紀的新型國家（官僚）資本主義

中國具有中國式的古典自由主義傳統：直至1920年代末，原本是距離自由市場經濟制度距離最近的經濟體。例如，南京民國政府在1933年實現「廢兩改元」，國家才得以統一貨幣制度。中國發行信用貨幣已經是到了1935年。在政治制度方面，中國曾經是可以滿足絕大多數消極自由，爲精英提供積極自由機會的國度。1949年至1978年，中國曾經實現公有制、計畫體制和封閉經濟體系。其間，私有制和自由市場經濟不僅被摧毀，而且被連根拔掉。在極權制度之下，一方面剝奪了每個人消極自由的一切可能性，另一方面，卻給大眾所謂積極自由機會的虛僞幻覺。自1980年代，中國開始經濟改革和開放，當時的決策集團企望在中國重建市場經濟。人們也報以同樣的期許——中國會實現向市場經濟和民主制度的轉型。中國的改革過程，也一度加劇了這種幻覺。但是，三十年之後，事與願違，中國不是逼近，甚至不是若即若離，而是不斷遠離市場經濟和民主制度。

　　第一，黨－國家－政府的整體制度官僚化。至今，中國並未真正告別集體主義傳統，沒有建立權力制衡的意願，保持著毛澤東時代建立的極權主義的某些傳統。經過過去三十年改革的中國，黨－國家－政府制度一體化迅速成熟，而且完成了整體官僚化的轉型。不僅如此，這種黨－國家－政府制度的整體官僚化體制，通過畸形的資本主義和市場體系得以放大。如今，中國成爲一個民主社會主義國家的機率微乎其微。不僅如此，按照韋伯的看法：官僚制一旦建立，其客觀上不可或缺性加上它特有的「非人格性」，使得它「很容易爲任何人服務，只要此人知道如何來駕馭它」[26]。這種情況比毛時代還值得警惕，因爲毛時代如同封建制度，強迫個人忠誠，如今這樣的限制不復存在，徹底地「非人格化」，不可避免發生官僚制的膨脹和凝固化。

　　第二，距離市場經濟基本標準甚遠。2001年12月11日，恰恰在9/11之後的第三個月，中國成爲WTO的第143個正式成員。若干年之後，中國成爲國際貨幣基金組織(IMF)的「五個對世界經濟具有系統重要性的經濟體」，位於美國和歐元區之後、日本和英國之前。中國一反過去抵制「自由貿易」的立場，成爲世界上最主要的支持自由貿易的國家力量。同時，中國一直努力爭取世界各國認可其完全市場經濟國家的地位。在這一努力背後，包括有兩大動力：希望「具有中國特色」的市場經濟制度得到世界認可，同時免受只針對非市場經濟體的貿易補償方法。前者出於心理因素，後者處於實際考慮。但是，直到2010年，歐元區主要國家、美國和日本仍然認爲中國沒有達到市場經濟國家的基本標準。2004年，羅伯特·盧卡斯

26　Max Weber, *Economy and Society* (Eds. G. Roth and C. Wittich; trans. E. Fischoff et. al.) (New York, 1968), pp. 578f.

教授訪問武漢大學,在回答記者關於中國經濟是否是市場經濟問題時,明確指出:目前中國政府在經濟中發揮的作用比美國、日本、韓國等其他國家要大得多。也許中國政府做的已經過多了。中國經濟的市場特徵還很弱,如果按照美國人的觀點來看,它還不能算是真正的市場經濟國家,它只能是在政府主導的計劃經濟裡面有一些市場經濟的特性而已。中國政府對本地經濟的控制力要比美國大得多[27]。國家壟斷各類資源,特別是金融資源。國家是金融所有者和經營者,法院和市場監管機構就無法獨立,從根本上削弱了法律的功能;與權力有關係的個人和企業可以得到特權;政府負債最後由國家來承擔,國家所依據的主要是貨幣發行;國家壟斷金融使銀行等機構遍及全國,導致銀行控制的金融資源規模最大化,金融交易中的民間權利無法得到保障。國家控制的銀行擁有大量存款,金融當局擁有制定存貸利率、選擇貸款目標等權利,採用「金融壓迫」政策(Financial Repression)。金融當局將存貸利率保持在較低水準,為目標產業與企業長期提供成本低廉的融資服務,主要是支持國有企業發展。近年來,國家主權基金創造了絕對權力。在中國,稅收來源於所得稅、財產稅和流轉稅。但是,由於財產屬於公有、國家和政府,納稅人當然就是政府。國家為了政府運作所需,向社會徵稅,主要納稅人居然是「國家」,似乎荒唐,卻是現實。既然納稅人和用稅人都是政府,政府自然無法抑制本身。

　　第三,「國富民窮」。毫無疑義,中國政府是當代世界最有財力的政府。進入21世紀之後,中國政府的稅收增長幅度持續高於GDP的增長幅度,政府在國民儲蓄中的比重同步增長。中國政府儲蓄占

27　鍾心,〈改變偏見的諾獎得主盧卡斯暢談中國〉,《人民網》,2004
　　年11月15日。http://www.people.com.cn/GB/jingji/1045/2987053/html

GDP的比重，不僅高於發達國家，而且高於新興市場經濟國家。中國政府的國家預算內財政收入，加上國有企業當年未分配利潤，以及各級政府土地出讓收入，政府可支配財力近乎GDP的30%左右。如此情況，在古今中外歷史上極為罕見。但是，在中國，國家富裕和人民富裕二者間的關系失衡，相對於極端富裕的政府來說，民眾卻是相對貧困。在那個似乎已經逝去的「美國時代」，人們都習慣於把世界最大經濟體等同於全球國民最富裕的國家。如今，中國已經是世界第二大經濟體，在富裕和貧窮方面都超過西方，用目前的匯率計算，美國國民的平均收入是中國的十倍。即使考慮到中國人口幾倍於美國，人均財富和人均的公共物品過低，也是無可爭議的。中國的幾億低廉勞動力，幾乎是只生產不消費的社會群體。政府通過出口獲得外匯，再借給美國等發達國家，變成外國國債，相當於把中國老百姓創造的財富再借給外國人。之後，這些國家用從中國借的債來買中國的商品。

第四，各級地方政府的「公司化」。中國的地方政府兼具「發展型政府」(development state)和「掠奪型政府」(predatory state)的雙重特徵，集中表現為地方政府的「公司化」[28]。公司化的政府以追求經濟增長，特別是財政收入為最高動力，GDP是成為了公司化政府的營業額，財政收入是利潤。公司化政府，對招商引資、土地徵用等經濟活動，有強烈的介入衝動，而對於提供公共服務和公共

---

28 1990年代，斯坦福大學政治系教授戴慕珍（Jean C. Oi）提出了中國存在著「地方國家法團主義」（Local State Corporatism）：一方面，在經濟發展的過程中，地方政府具有了公司的許多特徵，官員們像董事會成員一樣行動；另一方面，在地方經濟的發展過程中，地方政府與企業密切合作。地方政府協調轄區內各個經濟事業單位，正像是一個從事多種經營的實業公司。

物品，卻缺乏動力。進一步，政府的公司化，不可避免地導致官商的「權利和金錢」交換，「代理主義」（clientelism）發生變異，不再是政府官員通過給與選民物質利益換得選票，而是政府官員通過爲商人提供方便換得物質利益。

第五，沒有建立現代企業制度。中國國有企業對生產要素的高度壟斷，主導國家資本主義進程，在某些行業，例如能源、通信和鐵路，不僅具有壟斷性質，而且形成了若干具有「龍頭老大」的「寡頭」。中國從來沒有發生「國進民退」，因爲根本沒有過「民進國退」。中國國家電網公司是一個有代表性的案例：這個公司在過去幾年內，徹底改變了原本的「廠網分離，主輔分離，輪配分離」的反壟斷的政策，成爲電力工業的「寡頭」企業，2008年的總資產是164,262億元，職工153.7萬人。2009年，在《財富》500強排名是第15位。2010年，位列第8。所謂「私有經濟」，即非國有制中小企業和個體經濟，普遍需要依附於政府和國有企業。

第六，新型「門閥制度」已經形成。在中國歷史上，門閥制度發源於東漢，東漢建立者劉秀，建國後大封功臣，這就造就了第一批的豪門貴族。經過晉到南北朝，門閥制度發展到頂峰，少數家族成爲了大地主，大豪強，可以控制國家的大部分經濟資源，在國家的經濟、政治都占據著統治地位，甚至制衡皇帝和影響控制朝廷。在社會上，出現「上品無寒門，下品無世族」。中國在過去的二十年間，歷史上的這個門閥制度，在很大程度得以再現。之所以用「門閥制度」，是因爲影響和控制全社會經濟資源的集團不僅家族化，而且與權力緊密結合，構成了一個明顯的「新階級」，擁有共同意識，共同利益，共同生活方式。他們其中，不乏來自社會底層的平民，但是，基本在被同化。

第七，中產階級主體已被同化為體制的一部分。美國政治學者

亨廷頓曾指出，每一個國家最積極的民主支持者都是都市中產階級。在過去三十年間，中國確實產生了中產階級，其數量大約在八千萬至一億。但是，中國的中產階級已被中共同化，成為黨國體制的一個組成部分，很難成為推動自由市場經濟和民主化的力量。中國提供了與歐洲和美國不同的歷史經驗，如果中產階級形成過程過於依賴政府，特別是主要通過「尋租」，這個中產階級不可能扮演起19世紀歐洲中產階級的角色，也不可能構成民主政治改革動力，更沒有可能願意見到貧窮的城市居民或農民為自己的利益爭取投票權。

第八，沒有主體性社會。在中國，社會的自組織、自治和自律的功能繼續流失，公民社會發育緩慢，甚至停滯，至今沒有形成現代社會結構。其原因是：其一，政府權力持續擴大，政治和行政權利無所不在。政府投入大量資金和人力資源，設立管制社會事務的新部門、新機構，壓縮社會的自組織的空間。中國的民間組織，少有真正的自主和自治；其二，高速「城市化」和「滅村」運動，導致中國處於新社區尚未穩定，農村和鄉鎮的傳統社區不可抗拒的「消失」時期，已經非常弱化的社區「自組織」功能基本喪失。

2008年，中國自己提出「中國模式」。中國其實已經是世界的經濟超級大國，甚至是「超級巨國」。似乎中國經濟產出超過美國，已經沒有懸念，只是時間問題。中國和世界都在討論「中國模式」[29]。但是，分歧巨大，其焦點並不是「有」還是「沒有」中國模式，而

---

29 2009年開始，「中國模式」，受到廣泛注意和爭論。有人將「中國模式」與「北京共識」(Beijing Consensus)直接聯繫；也有人不贊成使用「中國模式」，主張用「China Case」。中國官方沒有正式使用「中國模式」。但是，中國模式似乎成為了民間的主流共識，稱中國模式是「內生性制度安排」，其本質就是中國特色社會主義。

是如何評判中國的現行經濟制度。其實，中國模式可以概括爲「強權力，弱市場、無社會結合」三個基本特徵[30]。這個模式的基礎是中國式的國家資本主義。中國的國家資本主義並不是一種新的經濟發展模式，而是既有的發展模式在不同國家和不同時期的又一次演繹。中國的國家資本主義模式顯現的更爲有力量。因爲，政府控制了國內經濟活動的所有層面，加之政治制度的支持，具有很強的決策能力。1991年，台灣一些學者撰寫了《解構黨國資本主義》一書，指出當時的台灣處於「黨國資本主義」制度之下，以政治的力量壟斷經濟的資源與利益，支撐一黨的威權運作，進而進行社會的、文化的、教育的、思想的擴張，從而建立了「一元化的威權社會」[31]。在現階段的中國，與1990代初的台灣比較，完全有過之無不及。不僅如此，還難以看到「解構」的前景。

　　中國實體經濟的產出加之中國的人口和市場，決定了中國經濟體的「高質量」。但是，是否這個「高質量」的經濟體還可以長期「高速度」的運行下去，確實關係中國和世界。在「中國模式」背後，是人口過多，資源匱乏。中國持續的經濟和社會財富高速增長，不僅會遇到中國自身資源的限制，而且會加劇世界資源短缺。所以，中國的經濟、政治和社會問題與西方國家和俄國比較，顯現得更爲嚴重。如果說，西方爭奪全球資源是爲了保持較高生活水準，那麼中國爭奪全球資源則是爲了基本生存。特別需要強調，在中國，「尋租」現象發展到極致。人們爲了個人竭盡使價值最大化，爭奪人爲

30　「強權力，弱市場、無社會結合」的提法首先見於清華大學社會學
　　系社會發展課題組的報告〈重建權力，還是重建社會〉（《南方週
　　末》，2010年9月16日）。

31　陳師孟等著，《解構黨國資本主義》（自立晚報社文化出版部，
　　1991），頁16-17。

的財富轉移，獲得額外收益，扭曲經濟資源配置，耗費了各類社會
資源，增加交易成本。社會的邊際成本和邊際收益的失衡，已經到
了難以為繼的地步。

六、拯救自由市場經濟和民主制度

回顧自由主義歷史，面對日益惡化的自由市場經濟和民主制
度，悲觀主義不可避免。韋伯是一位對自由主義持悲觀主義的自由
主義者。韋伯一方面認為，確有可能出現絕對的官僚支配制度，但
是，不可以讓這種情況發生；另一方面，雖然完全的民主制度應該
存在，但是，卻難以實現。所以，人們必須選擇即使並不徹底的民
主制度，但，不可以容忍無限政府和官僚制度的擴張。與韋伯時代
比較，21世界問題更為嚴重。奴役制度徹底取代自由市場經濟和民
主制度的可能性在加強，而不是減弱。這個世界發展方向已經演變
為不是「好」的或者「壞」的，而是哪種「壞」的：是政府控制和
取代自由市場，還是公司控制和取代政府？所以，每個個體為了自
己的根本利益，需要參與拯救自由市場經濟和民主制度。哈耶克從
來沒有放棄對自由經濟和民主制度的信心。根據哈耶克的思想和人
類進步的實踐，如下的努力將有助於拯救自由市場和民主制度：

第一，普及界定有限政府的意識。一方面，政府必須承擔實施
法律和抵禦外敵的職能；另一方面，政府必須提供市場無法提供或
無法充分提供的服務。就政府提供服務而言，絕不能使用強制力。
當政府承擔服務職能時，人們不能賦予政府在抵禦外敵時所被賦予
的同樣權威。2010年4月22日，在比利時，荷蘭語政黨與法語政黨圍
繞首都布魯塞爾大區行政區劃問題的談判破裂，荷語開放自由黨宣
布退出比利時執政聯盟，首相萊特姆向國王阿爾貝二世遞交辭呈。

至2011年4月22日，比利時的這種「無政府」狀態將滿一年，成爲全球「無政府」狀態持續最久的國家，並被列入金氏世界紀錄。對於自由主義來說，這是一個令人振奮的消息，證明在一個成熟的市場經濟，且具有深厚民主制度傳統的國家，即使沒有政治家控制的政府，人們的生產和生活依然可以照常進行。

第二，建立「人類合作的擴展秩序」。真正的個人主義堅信那些由小型社區、人群和家庭成員的共同努力所形成的價值，堅信地方自治以及各種自發自願的結合體，並認爲個人主義正是通過這些形式得以實現自身。

第三，完善和發展其「非政府組織(NGO)」特有的功能。不論是來自西方國家的非政府組織，還是來自前「社會主義」國家蘇聯和東歐轉型過程中的非營利組織(NPO)的潛力，不可低估。因爲，這類組織是以自然法人構成，其運行與政府沒有關係，且沒有營利行爲。目前，國際性的NGO已達到四萬以上，至於國家性的數量更爲巨大[32]。NGO或者NPO對民主制度有著積極作用，包括加強政治參與，幫助政治精英實現公眾的「理性化」，推動民主體系的長期穩定，協助創建和發展公民社會和民主國家。對於「非政府組織」，關鍵是如何堅持獨立性，避免淪落爲政府和公司的工具。

第四，IT革命爲人類提供了21世紀「自組織」的基礎結構。2004年，年僅20歲的馬克・紥克伯格創建了「臉書」，徹底改變了互聯網時代全球社交聯繫方式。從此，互聯網技術向每個個體身份回歸。「如果臉書用戶選擇建立一個國家，那麼它擁有全球1/12的人口，僅次於中國與印度。每天，全球5.5億用戶操著75種不同的語言在臉

---

32 Russia has 277,000 NGOs; India is estimated to have around 3.3 million
    NGOs in year 2009, that is one NGO for less than 400 Indians.

書上瀏覽、評價、分享，全球用戶每月耗費在這個社交網站上的時間高達7000億分鐘」[33]。自然，馬克‧扎克伯格被譽為「人類2.0時代」的造物主。在臉書創建前後，還有 Friendster(2002), MySpace(2003), LinkedIn(2003), Mix(2004)等社交聯網出現。社交網站的理念包含著自由、平等和博愛的觀念。值得提及的還有 Twitter，及其他「微博」對人類「自組織」的貢獻。人的要素，在社交網路架構之下，個人空間得到了充分的釋放和放大。當然，以今天國家的強大，存在著國家對社交網路滲透甚至利用的危險[34]。

七、自由主義在中國

中國畢竟沒有經歷歐洲19世紀的自由資本主義階段，古典自由主義在中國沒有機會生根和發育。進入20世紀，現代自由主義進入中國，沒有和本土的傳統自由主義相結合，而是從反傳統開始，故受到保守主義的抵制；同時，集體主義、國家主義、民族主義、社會主義，以及共產主義的傳播，也視現代自由主義為「異端」。所以，自由主義始終受到兩面夾攻。在中國，沒有任何一種思想，可以像自由主義那樣被誤解和曲解。

第一，中國自由主義傳統薄弱。中國在幾乎沒有明白亞當斯密的時候，就跳躍式地接受了馬克思主義。從1920年代末期至1940年代末期，中國知識界的主流是拒斥自由市場經濟，肯定國家資本，

33　〈人類2.0時代的造物主和他的社交理想國〉，《三聯生活週刊》，
　　2011年，第9期。

34　2011年5月，阿桑奇在接受 *Russia Today* 的訪談中提及，由於受到情
　　報機構法律和政治上的雙重壓力，一些社交網站不得不向相關部門
　　提供使用者資訊以及搜集到的情報。

主張統制經濟、計劃經濟，誤讀俾斯麥、日本明治維新、以及史達林，於是德國、日本和俄國成為中國的「model」。「英國及美國的 National Economic Planning 與 International Economic Planning，法國之 Economic Dirgee，德國之 Plan- nwritschaft，皆鼎沸於論壇，釀成一般經濟學教授不在講壇上縱談『統制經濟』就不足以顯其本色的樣子。」[35] 當時的左翼認同蘇聯「計劃經濟」模式，反對資本主義市場經濟，並不足奇，然而，自由主義知識分子陣營受到了社會主義思潮的嚴重侵蝕，在經濟領域不能堅持自由主義立場。作為自由主義象徵的胡適，在他寫於1927年的〈我們對於西洋近代文明的態度〉一文中，對社會主義予以讚揚[36]。同樣屬於自由主義者的丁文江，則明確主張「新獨裁主義」，把「新獨裁主義」作為「統制經濟」先決條件。被譽為中華民國憲法之父的張君勱，不贊同共產主義，卻主張國家社會主義的計劃經濟。活躍在這個時期中國政治舞臺的曾琦，反對共產主義，卻主張國家主義。在翁文灝和錢昌照主

---

35 克己〈風靡世界的統制經濟思潮〉《東方雜誌》，V. 30，(9)，轉引自張連國〈20世紀30年代中國統制經濟思潮與自由主義者的反應〉，《經濟史》，2006年第三期。

36 胡適在1950年代關於哈耶克〈從到奴役之路說起〉的演講中，總結歷史經驗，對自由知識分子為國民政府以「統制經濟」為旗號的權威主義現代化模式之推波助瀾的歷史作了反省和懺悔，他說：「中國士大夫階級，很有人認為社會主義是今日大勢所趨。……在政府裡任職的許多官吏，他們認為中國經濟的發展只有依賴政府，靠政府直接經營的工業礦業以及其他的企業。從前持這種主張最力的，莫過於翁文灝和錢昌照，他們所辦的資源委員會，在過去的二十年中把持了中國的礦業，對於私有企業(大多是民國初年所創辦的私有企業)蠶食鯨吞，或則被其窒息而死。……(以上)許多中國士大夫階級對於社會主義的看法，在二十七年前，我所說的話也是這樣的。……現在想起應該有個公開懺悔。」(《胡適論著輯選(台灣)》，台灣巨人出版社，1978，頁170-172)。

持下的資源委員會，將民國初年私人資本創辦的眾多私有工業、礦業企業國有化。1949年以前的中國，儘管基本具有自由民主的大環境，但是，自由主義根基膚淺，缺少近代自由主義和保護人權的法律意識。所以，在1949年之後的短短幾年，自由主義可以被徹底摧毀，也就不難理解了。

第二，台灣的自由主義的傳播和成長。1949年之后，自由主義在中國大陸熄滅，其火種在台灣燃起。在台灣的自由主義的群體中，周德偉先生具有獨特的和重要的歷史貢獻。一方面，周德偉先生不遺餘力地繼續倡導自由主義，爲自由經濟「正名」，告訴人們：「主張自由經濟並非反對一切政府干涉，只反對政府直接干涉經濟事業而已」[37]。並努力將西方自由主義思想和中國傳統文化融會貫通。1953年，在周德偉的建議下，殷海光將《通往奴役之路》譯出，在當時台灣最著名的自由主義陣地《自由中國》雜誌連載。該書無疑對台灣尋求建構適合台灣的自由社會秩序發生影響。另一方面，周德偉先生最早試圖運用自由主義的經濟思想影響台灣的國民經濟運行[38]。周德偉先生認識到：建立出口導向型經濟，是台灣經濟發展的根本出路，而出口導向型經濟必須依賴經濟自由化，核心問題是如何實現新台幣匯率和利率的市場化。那時，中國大陸採取了廉價傾銷政策，奪取台灣已有的國際市場。政府爲了鼓勵出口，採取了出口退稅、低息貸款、配給廉價原料，但是效果有限。這是因爲，

---

37 《周德偉散文存稿》（尊德性齋，1968），頁159。

38 周德偉先生自1954年至1958年，先後撰寫了〈十餘年來金融外匯及貿易政策〉、〈財政經濟之言〉、〈當前外匯問題的檢討及建議〉、〈金融貿易外匯政策的檢討及建議〉等文章，系統闡述了實現匯率和利率市場化的可行性方案。見《周德偉經濟論著》（尊德性齋，1968）。

政府管制下新台幣匯率，嚴重高估，外匯(主要是美元)價格低落，
加之政府管制下的銀行利率低於市場利率，企業和個人必然用廉價
的銀行貸款進行外匯投機。結果是出口成本加大，進口不可抑制，
國際收支惡化，擴大財政赤字，政府增加財政性貨幣發行，導致通
貨膨脹。所以，唯一的選擇是建立單一市場匯率，台幣貶值，掛牌
匯率提高，減少外匯需求，導致市場匯率回落到合理範圍，市場利
息降落，生產成本減少，實現擴大出口[39]。周德偉先生還富有預見
地量化了符合當時實際的新台幣匯率[40]。在最初幾年，周德偉先生
的意見並沒有得到政府相關部門的理解和認同。到1958年，周德偉
關於匯率和利率市場化的政策建議被政府採用。之後，台灣經濟自
由化開始啟動。當年《自由中國》對台灣管制經濟的批判，其實是
台灣經濟自由化運動的組成部分。在這個「經濟自由化」的過程中，
夏道平先生是台灣自由經濟的傳道者，蔣碩傑先生也是不可多得的
推手。比較台灣和中國大陸經濟的起飛過程，不難發現：在中國大
陸，私有制基礎和市場經濟遭遇徹底摧毀，在台灣得以保留；在中
國大陸，從來沒有發生過「經濟自由化運動」，在台灣，經濟自由
化運動是「台灣經驗」的組成部分[41]。由於自由主義台灣被廣泛認
知，自由經濟成長，奠定了民主政治制度的歷史前提。在這方面，
台灣比較香港、韓國、新加坡的經濟「起飛」過程，其歷史經驗要

---

39 1949年，1美元=新台幣5元；1958年，1美元=新台幣38元左右，與
    1949年比較，貶值近8倍。大體與其間的物價指數上升情形平行。
    同時期，政府利率在1.5%左右，市場利息(通過地下錢莊)大體是
    2.5%-3%，甚至到4%。

40 1美元=新台幣35-37元。《周德偉經濟論著》(尊德性齋，1968)，
    頁528。

41 吳惠林，《台灣自由經濟之路》(華泰文化事業，2002)，頁48-94。

豐富和精彩得多。

　　1973年，周德偉翻譯的哈耶克的《自由的憲章》問世，其實是自由主義思想在中文世界的大事。周德偉稱他的譯著是「達旨」，爲了避免人們對「主義」的先入爲主的意識，用中文的「自由立茲」表達英文的「liberalism」，實在值得後人思索[42]。

　　第三，中國大陸自由主義一度「全軍覆沒」。大陸在1949年以前，因爲周德偉先生，哈耶克的思想和文字得以在中文世界傳播，結束了哈耶克長期不爲中國學者所知的狀況。但是，自1949年以後的近十年時間，再沒有介紹和研究哈耶克的記錄。直到1959年和1962年，滕維藻和朱宗風分別翻譯出版了哈耶克的《物價與生產》（上海人民）和《通往奴役之路》（商務印書館）。兩本書都是作爲「內部讀物」，印數少，只限於高級官員、高級知識分子範圍。加上當時的時代背景，幾乎沒有形成任何影響。1957年反「右」運動之後，中國的自由知識分子不復存在，自然也沒有自由主義思想的空間。所以，中國在1950、1960、1970年代，共產黨不可能容忍《自由中國》的出現，沒有可能產生大陸的周德偉、殷海光、夏道平，沒有真正的自由和民主政治的傳道者，更談不上殉道者。

　　第四，中國大陸自由主義的「興起」和「局限」。1980年代初期，自由主義抬頭，一度長足發展，但是，很快遭遇打擊。1985年5月20日，鄧小平提出反對資產階級自由化，之後演變爲文化大革命後一場大規模「左」傾運動。這次運動因爲胡耀邦和趙紫陽的聯手抵制，表面上未能繼續，卻釀下了胡耀邦1987年被迫辭職，1989年趙紫陽下臺，遭受長期軟禁的種子。1989年，中國的自由主義所受的打擊是毀滅性的。遺憾的是：自1990年代，中國知識分子逐漸成

42　周德偉譯（達旨），《自由的憲章》（臺灣銀行經濟研究室，1973）。

爲中國經濟和政治制度下的既得利益者，構成官僚、教授、律師、傳媒人士的主體，「精英聯盟」的組成部分，維護現行制度。特別需要指出的是中國的「主流經濟學家」，熱衷於爲政府和大公司出謀劃策，政府如何干預經濟；在媒體向公眾就短期經濟熱點問題發言，缺乏獨立立場，忽視、至少是沒能就重大問題（例如，可持續經濟發展、財富分配、制度轉型）對社會產生正面和積極的影響力。通過他們，一個有中國特色的凱恩斯主義，已經在中國深深札根。中國的主流經濟學家，對於中國經濟愈發背離自由經濟的財富生產和資源配置原則，實在有著不可推卸的道義甚至實質性責任。不僅如此，因爲他們以維護「自由經濟市場」自居，結果是嚴重損傷和殃及了真正的自由主義。使得重建自由經濟市場理論的影響力，成爲相當困難的工作。

1990年代中期以來，中國有了對哈耶克的系統介紹和解讀，不乏研究哈耶克的學者。哈耶克生前是不可能預見到他的名字和思想會在中國獲得那樣的「普及」。但是，哈耶克思想對中國的經濟和政治的實際，卻沒有發揮實質性的作用。中國似乎已經是一個經濟學大國，卻很可能會重複德國在20世紀初的歷史，不存在真正的經濟學，尤其是真正的自由主義經濟學。中國一些自我宣稱，或者被認爲代表自由市場經濟的經濟學家，其實代表的是國家資本主義，且是既得利益者，迴避甚至否定民主政治制度。因爲他們的虛偽「自由主義」，剝奪了真正自由經濟主張的空間。這是值得研究的一個歷史現象。

第五，自由主義在中國大陸的前景。目前，自由主義，特別是和自由主義相關的「普世價值」，正受到過去三十年從來未有的批判，形成了不是「運動」的「運動」，湧現了若干類似姚文元式的人物。2011年，有一篇代表性文章稱，因爲中國自由派不懂中國歷

史，將陷入「百年邊緣」[43]。自由主義不是意識形態，用意識形態對待自由主義是少有的不公正。中國的所謂「左」派，誤以為中國的假市場經濟就是市場經濟，將中國的「權力病」判決成「市場病」，假李逵當作真李逵，因而反對自由市場經濟；中國的民族主義，反對西方資本主義，卻沒有參透中國經濟和西方經濟在背離自由市場經濟原則方面的一致性。最近，有一篇題為〈當代中國意識形態分析：四大思潮逐鹿中原〉的文章，樂觀地認為：「中國的未來必將屬於自由主義。不僅世界潮流如此，國人的選擇只能如此」[44]。如果實事求是，在中國，糾正民眾對自由主義的偏見，推動自由主義和中國傳統的結合，重建中國社會的自組織機制，實現自由主義中國的生根發芽，還有漫長的路要走。此外，當前世界政治和經濟大環境不利於自由主義，民眾顯現出「左轉」意願。這種情況的改變，還要依賴世界經濟的整體復甦，就業擴大，也需要時間。可以肯定的是：1980年代和1990年代的中國新生代，沒有經歷過「集體主義」的束縛，具有難以估量的自由自主要求，強烈的多元主義傾向，伴隨他們成為社會中堅，他們會接受自由主義，實踐自由主義。

朱嘉明，現任教於奧地利維也納大學。1980年代參與中國經濟改革，擔任中國社會科學院副研究員等職。1989年6月出走美國。主要著作有：《從自由到壟斷——中國貨幣經濟兩千年》、《朱嘉明文選(3卷)》、《中國大陸工業企業》、《中國大陸鄉鎮企業》、《論非均衡增長》、《國民經濟結構學淺說》及《現實與選擇》等。

---

43 彭曉光，〈自由派：百年邊緣——辛亥百年、蘇聯解體二十年、建黨九十年與中國模式〉，《環球財經》，2011年，第2期。

44 裴毅然，〈四大思潮逐鹿中原：當代中國意識形態分析〉，共識網，2011年4月11日 http://www.21ccom.net/plus/view.php?aid=33082。

去政治化的台灣政治*

劉世鼎、史　唯

　　自從國民黨在2008年再度執政之後，台灣的政治地景已經產生深遠的變化。在第二次政黨輪替之前，由於中國內戰以及世界冷戰期間的對峙，台灣與中國大陸處於長期敵對的狀態。在後冷戰時期，伴隨著台灣本身政治民主化與文化本土化進程的平行發展，在政治體制、意識型態以及身分認同上，兩岸間的差異與分歧反而愈來愈大，對於兩岸未來的統一或統合方案產生高度的不確定性。在民進黨8年執政當中，由於政客煽動民粹主義以及台灣民族主義、並希望藉此獲得國內選民的支持，海峽兩岸的緊張局勢從未減弱[1]。自從馬英九執政以來，國民黨政府戲劇性地扭轉了原本僵持的局面，在堅持所謂「三不」原則(不統、不獨、不武)下，逐步為兩岸關係的正常化鋪路——其目的在於維持兩岸的現狀。不同於前總統陳水扁(因貪污罪名入獄)對北京當局所採取的激進親台獨立場，祖籍中國湖南省、出生於香港的馬英九，則推行了一套更為務實的新自由主義策略，將台灣放到大陸的市場動態中。2008年至2010年間，台灣在馬

---

*　本研究為澳門大學研究委員會所資助的研究計劃Ambiguous
　　Identities（編號MYRG_126(Y1-L2)-FSH11-SW)的部分內容。
1　Hsiao-Hsien Hou et. al., "Tensions in Taiwan," *NLR* 28, 2004.

英九政府的部署下，與中國在經貿合作領域簽署了15份雙邊協議條
約，另外在商業和旅遊業的交流也看到了顯著成長。馬英九在接受
《華盛頓郵報》的採訪時指出，兩岸關係目前是「60年以來最穩定
的狀態」[2]。北京也和國民黨政府高度合作，對馬英九新經濟計劃做
出大讓步。然而在這快速、而且表面上看似和平的兩岸發展中，是
什麼促使兩個對手願意緩和緊張局勢並展開合作的？在多大程度
上，北京當局所做出的讓步，能夠有效地抑制台灣越來越高漲的身
分認同政治？為了弄清楚這個新的結構，我們必須考慮到是在何種
特定的歷史地理狀態下形成這樣一種新的關係，又是透過什麼方式
來接合到一整套內部與外部相交錯的政治力量。

打造新自由主義的共識

　　台灣五都選舉之後以及2012年的總統大選，國民黨與民進黨之
間政治爭論的焦點之一是國民黨指責民進黨不承認「九二共識」。
所謂「九二共識」，按照國民黨的解讀，是指北京當局與台北當局
於1992年達成的協議，也就是承認只存在一個中國，但允許雙方對
所謂「一個中國」提出各自的闡述和解釋[3]。馬英九總統重申「九二

2　"Post's interview with Taiwanese President Ma Ying-jeou," *The
　　Washington Post*, 17 February 2011; 更早評論見 "Taiwan, PRC at
　　'historic juncture': Ma," *Taipei Times*, 17 April 2010.

3　2010年12月底到2011年2月，台灣所有媒體均展開了討論，如：〈社
　　論：有沒有「九二共識」？〉，《聯合報》，2011年1月4日。實際
　　上，對於「一個中國，各自表述」的說法一直是國民黨所堅持的，
　　而大陸最早講「九二共識」是2001年紀念汪辜會談八周年的談話
　　上，2002年後大陸高層開始普遍使用「九二共識」並且一直將其內
　　涵定義為各自以口頭方式表述「海峽兩岸均堅持一個中國原則」的

共識」是兩岸關係的基石，而且認為雙方對其內容都有一致的理解。在2012年總統大選辯論上，馬英九直接質問民進黨黨主席、2012年總統選舉參選人蔡英文其對於「九二共識」的態度。在馬英九看來，如果台灣不承認九二共識，兩岸關係會陷入不確定狀態；兩岸要和平，也會有很大問號。蔡英文回應表示否認有共識以及「一個中國」的存在，並說在這點上民進黨從未承認。和其他泛綠陣營資深成員的回應類似，蔡英文呼籲要凝聚「台灣共識」。這個說法其實就是民進黨1999年《台灣前途決議文》的翻版，這份決議案把台灣定義為獨立於中國的主權國家，並認為對於現狀的任何改變都應獲得多數台灣人的同意。在回應蔡英文的評論時馬英九指出，民進黨否認「九二共識」是「不顧現實的」，並且已經阻礙了民進黨執政8年來兩岸關係的進展。他質疑如果民進黨繼續否定「九二共識」的存在，不知道蔡主席萬一執政，怎麼能夠延續前朝政策。他還表示國民黨政府對於共識的接受，大大提高了中國重啟高層次協商談判的意願[4]。這樣的爭議基本上體現了目前台灣政治地景的主要分歧：對藍營而言，「九二共識」是解決兩岸關係所有問題的基石；而對於綠營來講，所謂共識只不過是國民黨和北京當局所設置的統一議程的偽裝面具，是建立在排除了對台灣地位的不同解釋之上的說法。

從歷史的角度而言，「九二共識」是大陸的海協會與台灣的海基會於1992年11月在香港會晤的結果，在台灣一直是個政治敏感且具爭議性的議題。1990年代以來，這兩個半官方組織受命於各自的

(續)

共識：童振源，〈中共「十六大」後對台政策分析〉，《中國大陸研究》，第46卷第2期，2003。

4 "Ma calls DPP 'impractical' for attitude on consensus," *Taipei Times*, 29 December 2010. 2012年12月10日總統大選首場辯論會基本上馬延續了這個基調。

政府，對兩岸交流深化過程中所出現的實質問題進行磋商。雙方所
達成的結論是拋開既有的政治衝突並進行務實的會談。雙方所分享
的一種心照不宣的理解是，國民黨視「一個中國」為台灣的中華民
國，而中國共產黨則認為中國為中華人民共和國[5]。然而值得一提的
是，雙方所承認的「共識」──雖然被反對黨批評為國民黨的一面
之詞──是在國民黨威權統治面臨反對派的強烈挑戰，以及台灣出
口導向經濟承受著愈來愈強大的壓力之際達成的。換言之，這個共
識形成的時機，正是世界冷戰的結束以及全球轉向新自由主義狀態
的時候。

　　在台灣意識型態衝突依舊強烈的時候，馬英九政府要重申「九
二共識」對於台灣未來的核心地位，意義究竟何在？兩岸關係趨於
和解的主要動力是什麼？國民黨2008年重新執政之後、台灣更進一
步整合到中國的資本主義動力的過程中，由於台灣模糊的定位以及
經濟蕭條所導致同身分認同衝突明顯升級，關於「九二共識」持續
不斷的爭論，即是有力證據。然而吊詭的是，在市場力量的推動下，
台灣的民粹主義運動以及兩岸經濟一體化在相互滲透的同時，卻產
生非常矛盾的後果。儘管有許多研究就此議題嘗試提出說法，但大
部分的討論都不能指出在這個新的國共聯盟及其配置背後的真正推

5　"Backgrounder: '1992 Consensus' on 'one-China' principle," *China
　　Daily*, 13 October 2004；蘇起，〈「一個中國，各自表述」共識的
　　意義與貢獻〉，《國家政策研究基金會》，2002年11月4日。2006
　　年，前行政院大陸委員會主席蘇起公開承認，其在2000年國民黨轉
　　交權力給民進黨之前已提出「九二共識」的說法，將其視為兩岸雙
　　方均可接受的共同點，使台灣與中國能保持兩岸交流："Su Chi
　　admits the '1992 Consensus' was made up," *Taipei Times*, 22 February
　　2006. 即便如此，北京後來也逐漸承認共識的存在，並用這個詞來
　　制定對台政策框架，見〈九二共識〉，《新華網》，2006年4月5日。

力[6]。可以說，全球範圍的新自由主義化爲新的政治聯盟的組合以及緩解兩岸緊張局勢提供了強大的推動力，使得企業階級更加自由地得到更多權力。在1949年以來的兩岸敵對衝突的背景下來理解，「九二共識」可被視爲對全球新自由主義的歷史新狀態的回應。全球新自由主義致力於創造一個更加廣闊的世界市場以及「去政治化」的政治秩序。從這個角度看來，目前台北對北京所採取的「外交休兵」策略，很大程度上出於新自由主義深化資本積累的需要。然而當前兩岸間的融合還包含著另一種形式的政治交換：事實上，新自由主義及其精心策劃的介入實例，也成爲政權獲得合法性的特定手段。更具體來說，這些介入使得中國共產黨和國民黨得以用改善經濟和兩岸關係的名義，增強對國內以及兩岸事務上的政治影響力。此外，兩岸進一步的整合也導致了微妙的「去政治化」過程，壓制著社會民主的訴求和認同的主張。

自從1978年在鄧小平的領導下實施經濟改革開放政策以來，中國已經形成了一種特定形式的市場經濟，這種市場經濟把新自由主義元素納入到威權主義當中[7]。1980年代，對資本流動和國際貿易的更大開放爲中國打開了世界市場的大門，並且幫助中國吸收外資的剩餘和國內勞動力，而1986-1989年間出現的工人和學生抗議，只對這個新的秩序構成了短暫的干擾。鎮壓天安門廣場的遊行示威之

6　大部分學者圍繞著在傳統政治學和國際關係背景框架內的問題進行討論，定義「政治」爲旨在建立穩定、一致的秩序的機構與實踐。然而我們認爲，這樣的理解不僅將新自由主義政策自然化，而且不能解決認同政治的對抗性面向，見：Chantal Mouffe, *On the Political* (London 2005).

7　David Harvey, *A Brief History of Neoliberalism* (Oxford 2005); Wang Hui, *China's New Order: Society, Politics, and Economy in Transition* (Cambridge, MA 2003).

後，中國政府成功地清除了走上新自由主義道路的障礙。鄧小平1992
年春天的南巡開啓了另一波新自由主義改革，在過去的20年間吸引
了大量的外國直接投資，創造了驚人的出口導向經濟。中國共產黨
由此重振旗鼓，進一步把中國推向世界經濟發展最快的國家之一。
受惠於1990年代初期東亞地區的資本主義發展浪潮，中國大約三分
之二的外國直接投資是來自於海外華人，特別是來自香港和台灣的
華人[8]。此後在亞洲出口到新興的中國市場的增長浪潮中，中國在世
界貿易中的份額也迅速增長。中國作爲一個全球經濟力量的驚人浮
現，也深深地改變了與亞洲的地緣政治關係，特別是與中國過去被
割讓的前殖民地香港、澳門和台灣。

　　和中國大陸相比，台灣的資本主義發展要早約20年。在世界冷
戰時期，美國就將台灣納入資本主義陣營，把台灣定位爲對抗共產
主義擴散的亞洲堡壘之一。在這樣的背景之下，獨裁的國民黨體制
不僅在政治上擁有美國的支持，在軍事和經濟上也享有美國援助。
台灣的製造業獲得進入美國市場的優惠，這使得台灣得以在出口導
向的工業化進程當中，通過強大的國家干預來發展經濟增長模式。

8　以台資爲例，1988年7月，大陸國務院公布了《關於鼓勵台灣同胞
　　投資的規定》、1992年鄧小平南巡講話，以及1994年3月大陸「人
　　大」通過了《台灣同胞投資保護法》，都對台商的投資具有相當的
　　鼓舞作用。1992年，台灣的投資金額竄升到10億美元；並在1993年
　　巨幅上升到31億美元。此後一直到1998年的五年，每年的台灣投資
　　都維持在30億美元以上。1999年後，台灣投資受到了亞洲金融風暴
　　的影響而逐漸下滑，但仍然維持在每年25億美元以上。但因爲許多
　　台商的投資爲了規避政府的管制，是透過香港、新加坡、日本、美
　　國，甚至於維爾京群島等租稅天堂來進行，因此上述的統計只是一
　　個最低估計而已：杜震華，《兩岸加入WTO之後的投資與技術合
　　作》，www.wtocenter.org.tw/SmartKMS/fileviewer?id=16057。

結果在1970-80年代間，台灣擴大了對美貿易順差，使其逐步成爲東亞地區中主要資本輸出者，積極採取市場導向發展、並加入了其它三條「亞洲小龍」香港、新加坡和韓國的行列[9]。當1980年代各國貿易壁壘逐漸解除並導致更大的國際貿易競爭，台灣開始把出口的目的地從美國轉向亞洲並融入地區市場。1980年代中之後，面對來自美國以及OECD國家要求開放貿易領域以及促使新台幣升值、以及勞動力成本上升的諸多壓力，台灣的製造業開始把生產成本更爲低廉的東南亞國家作爲離岸生產中心。1987年國民黨政府解除對台灣居民赴大陸探親的禁令，有力推動了兩岸投資的發展——台灣企業在中國大陸迅速獲得大量廉價勞動力以及巨大的國內市場，導致了台灣工廠的大規模搬遷以及資本外流[10]。據估計，1991年以後至少有7萬家台灣企業在大陸投資，超過1000億美元，而實際數字可能比估計的更高。事實上在過去20年來，台灣一直在重新定位對外貿易關係[11]。從圖表1可以看出，從2004年開始，台灣對於大陸的出口超過美國，中國逐漸成爲其最大的出口市場。

9　Ming-chang Tsai, "Taiwan's neoliberal transition," *Third World Quarterly*, vol. 22, no. 3, 2001.

10　相似的文化及語言是自1980年代末起選擇中國大陸作爲重點投資目的地的一個重要因素，見：Hsing You-tien, *Making Capitalism in China: The Taiwan Connection* (Oxford 1998); Douglas Fuller, "The cross-strait economic relationship's impact on development in Taiwan and China: adversaries and partners," *Asian Survey*, vol. 48, no. 2, 2008.

11　相關分析見：Zhang Zhaoyong et al., "The dynamics of political and economic interactions between Mainland China and Taiwan," *Papers in Regional Science*, no. 82, 2003.

圖表1 台灣出口依賴程度(US$ billion)

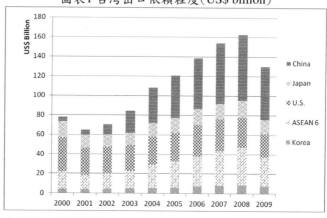

來源：台灣國貿局

　　在這個意義上來說，海協會與海基會於1992年的會晤及其達成
的協議，可以被視為不斷深化的新自由化程序的當代表現形式。這
個半官方的會晤可以說是與全球新自由化的進程完全吻合，致力於
調整世界冷戰中的敵對關係，並為新自由主義在海峽兩岸間的擴張
創造更好的商業氣候——即便雙方達成的共識遭遇到了來自於台灣
民族主義的強烈挑戰。然而許多實例表明，新自由主義從未把一套
統一的模式實施於不同的地緣政治情境中而產生一樣的結果；其具
體的實踐往往取決於政治差異、緊張關係和需求[12]。事實上，對於
許多亞洲的發展中國家而言，新自由主義的再結構過程，打開了國

12　Richard Robinson and Kevin Hewison, eds., *East Asia and the Trials of Neo-liberalism*（London 2006）; Vedi R. Hadiz, ed., *Empire and Neoliberalism in Asia*（London 2006）; Aihwa Ong, *Neobliberalism as Exception: Mutations in Citizenship and Sovereignty*（Durham, NC 2006）.

家權力進一步加強、協商和爭論的可能性。這些國家為創造更好的企業環境而進行積極的干預，以求化解內部異議並獲得國內外支持。過去十年裡，中國作為區域大國在亞洲已越來越具有主導力量，並且積極推進全球經濟合作以試圖擴大其全球影響力。為了實現其外加政策利益，美國已經與中國緊密合作，也因此在台灣問題上作出讓步（中國視台灣問題為「國家核心利益」之一）。在這個意義上，經濟發展不僅僅被中國視為一個目標，更是在地區內「投射力量到其直接的地緣政治利益領域」的工具[13]。在兩岸經濟緊密交織的背景下，中國式的新自由主義追求特定政治目的，並被賦予深刻的政治意義，例如收編政治對手或實現國家統一[14]。這與近年來北京當局試圖通過經濟利益贏得鄰國支持的「和平崛起」策略相一致。

新自由主義＋民粹主義政治的終結？

　　到底我們該如何理解「九二共識」在全球新自由主義環境下持續展開的軌跡？事實上，國共雙方所達成的共識，在1990年代中期台獨勢力聚集，到2008年馬英九執政前這段時間遭到了遏制。在馬英九的前任者李登輝和陳水扁執政下，台灣新自由主義方案主要是通過鼓動民粹主義支持台灣認同和台灣獨立來實施[15]。李登輝和陳

13　Harvey, *A Brief History of Neoliberalism*, p. 122.

14　See Patrick J. McDonald, *The Invisible Hand of Peace: Capitalism, the War Machine, and International Relations Theory* (Cambridge 2009); 徐進鈺，〈兩岸經濟整合與大和解的可能〉，《台灣社會研究季刊》，72期，2008。

15　Jinn-yuh Hsu, "The spatial encounter between neoliberalism and populism in Taiwan: Regional restructuring under the DPP regime in the new millennium," *Political Geography*, vol. 28, no. 5, 2009. 關於當代

水扁政府均對國內強大的企業集團作出實質性的讓步，從而設法遏制依賴於中國大陸的經濟發展趨勢。兩位前任總統都拒絕承認「一個中國」的存在，並且奉行一種帶有民粹主義形式、混雜著獨立意識的認同政治的新自由主義。當代台灣在過去十年裡經歷了國家權力的劇烈轉型。1980年代末，當台灣進一步整編到資本主義全球化進程中時，社會率先挑戰獨裁的國民黨政權並要求政治自由化。在產生政治變革的決定性時期，族群議題逐漸成為台灣本土政客反對當時外省人占主導地位的國民黨政權的工具，結果迫使官方在1987年解除戒嚴。自從李登輝繼承蔣經國成為第一位台灣人總統後，他在推行「去中國化」和「本土化」政策上發揮著重要作用，並藉此強化他與外省人所進行的鬥爭籌碼。同時這個策略也導致了台北與北京當局的衝突升級[16]。李本人從來沒有承認過「九二共識」，他曾指出，「一中各表就是表示九二沒共識，九二沒共識的共識」[17]。1999年，李登輝首次對外發表「兩國論」言論，聲稱台灣當局已將兩岸關係定位為國家與國家的關係，或者至少是「特殊的國與國關係」，把雙方視為享有平等獨立主權的國家。此舉被北京認為把台灣向「法理獨立」推得更近，導致了台海一系列軍事活動的增強。同時，台灣與大陸間經濟聯繫的擴大也使李登輝政府有所警惕，提出「戒急用忍」政策，目的是以國家安全和主權的名義限制赴大陸

（續）──────────────

　　台灣民族主義概述：Wang Chaohua, "A Tale of Two Nationalisms," *NLR* 32, 2005.

16　關於李登輝民粹主義的精闢分析，見：王振寰、錢永祥，〈邁向新國家？民粹威權主義的形成與民主問題〉，《台灣社會研究季刊》，20期，1995。

17　〈兩會復談／李登輝：不擔心損台利益，九二沒共識就是共識〉，《今日新聞網（網絡）》，2006年6月11日。

投資的數量。儘管李的「南進」政策試圖推動更多台商往東南亞地區投資，然而資本流向大陸的趨勢並沒有受到壓制，所導致的結果是台灣經濟的增長遲緩，以及巨大的財富分配不公。

自從民進黨在2000年總統大選中從分裂的國民黨取得執政地位之後，民粹主義總統陳水扁在徹底否定國民黨專制統治的同時，也否認「一個中國」協議的存在。更準確的說，他視1992年會談的結果爲雙方對現狀的不同理解[18]。在他總統任期的後期，陳更加明確地表示兩岸關係只能在「一個中國，一個台灣」的條件下進行討論。至今，民進黨領導的泛綠陣營的支持者仍堅持認爲1992年的會談並沒有達成任何共識。然而，陳水扁主政時期不但沒有改變過去反對派所長期批判的國民黨新自由主義路線和政治侍從主義，反而通過國營事業的私有化和圖利少數資本家的金融改革等措施，與商界精英建立新的政治聯盟。扁政府試圖對兩岸交流採取新的控制，因此採取了一種「內向型」的新自由主義治理策略，在土地以及稅收方面對國內財團作出了巨大讓步，導致可用於緩解經濟差距的國家稅收大幅減少[19]。陳水扁的新自由主義政策對社會的影響是極具破壞性的，政府統計數據顯示，工資在GDP中所占份額從1993年的51%縮減到2007年的44%，而同期的商業利潤則從29%上升到37%。失業以及城市貧困問題激增。貧富差距進一步擴大并達到史上最高點：2008年，前5%的人的平均年收入是末5%的66倍。2000年以來，有超過十萬人的生活水平滑落到貧困線之下。在社會不公平擴大、失

---

18 T. Y. Wang, "'One China, One Taiwan': An Analysis of the Democratic Progressive Party's China Policy," *Journal of Asian and African Studies*, vol. 35, no. 1, 2000.

19 Hsu, "The spatial encounter between neoliberalism and populism in Taiwan."

業以及貪污狷獗的情況下，民進黨的新自由主義＋民粹主義治理模式無法維持政治勢頭，甚至是其傳統支持陣營也對其政策不予認可，結果導致2008年總統大選中以潰敗收場。

儘管李登輝和陳水扁都嘗試阻礙兩岸經濟一體化，但他們的政治介入均無法有效地阻止資本外流以及以大陸為主導的貿易顯著增長[20]。陳水扁2000年開始執政的時候（當時台灣即將加入WTO），在兩岸政策方面扭轉了李登輝的戒急用忍政策，提出「積極開放、有效管理」，透過放寬對大陸投資限制、減稅等親商措施來刺激經濟增長；然而，他另一方面卻又說要照顧社會弱勢者、中小企業和中南部地區，但兩者之間的矛盾並沒有得到調和。2007年後，陳將貧富差距過大原因歸咎於資本外移到大陸，開始對台商赴中國大陸投資採各種管制審查措施。弔詭的是，民進黨執政8年兩岸之間的貿易往來不僅沒有減少，反而呈現快速的增長趨勢（見圖表2）。台灣在華投資以及出口在過去20年內不斷上升，使大陸成為台灣首位投資目的地以及最大的出口市場（圖表1）。隨著台灣與中國大陸加入WTO，進一步加快了台灣投資從勞動密集型、「夕陽」型產業，轉變為高端的、高附加價值的、資本密集型產業。頂尖的台灣高科技分銷商把製造產業鏈以及研發分公司紛紛遷移到中國大陸，以尋求更便宜但更高技術的勞動力、以及更大的內銷市場[21]。

---

20 Philippe Chevalérias, "The Taiwanese Economy After the Miracle: An Industry in Restructuration, Structural Weaknesses and the Challenge of China," *China Perspectives* 3, 2010.

21 徐進鈺，〈兩岸經濟整合與大和解的可能〉。由於官方制裁，許多台灣IT公司會選擇在第三國註冊為外國企業進而在中國大陸投資。這些年，這些利潤豐厚產業的稅收問題越來越受到關注。

圖表2　台灣與大陸的貿易往來

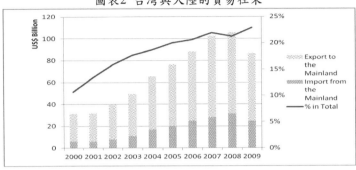

來源：台灣陸委會

　　面對幾年來的經濟停滯，馬英九政府致力於創造一個讓兩岸資本與貨物能夠更加自由流通的氣候，這樣的政策得到了台灣商界的大力支持。在過去十年，亞洲國家已經逐漸朝單一的自由貿易市場靠攏，而台灣卻只和幾個中美洲國家簽訂了自由貿易條約，僅占台灣總出口的一小部分[22]。台灣支柱產業如石化、機械以及電機產業（這些產業在2007年就占了島內總出口的24%）在中國要繳納比東盟國家雙邊自由貿易協定更多的進口關稅[23]。其他的商業壁壘也弱化了台灣在亞洲的競爭優勢，導致台灣在全球貿易總量中的份額下降。由於扁政府主政時期無法扭轉低迷的經濟以及勞動力生活質量的下降，其繼任者馬英九在全球金融危機造成更高失業率以及工資停滯不前的情況下，得以重新調整台灣新自由主義道路。的確，馬英九是因承諾要改善經濟以及與美國、北京的外交關係而當選的。

22　2000年至2009年，只有台灣和北韓被亞洲經濟一體化趨勢排除在外。

23　Hong Zhao, "Taiwan-Mainland Economic Cooperation Framework Agreement," *EAI Background Brief 549* (Singapore 2010).

在經濟衰退時期，諸如經濟增長、貿易自由化、解除市場管制以及出口競爭力這些新自由主義的議程，變得更加令人渴求且更具說服力，因此讓國民黨政權得以提出「更好的未來」憧憬，將國家權力沿著新自由主義的路線進行再調整。由於馬所推行的自由化政策是建立在資本主義的深化與再調整的需求、以及對於兩岸現狀的合理化，難怪在中美經濟與安全利益更加緊密之時，受到中美雙方一致歡迎。從長遠看來，比起持獨立理念的在野黨，北京更偏好馬政府，因為馬政府兩岸深化經濟上的相互依存將使得台灣與大陸緊緊相連，並能阻止台灣走向「法理獨立」。對於華盛頓來說，新的經濟關係會有助於鞏固現狀，從而避免與中國發生軍事衝突。

自從國民黨再度執政之後，過去李登輝以及陳水扁政府的反中國政策遭急劇扭轉，兩岸政府之間的敵意比前兩屆政府顯著減少。「台灣人身分」顯得不再像過去那麼顯著，並逐漸被中華民族或華人世界的「同根」和「共同利益」所取代[24]。為了壓抑台獨勢力，馬在接受媒體採訪時指出，台灣和中國大陸都是中國「地區」，兩岸關係不是國與國關係，也不是陳水扁所指的「一邊一國」關係，更不是李登輝所言的「特殊國與國關係」，而是在中華民國憲法框架內的「對等的地區對地區特殊的關係」[25]。對於陳水扁政府執政期內把對岸稱為「中國」的做法，而以「大陸」或僅僅是「對岸」來代替[26]。

---

24 像是「炎黃子孫」和「中華文化」也經常被馬英九用來當作進動兩岸合作的論述。

25 "Taiwan and China in 'special relations': Ma," *The China Post*, 4 September 2008; Frank Muyard, "Mid-term Analysis of Ma Ying-jeou's Administration," *China Perspectives* 3, 2010.

26 "Ma wants people call China 'the mainland': legislator," *The China*

當綠營指責馬英九的大陸政策是「犧牲台灣人的尊嚴與主權」、說馬的政策缺乏有效監督之際，他已經開始致力於經濟議題來增加他2012年競選連任的機會。一方面批評陳水扁「鎖國」政策嚴重損害台灣人民的利益，馬政府強調兩岸經濟平台一旦建立起來，台灣將迅速受益於中國的快速發展，並能促使北京在台灣試圖提升其國際影響力的問題上作出妥協。馬英九一再表示，「台灣的全球化不能沒有中國大陸」。然而，隱藏在這些說法背後的是國民黨政權對於新自由主義一貫的合理化，藉此國民黨希望尋求執政的合法性。當馬的政策更往新自由主義方向貼近，兩岸關係已從長期的敵對狀態，轉變為一系列制度化的機制、規範以及商業運作協議。2008年6月至今，海基會和海協會已經進行了六輪會談，簽署了一系列協議，這些協議明確了規範兩岸經濟活動的基本原則，包括消除兩岸經濟交流壁壘，包括逐漸開放的兩岸直航、兩岸貿易、旅遊業合作和直接投資等項目[27]。所有的這些策略都試圖提升國內外資本的盈利條件——但是他們真的能夠根除政治對抗性與衝突嗎？

去政治化的政治及其後果

不同於前任總統的敵對政治，馬的中國政策是在一個自相矛盾的去政治化過程中展開的，其主要特點是消除貫穿台灣國內以及兩岸之間的潛在對抗性[28]。可以說目前兩岸交流是以摒棄「政治」

(續)

　　Post, 8 February 2011. 在回應中，中國國務院台灣事務辦公室發言人楊毅表示，中國官員「對此舉衷心歡迎」。

27　Mainland Affairs Council（MAC）, Opening Up and Guarding the Country: Benefits of the 14 Cross-Strait Agreements, Taipei 2010.

28　關於「去政治化」的討論：Mouffe's *On the Political* 以及 Wang Hui,

（politics，即一系列確保穩定秩序的實踐和制度）和「政治性」（the political，即對手間無法消除的敵對性）之間的差異為前提的，從而導致了政治爭論空間的萎縮和取消，以及對所有政治問題採用非政治的方法來解決。我們認為兩岸這種發展趨勢不應該被視為一個獨立的特殊案例，而是發展中世界在一個全球去政治化的時代裡，所長期面臨的某種困境的有機組成部分。我們可以發現，這種去政治化的政治形態有三個主要特徵：首先，為了避免刺激北京當局，刻意迴避了那些高度爭議性的政治議題；其次，轉移認同的政治；第三，把經濟發展看作是治理的唯一重點，並將對再分配問題的關注排除在政治領域之外。我們可以看到，馬的策略並不能有效地馴化由新的政治結構所釋放出來的政治緊張局勢。

1. 迴避有爭議的政治議題

自從馬英九執政以來，他一直非常小心，盡量不去違背華盛頓與北京之間的共識，也就是使兩岸關係獨立於既有的、源自於冷戰時期造成彼此敵對的政治分歧。相應於舊的政治邊界的消失是更為強烈的去政治化趨勢，即通過「適應與合作」的方式來面對崛起的中國[29]，卻沒有堅持特定的政治價值觀念，也沒有與對手進行真正的政治辯論。我們認為，作為後冷戰時期去政治化過程的結果之一，「九二共識」是被建構來將以前的政治敵人轉化成為經濟夥伴，為新自由主義的擴張建立更加穩定的秩序。一項2009年的調查顯示有

（續）

"Depoliticized Politics, From East to West," *NLR* 41, 2006.

29 關於馬的中國政策的爭論，見：Bruce Gilley, "Not So Dire Straits: How the Finlandization of Taiwan Benefits U.S. Security," *Foreign Affaris*, vol. 98, no. 1, 2010; "Taipei's response to the article: Vance Chang, 'Taipei is Not Helsinki," *Foreign Affairs*, vol. 89, no. 3, 2010.

52.3%的台灣人把「大陸人」看成是「經濟夥伴」，只有13.3%把他們看成「朋友」[30]。

雖然馬英九反覆重申在其任期內不會在統獨問題上與北京進行政治談判，但這並不表示其以經濟為中心的施政方案可以完全繞開現存的政治問題。北京當局一直希望經濟利益可以在台灣贏得更多的支持、為最終的國家統一鋪路，然而這個做法被台獨團體認為是讓台灣落入中國的「經濟外交陷阱」中[31]。2008年12月31日，胡錦濤為促進兩岸關係所發表的「六點意見」重要講話中呼籲雙方在恪守「一個中國」原則的基礎上，進一步探索互信機制並協商和平協議。他強調，兩岸關係的問題不是中國領土和主權的分裂，而是上個1940年代中後期中國內戰遺留並延續的政治對立，他敦促兩岸雙方努力結束敵對狀態，並「在適當時候」就政治關係和軍事安全問題推動務實的對話。他的發言暗示兩岸關係是台灣與大陸之間的問題，雙方可以在排除台灣的軍事援助者美國的干預下發展政治以及軍事關係[32]。儘管「六點意見」在許多外交場合以及胡與台灣高層代表團的會晤中被多次提及，馬英九卻不願積極回應，並堅持台灣在與大陸磋商時仍需加強自衛能力，根據《台灣關係法》繼續購買美國武器[33]。儘管馬一再拖延、擱置可能激怒北京的政治議題，北京對馬的中間路線機會主義是否能保持耐性，仍然不明朗。

---

30 Muyard, "Mid-term Analysis of Ma Ying-jeou's Administration."

31 Jianwei Wang, "Is the Honeymoon Over? Progress and Problems in Cross-Strait Relations," *American Foreign Policy Interests* 32, 2010.

32 "President Hu offers six proposals for peaceful development of cross-Strait relationship," *Xinhua News*, 31 December 2008; Wang, "Is the Honeymoon Over?"

33 "Post's interview with Taiwanese President Ma Ying-jeou," *The Washington Post*.

　　在現今兩岸去政治化的階段，馬政府越來越承受來自北京的政治壓力。不僅兩會會談不處理民主治理以及社會公平這些議題，有評論家也指出馬英九在鞏固兩岸關係時也一直迴避這些問題，這與他本人在就任台北市市長時曾經批判北京當局對1989年民主運動的鎮壓大相逕庭[34]。簡而言之，著重於經濟利益的新自由主義，似乎越來越不需要顧及社會民主對於社會正義與民主價值的重視。當中國異議份子劉曉波以顛覆家政權罪名被判刑11年時，國際社會迅速譴責北京當局，馬卻在劉曉波被監禁一年以來一直保持沉默，直到其他國家的領導人呼籲釋放劉曉波才跟進作出回應[35]。馬英九沒有就此事件做出措辭強硬的回應，而是在劉曉波獲得諾貝爾和平獎得消息公布後，才對北京當局發出書面聲明，要求其「用誠信與信心解決重大人權事件，並以更大的寬容對待持不同政見人士」，但文中也沒有要求釋放劉曉波[36]。同時，兩份要求立法決議的人權草案——一份要求馬政府發出釋放劉的正式要求，另一份要求中國批准《公民權利與政治權利國際公約》並對其人權狀況採取「具體措施」——均被擱置於國民黨占多數的立法院內[37]。我們看到政黨捍衛其特定政治價值和主張的角色被不斷被削弱，淪為權力利益的分配機制，其實質內容逐漸空洞化——這也是兩岸去政治化的總體後果之一。

　　再者，那些被認為是威脅中國的人，馬英九政府似乎都不太歡迎。當時的李登輝政府在流亡的西藏精神領袖達賴喇嘛1997年第一

34　馬被指責在天安門大屠殺30周年上保持低調：Molly Jeng, "Taiwan is silent on human rights," *Taipei Times*, 11 February 2011.

35　作出判決的當天，海協會會長陳雲林在台灣總結其5天訪問。

36　"Liu Xiaobo wins Nobel Peace Prize," *Taipei Times*, 9 October 2010.

37　"Human rights at bottom of the heap," *Taipei Times*, 13 December 2010.

次訪台時，就給予免簽證入境的待遇；然而當達賴於2008年12月表示希望再次訪台時，馬認為「時機不宜」並拒絕其要求[38]。在達賴受高雄市政府邀請慰問台灣南部莫拉克颱風受災民眾的事件中，北京迅速反應並警告台北「達賴喇嘛訪台勢必損害台灣與大陸的關係。」[39] 考慮到北京的反應，馬英九一開始不願批准達賴訪台，但為了挽回國內不斷下跌的支持度，最後還是要求達賴不能提及政治以及保持低調為條件同意了[40]。在達賴訪問期間，馬以及其他高層政府官員均拒絕會見達賴，而且強大的壓力下，達賴幾個原本計劃的演講也被取消。為了報復達賴訪台，大陸官員紛紛取消或延遲涉及台灣的交流活動[41]。許多商務旅行團以及交流代表團要麼延遲要麼取消，導致大陸遊客數量的銳減[42]。隨著兩岸融合的加速發展，這樣的政治對抗不可避免。然而在缺乏有效的民主監督的情況下，台灣愈依賴大陸經濟，其決策將會越可能受北京當局的制約。

2. 轉移認同的政治

　　馬英九去政治化策略的第二個特徵是利用國家權力來促進經濟方案，同時讓帶有分裂意識的台灣認同政治逐漸喪失合法性。然而

38　"Dalai Lama invited to comfort victims," *Taipei Times*, 27 August 2009.

39　"Mainland Reiterates 'Resolute Opposition' against Dalai Lama's Visit to Taiwan," *Xinhua News*, 30 August 2009.

40　2009年8月，台灣莫拉克颱風造成超過650人以上死亡，政府的處理不當導致馬的支持度降至30%："Taiwan wary over China-Dalai Lama tension," *The China Post*, 3 September 2009.

41　〈達賴訪台 大陸叫停多項兩岸交流活動〉，國民黨官網，2009年9月1日。有國民黨國會議員表示達賴訪台會「激怒中國」。

42　〈達賴訪台令台灣旅遊業損失數十億〉，《人民日報》，2009年9月7日。

存在於在認同爭議的政治對抗性，不會因爲否定它而就此消失不見。馬似乎只是迴避而沒有面對自李登輝政府和陳水扁政府後加劇的認同爭議，從長遠看來這反而會造成往後更難去處理。雖然馬一再表示開放兩岸交流「絕對不是親中」，而是對台灣未來發展至關重要，但許多人認爲其政策太傾向北京，只會逐漸爲破壞台灣主權的「一個中國」宣傳創造更多空間[43]。根據一份2009年的調查，有60%的受訪台灣人認爲國民黨和中國共產黨在兩岸交流增加中獲益最大；有70%的人擔心兩岸交流會損害台灣主權，超過60%的受訪者最擔憂的是台灣經濟將完全依賴中國[44]。民進黨把馬的方案視爲一大倒退，認爲馬政府非但不能維護台灣人的認同及利益，還幫助北京當局建立對台灣的控制，爲最終的統一鋪路。

　　無論馬英九政府如何化解目前島內的認同衝突，台灣民族主義依然是反對新開放政策的主要力量。在反對黨看來，迅速擴大的兩岸經貿關係會減少台灣的談判籌碼。目前以「一邊一國連線」爲代表的泛綠陣營激進派將藍營稱爲中共的同路人，進一步加強反中國運動，使得馬的新自由主義方案在島內成爲一個極具爭議性的政治議題。他們舉行大規模的抗議活動來反對兩會「黑箱操作」的行爲，要求馬政府立刻停止「親中」政策。馬當選幾個月後，時任海協會副會長張銘清赴台南孔廟參觀時遭台獨支持者暴力襲擊。隨後，數千名抗議者在海協會會長陳雲林首次訪台時與警察發生衝突，並包圍陳雲林。儘管國民黨與共產黨之間的緊張關係已經有所緩解，但

43　Lingwei Hu, "The Basic Features and Challenges of Cross-Strait Relations in the New Era", *American Foreign Policy Interests* 32, no. 1, 2010.

44　Jerry Lai, "Survey on Cross-Strait Relations: Three out of Four Taiwanese have Sinophobia," *CommonWealth Magazine* 430, 2009.

台灣社會對大陸的敵對依然強烈，不會輕易受馬的政策所馴服。

我們要說的是，兩岸關係的新自由化絕非一個「自然形成的」、或與政治無關的過程，而是被政治衝突所形塑的過程，不但高度不穩定、而且會產生相當弔詭的後果。事實上，儘管馬想要削弱台獨勢力，但不是所有敵對的表現形式都會消失不見。最近台灣民調結果顯示，兩岸經濟融合的深化並沒有使雙方如預期般更加親近，也沒有成功地產生更為強烈的「一個中國」或「中國人」身分認同。相反，台灣人日益認識到雙方之間的分歧。事實上，在馬的政策之下，台灣民眾——尤其是年輕人——對中國以及中國人的負面看法持續增強，而對台灣人身分的認同更是達到了史上最高點（見圖表3）[45]。圖表3透露了驚人的變化：從1992年開始，認為自己是中國人的台灣居民從25.5%大幅下降到2011年的4.1%，而認為自己是台灣人的民眾，從1992年的17.6%增長到目前的54.2%。在統獨問題上，儘管在所有的調查中「維持現狀」依然是多數人首選，但是偏向獨立的數字在2009年後逐步上升（見圖表4）。當更具體問到支持獨立還是統一時，絕大部分受訪者選擇前者[46]。事實上，兩岸經濟一體化的主要受益者大陸台商「不『愛國』的程度不會比一般民眾少，因

45　雖然有愈來愈多的台灣年輕人和大陸年輕人有所接觸互動，自認台灣人的比例比年長者來得高，國土認同也更傾向台澎金馬。過去國民黨執政時期所灌輸「做個堂堂正正的中國人」的概念，到了李登輝、陳水扁時代開始被刻意淡化、甚至被否定，取而代之的是「台灣不是中國」、以及「我是台灣人、不是中國人」的認同，和以台灣為中心的命名稱謂、歷史教育、語言政策和文化論述。同時，北京在國際事務上對中華民國的抵制、阻撓，也促成了台灣民眾的反彈心理。相關調查也可參考：Rebecca Lin, "2010 State of the Nation Survey," *CommonWealth Magazine* 437, 2009.

46　Muyard, "Mid-term Analysis of Ma Ying-jeou's Administration."

爲他們對於北京當局對台北的敵意的覺察力一直都比一般人高」[47]。

圖表 3 台灣人身分意識的變化圖例

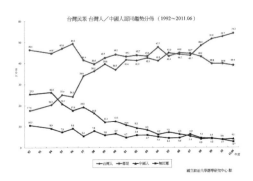

來源：國立政治大學選舉研究中心，重要政治態度趨勢分布

圖表4 台灣統一和獨立態度的變化

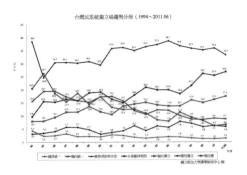

來源：國立政治大學選舉研究中心，重要政治態度趨勢分布

47 Ching-Chang Chen, "Understanding the Political Economy of Cross-Strait Security: A Missing Link," *Journal of Chinese Political Science* 120, 2010, p. 18.

3.「先經濟，後政治」

　　從治理的角度來看，馬的去政治化政策基本上是將經濟和政治分離，然而這也導致日益嚴重的社會不平等與衝突。在「九二共識」的框架之下，馬實行的「先經濟後政治」或「先易後難」策略，可能是馬政府的去政治化傾向最直接的表現，它不但把經濟改革當作管理的唯一重點，同時掩蓋了一系列已經引起公眾不滿的結構性脫臼。馬政府對於經濟增長的依賴實際上對企業階級更為有利，這卻使得窮者更窮，未能解決日益擴大的社會不平等。最近的統計數字顯示，台灣貧富差距正在持續擴大，基尼係數從過去十年內平均值0.32上升到0.35[48]。2010年第二季度，估計有108,000戶包括250,000人生活在政府所設的貧困線下，比起去年上升了11%。一份民意調查同時發現2005年約77%的受訪者把貧富分化列舉為嚴重問題，2008年這項數字上升到85.8%，2009年再上升到93.4%。政府對富人進一步減稅使受薪階級的相對剝奪感更嚴重[49]。過去陳水扁和李登輝是通過分配部分資源到南部以及本土基層社群來鞏固民眾支持基礎，而馬英九的新自由主義方案則是集中在開放市場以及增加商業獲利，並沒有為了緩解貧窮問題而改變既有的親商稅收制度[50]。儘

48　"Wu pledges to tackle widening wealth gap," *The China Post*, 20 August 2010.

49　Lin, "2010 State of the Nation Survey."

50　事實上，馬政府想要以「鼓勵企業投資，刺激經濟增長」的名義來減少富人的稅收負擔。馬就任總統後不久，決定把遺產及贈與稅（或簡稱遺贈稅）從50%降為10%，每年減少約6.17億美元的國家稅收。把企業的營利事業所得稅（或簡稱企業營所稅）從25%減為17%之後，政府認為有助於台灣與香港以及新加坡競爭，使台灣成為「亞洲的金融經濟中心」：〈社論：馬政府應趕快為稅改的錯誤「擦屁

管GDP在2010年增長到了11%，是1987年以來的最高點，然而民眾對日益擴大的貧富分化以及日益惡化的生活水平依舊不滿，因此馬政府一直無法獲得更高的社會支持率[51]。

除了大城市地區的快速社會兩極化外，兩岸經濟的融合也大大擴大了南北區域差距。北部主要以創造高利潤的高科技企業爲主，而傳統小型和中型企業則主要集中在南部；後者占了台灣公司總數的98%，並且雇用了76%的台灣勞動力。然而，占據台灣對大陸出口的較大份額的高科技產業被少數大型財團控制，而且這些大公司享有優惠的稅收豁免。相較之下，南部地區傳統的勞動密集型小中企業仍然面臨著招募勞動力的困難，因此更難與大陸競爭。可以說兩岸經濟一體化的最大受益者是集中在北部的高科技產業，而中部和南部的傳統勞動密集型、低附加值產業、農業以及低收入群體則被拋在後面[52]。結果，馬的新自由主義策略在其任內的頭兩年，就在有許多台獨支持者的南部地區帶來了更多競爭壓力，使得藍綠陣營之間的緊張進一步升級。反對黨也趁機利用民眾質疑以及失望的情緒轉化爲對其的支持，最終導致2010年的五都選舉中國民黨在台南和高雄地區慘敗。

（續）

股」〉，《工商時報》，2011年2月15日；"Taiwan Cuts Corporate Income Tax to 17%," *The Wall Street Journal*, 28 May 2010; Chien Hsi-chieh, "Taiwan needs a viable tax system," *Taipei Times*, 20 June 2010.

51 在最近的內閣會議上，馬更加強調失業以及財富分配的問題："President Ma holds Lunar New Year Cabinet meeting," *Taiwan Today*, 8 February 2011.

52 徐進鈺，〈兩岸經濟整合與大和解的可能〉。另外，林宗宏和胡克威的論文〈愛恨ECFA：兩岸貿易與台灣的階級政治〉（未出版）指出了階級、族群和政黨認同之間的關聯性。作者感謝林宗宏博士提供稿件讓我們作參考。

　　五都選舉被視爲馬英九及其親中政策的民意測驗，這次選舉已被證明是國民黨的一場硬仗，因爲勝出的一方可以提升2012年總統選舉的勝算。因爲直轄市選舉包括了超過60%的台灣選民，其結果可作爲2012年總統選舉的晴雨表。最終的選舉結果很大程度上符合島內傳統政治分布，顯示馬的政策並沒有爲國民黨在中南部帶來更多的支持者。這次選舉結果顯示，自從馬英九的支持度於2009年開始下滑後，國民黨持續受挫，而身陷貪污弊案的民進黨成功卻重新獲選民的青睞。在2012年總統大選的民調看來，儘管民進黨候選人蔡英文、蘇嘉全分別因爲宇昌案以及違法農舍等弊案被受藍營攻擊，但是12月17日舉行的總統大選辯論後的民調顯示，馬英九的支持率爲40%，而蔡英文爲36%，雙方的民調差距僅爲4%，馬英九能否連任充滿不確定性[53]。馬能否在下一屆總統選舉中勝出，很大程度取決於其政府管理如何採取更進步的再分配政策，滿足台灣主要社會階級的利益。

《兩岸經濟合作框架協議》：新自由主義弊病的萬靈藥？

　　《兩岸經濟合作框架協議》（以下簡稱ECFA）的簽署是馬英九促進企業發展措施的核心所在；這一份被譽爲兩岸關係的里程碑的關稅減免貿易協議涉及層面甚廣，可以說是精心設計來減少南部地區對馬政府的反彈。儘管有諸多反對聲浪，馬重申簽署這項協議將提高台灣產品的競爭力，改變台灣在東亞經濟中的地位、並能夠加

53　見TVBS 民意調查中心的「2012總統大選第二次辯論後民調」：
http://www1.tvbs.com.tw/FILE_DB/PCH/201112/o4x5p7ztex.pdf。

速台灣經濟的繁榮[54]。根據這份協議，中國大陸與台灣將允許對雙方貿易、投資以及服務市場的更廣泛接觸，也容許台灣與其他新興的中國－東盟貿易集團內的國家簽署類似的協議[55]。

如果與其他通常需要數年時間進行談判的國際貿易談判相比，ECFA進展的步調要快得許多。在這份台北與北京所達成的第一份貿易協議中，雙方同意逐步消除雙方市場的關稅和貿易壁壘，預期可以推動高達1000億美元的貿易增長額。價值約138億美元（約為島內出口到大陸總量的16%）的539個台灣出口項目，以及價值30億美元（約為大陸出口到台灣的10%）的267個大陸出口項目的關稅將在近年內逐步降為零（原本這些關稅從5%以下到15%以上不等），協議從2011年1月起生效。從列在「早收清單」上的產品項目數量以及相應的出口值來看，台灣方面獲得比大陸更多的利益。面對新自由主義政策所造成的財富和地區差距擴大，國民黨已在強調ECFA的好處，以轉移民眾對目前兩岸開放僅僅是維護經濟精英利益的指責[56]。根據這份協議，傳統的出口產業也會分一杯羹──雖然這個說

54　對在野黨而言，這只是中國用來「引誘」台灣人的政治陷阱。香港和澳門與大陸簽署關於建立《更緊密貿易關係安排》（CEPA）被反對派引用來指責馬「步香港與澳門的後塵」，並組織街頭抗議來反對為國共談判的「秘密協商」。民進黨揚言一旦能重新執政，一定會重新修訂協議："ECFA to take Taiwan on road to Hong Kong,"*Taiwan News Online*, 30 June 2010; "Taiwan citizens should march for our future," *Taiwan News Online*, 25 June 2010.

55　日本與韓國也在這個貿易集團內。鑒於大陸反對其盟國與台灣有外交關係，北京當局可能只能容忍台北當局與中國盟國簽訂「非官方」協議。

56　儘管ECFA民調顯示其生效前並未幫馬政府贏得壓倒性的支持，馬在與在野黨領袖蔡英文的ECFA電視辯論中出色的表現，確實提高了其滿意度。

法還尚未實現。台灣往大陸出口的石化品、紡織品、機械工具部件、鞋類產品和交通運輸設備將享受關稅優惠,因此在與韓國、日本以及東盟國家這些大陸主要的進口來源相比,會更具價格競爭力優勢。協議中也包含了對台灣小中企業的保護,像是一些中國產品就不能進入台灣市場。而且,台灣不允許進口新型大陸農產品,也不會降低過去允許進口的大陸農產品關稅[57]。北京逐步取消台灣農產品進口關稅後,那些因擔心低廉的大陸產品傾銷而強烈反對兩岸開放的台灣農民,渴望從中國市場獲益。馬政府預計將於3年內提高這些農產品的出口額至1億美元以上[58]。在工業部門方面,馬政府期望ECFA可以加快約2.8%的產量增長,使得約23,000個小中企業一共426萬雇員受惠,為整個農業、製造業以及服務業增加約26萬個新職位(就業增長上升約2.6%),並推動GDP的增長達到1.7%以上[59]。同時馬政府也承諾提供一個為期10年的、金額950億新台幣(29億4千萬美元)的計劃來援助那些受協議衝擊的產業。

　　儘管馬英九政府對ECFA帶來的好處抱持樂觀態度[60],但是現階段要評估其實際影響仍為時過早。新自由主義方案能否有效消除政

57　目前約有2300種農產品禁止從大陸進口。

58　MAC, Opening Up and Guarding the Country.

59　MAC, Opening Up and Guarding the Country; "ECFA to benefit over 22,000 SMEs," *The China Post*, 27 June 2010; "Interview: ECFA debates should be refocused," *Taipei Times*, 20 January 2010. 然而協議的潛在獲益將需要一段時日才能轉化為選票。

60　美國已經表示支持該協議。在中國國家主席胡錦濤最近對美的國事訪問中,美國總統奧巴馬讚揚ECFA以及其對兩岸關係和平的影響。《中美聯合聲明》表示,「美方讚揚台灣海峽兩岸《經濟合作框架協議》,期待兩岸加強經濟、政治及其他領域的對話與互動」: "U.S.-China Joint Statement," *The White House Website*, 19 January 2011.

治敵對依然不是很明朗。國民黨政府把ECFA視為增加馬英九連任機會的靈丹妙藥，然而國共聯盟所設計的資本主義處方能否治愈所有新自由主義所產生的問題，仍舊是個未知數，更不要提它如何在原有的認同衝突上煽風點火。即便這個方案或許會對某些競爭力較弱的部門和地區有利，但是長期效果可能是負面的。我們認為，這項計劃將面臨一些非常棘手的問題。首先，儘管有亮麗的GDP和出口增長數據，但是台灣的平均工資依然停滯不前，如果面臨更多來自大陸的競爭，ECFA的實施可能會進一步壓低國內工資。其次，本地工人會否被保護也是個問題。雖然失業數字才剛下降到5%以下，但這個數字並不能反映一個事實——也就是有愈來愈多人是受聘於臨時合同的工人和政府所提供的短期職位。從長遠看來，放寬市場進入的門檻會使得更多本地製造業和服務業擴大國外採購、或更快速地將業務遷移到大陸，造成島內更多失業人口。那些為生活疲於奔命的窮人，在兩岸經濟自由化的過程中將會感到更加艱難。最近的一份調查顯示，有接近50%的台灣受薪工人認為ECFA會對本地就業市場造成負面影響，不超過40%的受訪工人對貿易協議持樂觀態度[61]。儘管ECFA早收清單上的產品項目並沒有牽涉到太多兩岸直接競爭，然而接下來的磋商可能會進一步開放市場，並對台灣勞動密集型產業造成威脅。最後，在收入的停滯不前以及巨大的財富分配不公的情況下，現有的社會再分配體系如何把有限的資源分配給弱勢群體和貧困人口，將會是一大問題。目前43%的統籌分配款被分配到台北和高雄這兩個直轄市，而其他的非直轄城市和鄉縣分

---

61 "ECFA raises job concerns, 104 job bank survey says," *Taipei Times*, 7 July 2010.

配到的總共只有39%[62]。在城鄉區域差距不斷擴大的情況下，ECFA
可能會給本地政府帶來更大的壓力[63]。兩岸協議所催化的社會不平
等，似乎可能會對馬的連任構成不確定因素；因此馬的經濟方案能否
成功的關鍵，也將取決於其決策如何在內部和外部的矛盾力量所構
成的關係中找到合適的位置。

都被收編到新的聯盟中？

和過去台灣總統選舉活動所經常採取的對抗策略不同的是，馬
英九為了爭取2012年總統連任的機會積極明確地捍衛其中國政策、
並且尋求北京的支持。與以往選舉策略不同的是，民進黨儘管其激
進派依然把北京和國民黨視為對手，但是具有諷刺意味的是，該黨
已經逐步調整中國政策以吸引中間派選民，重新定位與大國的關
係。與其前任陳水扁相比，蔡英文致力於把民進黨的形象轉變為一
個「理性的」黨派，希望能夠在新的政治格局更有主動性。她認為，
為了要重新執政，民進黨應為與中國互動而創造一個「和平穩定的
框架」，在沒有任何前提的情況下與大陸當局展開對話[64]。在距離
總統大選僅一個多月之際，蔡英文更是直接表示在她當選後長達4
個月的政權交接期，會積極尋求和大陸的對話機會，對於一年前還
積極反對的ECFA，沒有持續地採取一個徹底的批判的態度。目前
這種傾向可能會對台灣的政治地景帶來雙重效果。首先，在目前全

---

62 "Interview: Special municipalities pose future problems," *Taipei Times*,
4 December 2010.

63 "Trade deal casts shadow on Taiwan," *Asia Times Online*, 5 August
2010.

64 2011年2月，民進黨成立了新的智庫以強化其中國政策。

球去政治化趨勢下，綠營仍舊無法超越現有對族群和國家定位問題
過於執着的認同政治、提供一套更具反思性的認同政治，或給現有
情勢帶來新的政治構造。另一方面，台灣主流的政治力量(無論藍或
綠)將愈來愈遠離激進政治以尋求北京的認可，因為這樣最能符合當
前全球新自由主義秩序的需要。在缺乏一個持續可行的另類選擇的
情況下，以上這兩種走向都不能真正地擺脫去政治化的政治邏輯，
更別說不能動搖新自由主義霸權。在當前的政治妥協下，國民兩黨
都不願意去質疑、挑戰支配的權力結構，或嘗試去改善民主代表性、
政府責任以及正義的問題。結果，政治成為奪取權力─利益分配的
競爭，問題是這種發展只會增加大眾的政治無力感。當兩岸關係趨
於新自由主義，上述問題及其代價將只會變得越來越尖銳。

劉世鼎為澳門大學傳播系副教授，史唯為澳門大學傳播系助理教
授。

儒家與現代政治

政教一元還是政教二元？：
傳統儒家思想中的政教關係*

張　灝

一、前言

　　大家知道政教關係是世界上每個傳統文化都要面對的重要問題。我今天要講的題目就是中國傳統儒家對這個問題的基本觀點與立場。一般說來，當代學界對儒家這方面的思想發展的討論很聚訟，大約有兩派觀點。一派是持政教一元或政教相維的看法。這種看法自從晚清張之洞提出以來，就很流行。五四之後大張其軍，可以說是學界的主流看法。另一派持不同的觀點，認爲儒家自晚周開始以來就是自視爲獨立於現實政治權威的一個精神傳統；因此政教二元或政教對等是儒家自覺意識的一個基本特徵。我個人認爲這兩種看法都有他們各自不同的觀點與不同的價值；但作爲一種縱覽全局的認識，都在不同程度上有問題有偏頗。今天在這篇演講裡，我準備就政教關係這個問題，把政教一元與政教二元這兩個觀點放在傳統儒家思想發展的脈絡裡合而觀之，希望對儒家思想在這方面的特殊

　　＊　此文是作者於2010年在香港中文大學擔任「余英時講座」時所作的演講。

性與複雜性，做一些分析與梳理。

　　我們知道儒家思想的興起是在晚周，大約西元前6世紀至3世紀的時期，但我在這裡追溯儒家有關政教關係的思想背景，卻要從殷商到周初這段時期開始談。因為我認為只有以這一段文化的演變為背景，我們才能深入地掌握儒家思想在這方面興起與展開的原委與意義。

二、殷周思想背景

　　談殷商時代的文化，當然要從它的文化核心——宗教思想開始。這幾十年來有關這方面的討論常常為巫這個問題所吸引。我認為這些討論對於了解殷商宗教並無多少實質貢獻；因為我們現在只知道甲骨文中有「巫」這個字，也就是說，巫做為一種宗教神職人員是存在的；但除此以外，考古學家還都沒有在甲骨文裡發現進一步有關巫的性質與功能的直接資料，是故現在關於巫的討論，多半是根據晚周以及晚周以後有關巫的文獻所作的臆想與揣測，因此我在這裡對殷商宗教的認識不從巫這個問題著眼，而仍然以甲骨文直接提供的資料為依據。

　　根據甲骨文的資料，大致而言，殷商宗教文化是環繞三種神靈信仰而發展的：祖宗神、自然神以及凌駕於兩者之上，殷人稱之為「帝」或「上帝」的最高神。此處無法細談，我只想強調，這三種信仰合而觀之，反映一種在古代亞非大陸諸文明初起時常出現的一種世界觀，也存在於殷商宗教的核心思想裡，那就是一些學者稱之為「宇宙神話」（cosmological myth），它是特指一種宗教觀，視宇宙為人世秩序與神靈秩序綰合為一的整體，兩者相互參與，互相銜接，密不可分。殷商的宇宙神話大約而言有下列幾個特徵：第一，

這種宇宙觀有最高神：「帝」或「上帝」；但這最高神並不代表超越。他與其他神靈只有量的差異而非質的差異。它控制自然與人類的力量大過其他神靈，但他並不像後世高級宗教那樣代表一個超越的領域，在基本特徵上與人世秩序有本質的不同。因而殷人對外界宇宙的取向仍然是一元而非二元的。在他們的心目中並無一個不可思議的最高精神主宰凌駕於外在可見的宇宙秩序之上。第二，如前所述，在殷人心目中，人世秩序之外，有一個神靈秩序，但這兩個秩序是緊密相連的，也可以說，人世秩序是嵌放於神靈秩序裡，二者之間有兩個基本銜接點：家族制度與王制。第三，家族制度是殷商社會最普遍的神靈秩序與人世秩序之間的溝通銜接的管道。每個家族透過祖先崇拜的信仰與儀式，可以與過去的祖先神靈溝通，並受到他們的保佑與恩澤。這個家族祭拜祖先的儀式是由宗族族主主持的，因此在每個宗族裡，族主權威很大；他不但綜理一切有關宗族的重要事務，而且也是祭祖儀式的主祭司；也可說他是每個宗族的政治領袖，也是宗教領袖；在這宗族內集政治與宗教權威於一身。第四，這種政教合一的模式，不僅出現於殷商社會的基層組織——宗族，也出現於殷商時代的政治秩序的核心體制：王制。甲骨文顯示，殷王的最高權威是基於他是唯一的宗族之主，能與最高神——上帝溝通交涉；因此他也是集宗教與政治權威於一身，兼具人王與法王雙重資格的領袖。這裡值得注意的是，殷王不能直接祭祀上帝，因此他與上帝的交往溝通不是直接的，而是間接透過祭祖請求他已逝的祖先，在「賓上帝」的時候，為他轉達他的崇敬與需求；也可說祖先崇拜的信仰與儀式是殷王與上帝之間溝通的媒介。因此殷商政治秩序的核心與社會基層組織都有著政教合一的權威結構，絕非偶然。

根據上面四點，我們可以看到，只有以殷商的宗教宇宙觀為背

景，我們才能充分認識殷王的權威與功能。前面指出，他不僅是綜
理人間事務的政治領袖，他也是銜接宇宙中神靈秩序與人間秩序的
樞紐。從這個觀點來看，我們也可以了解殷王的祭祀活動有一個顯
著的宇宙取向。也就是說甲骨文的資料，顯示殷人已有東南西北四
方的觀念，殷王自居四方之中而取向於四方，因此有祭四方之儀節。
同時他也配合時序的流轉，把一年分成四季，作當時所謂的「四風」
之祭。考古學家陳夢家就曾指出，殷王祭四方與四風就是後世傳統
禮制所謂「天子祭天地，祭四方，祭山川」的開始。總之，殷王祭
祀活動的兩大特徵：透過祭祖通上帝，與它的宇宙方位與時序取向，
顯示殷商王制是整個宇宙秩序的樞紐。難怪中國人日後稱之爲神
器。放在古代世界史的脈絡來看，它是屬於以政教合一爲特徵的宇
宙王制（cosmological kingship）。這種王制在古代亞非大陸文明裡代
表一種典型；西從近東的古埃及與以兩河流域爲發源地的西亞帝
國，到中亞的波斯帝國，到東亞的殷商王朝都爲這種宇宙王制所籠
罩。只有古印度文化似乎是一個例外，但它的政治文化裡也含有一
些宇宙王制的痕跡。總之，只有從這宇宙王制思想背景，我們才能
了解繼殷商王朝而起的周王朝所帶來的宗教與政治思想的重大變
化。

　　紀元前一千年左右周王朝開始，它的統治維持到紀元前三世
紀。這長達八百年的周代，大約相當於世界文化的軸心時代，發生
了一些深鉅的思想變化，其中最重要的就是所謂的超越突破：殷商
的上帝崇拜被天的信仰所取代。前面提到，殷商的上帝信仰並無超
越意識。這主要是因爲在殷商人的宗教觀念中，上帝與殷王室的祖
宗神關係緊密，分化不清。但周初天的觀念卻與周王室的祖宗神分
化與區別清楚，沒有任何混淆的關係，很清楚地顯示天是一個超越
萬有，至高無上，有普世性的精神主宰。

　　除了超越意識之外，「天」的信仰也帶來一些前所未有的道德價值意識。我說前所未有是因爲在殷商甲骨文裡未曾見過道德意識的字眼。如今在周初的文獻，如詩經、書經裡，道德性的字眼，如「德」、「敬」、「孝」、「禮」、「彝」等屢屢出現；可以說，一種有別於實然的應然意識已經很清楚地浮現於周初的宗教觀念裡。

　　此外，隨著「天」的信仰而來，周初的神話意識也有一些重要發展。大致而言，在殷商時代，人們在宇宙神話的籠罩之下，對外在世界只有直覺的表象感受，而沒有對這些感受的反思能力。但周初的文獻已經顯示初步的反思性，反映於根源神話（origin myth）的出現。因爲後者代表人們已開始對外界表象從何來提出疑問，尋求解釋。一般說來，古代文明初起時，根源神話大約可分四類：世源神話（cosmology），說明世界的起源；神源神話（theology），說明神靈的起源；人源神話（anthropology），說明人的起源；政源神話（genesis of political order），說明政治秩序的起源。周初文獻中所見的根源神話主要屬於後兩類，前兩類幾乎是絕跡。

　　關於人源神話，周初主要的觀念是：人是天生；最好的例子就是詩經中的「天生蒸民，有物有則，民之秉彝，故好是懿德」那句話。這個觀念自然使人聯想到基督教聖經中上帝造人（*Imago dei*）的觀念。後者代表上帝與人世在本體上是屬於兩個迥然不同的領域；上帝造人完全是由超越外在的地位，憑空而造。上帝與人世之間是斷層關係。而詩經中「天生蒸民」的生是「生育」之義，即人是從天體化生而出，因而人與天的關係不是斷層，而是銜結與延續。是故與基督教上帝造人的觀點相較之下，周初「天」的超越觀念有它的曖昧性與不穩定性，對後世儒家天人關係與政教關係觀念的發展，有不可忽視的影響。

　　在周初出現的神話中，最受人注目的是政源神話，反映於詩經與書經裡所彰顯的「天命說」。這個政源神話，後來進入儒家的核心思想，特別是關於政教關係的思想。我想對它作五點說明。

　　第一，天爲宇宙的最高主宰，也是人世政治權力的泉源。權力的基本形式——皇權——的授予與轉移是取決於天意，這就是所謂的「天命」。第二，周初「天」的超越性，也蘊含它的普世性：它有普世的權威，因此承受天命的周王，號稱「天子」，也應該有普世性的權威，反映在詩經中「普天之下，莫非王土；率土之濱，莫非王臣」的觀念。這種突顯王權的普世性，未見於殷商有關宇宙王制的甲骨文資料，而是周初天命說所帶來的一個新發展。這個「普世王權」的觀念從此變成中國傳統君主自我認同的重要一環。

　　第三，天命的授予與天意的抉擇是以德性爲標準。從此，一個前所未有的問題，也就是今天所謂的政治正當性的問題開始出現於中國傳統的政治思想裡。第四，「天命觀」不僅代表一個道德的理念，而且也代表一個歷史上原始的黃金時代，一個聖王理想曾經實現過的「堯舜三代」，因此它也意涵人類歷史上政治秩序的原始典範；這也就是日後朱子所謂「上古神聖，繼天立極」。第五，以殷商王制爲背景去看，周初的天命說帶來一些重要的思想變化，它把超越意識與道德意識注入宇宙王制，使得王位的獲得與轉移都繫於帝王德性的表現，也就是說帝王的人格與施政行爲都要受制於德性的審查與批判。因此在天命說裡，帝王個人的權位與他開創的王朝政權都可能失去天命因而產生變革。但重要的是，這王位制度本身不能變革。它仍然是神靈秩序與人世秩序銜接溝通的樞紐，是整個宇宙次序的中央一塊「神聖的空間」，一個神器與寶位。任何人經過上天以道德爲標準的選拔，登上這寶位，掌握這神器，就是承受天命，代表天以絕對的皇權統治人世；同時他又代表人世祭祀天與

宇宙的方位與時序，是人王也是法王，集統治中心以及教化與祭祀中心於一身。

　　總之，根據上述五個重點說明，相對於殷商的宇宙王制觀念而言，天命說當然代表一些新的思想發展。但這些新發展仍然發生在宇宙王制的體制以內，而不是發生在體制的本身。後者的神聖性仍是天命說預設的前提，而不是它的道德反思性與批判性的對象。就此而言，周初天命說就只代表對宇宙王制的一個重要修正，而不是一個制度性思考的基本突破。這個突破的契機要等到原始儒家出現以後才產生。

　　原始儒家從晚周開始出現，就承襲了周初的天命說以及它的前提—天道觀，並以此基點，展開了有關政教關係的思考。關於原始儒家這方面的思想，有兩個大趨勢，特別值得我們注意。

　　一個大趨勢是天命說的進一步發展。這也有兩面，一面是天命說裡面的德性意識的深化。大約而言，周初出現的道德意識是屬於所謂公共道德，是環繞群體意識與政治秩序而發展的。但晚周的道德觀念則由「公共道德」擴展到個人的生命與人格發展的層面，並以此爲基礎對個人與群體生命作了反思，由此深化而產生了以「仁」爲代表的全德觀念。在這全德的觀念裡，政治有著核心的地位。因而在儒家的入世觀念裡，德性是兼涉個人與群體生命，而群體生命的德化就少不了政治。講到政治，原始儒家的基本典籍，如《論語》《孟子》仍然回到天命的觀念；政治必須德化，而德化的原始典範就是堯舜三代的聖王體制。但深入去看，在聖王體制的後面，儒家的原始模式也隱然蘊涵一個更基本的理念：政治與道德精神是分不開的。道德精神必須通過政治才能進入群體生命；而政治必須以道德精神爲它的存在的理由與意義的基礎。

　　現在看天命說進一步發展的另一面，天命說的擴大；從周初到

晚周初期，它的一個重要前提是它以君主與天的關係為對象，也即天命只能傳授給政治領袖——君主，只有君主才能承擔天命，跟天溝通交涉。但在原始儒家裡，特別是在孔子之後所謂的思孟學派裡，天命說有了新發展；它已由天與君主的關係為對象擴大出去，使得天命說是以每個人為對象，認為每一個人都可以他的心靈承受天命，與天直接溝通交涉，反映於中庸的「天命之謂性，率性之謂道，修道之謂教」，以及孟子所說的「盡心知性知天」這些觀念。由此在原始儒家裡出現了一個超越內化的趨勢，也隱然萌發一種二元權威的意識；也就是天命說擴大解釋，也意謂以天子為代表的政治秩序之外，還有每一個人直接通天的心靈所引生的獨立的權威與秩序；孟子書中的以德抗位，以道抗勢，以天爵對人爵的觀念，就是順著這二元權威意識發展出來的。

　　天命說發展到此，產生了一個基本制度性的觀念突破：一個獨立的心靈權威與秩序，在以宇宙王制為核心的現實政治社會秩序之外出現。放在比較文化的視野裡，這二元權威與秩序的觀念有其重大的歷史意義；因為在西方文化一個心靈秩序與現實政治秩序對峙的觀念，在這文明的兩大思想源頭——古希伯來與古希臘文化——都已生根萌芽，日後從中世紀開始演變為政教對峙的二元秩序，形成西方近現代自由主義與民主觀念的一個必要的文化背景。從這個比較文化視野回頭看儒家天命論裡所產生的超越內化與獨立的心靈秩序的觀念，這二元秩序的思想契機既已萌發，它以後在傳統政治文化裡有何進一步發展？其結果如何？這自然是研究儒家政教思想發展，亟待探討的問題。

　　在天命說本身思想的深化與擴大這一趨勢之外，另外一個趨勢就是儒家思想就天人之際的關係，發生一些重要轉折，對天命說的發展也有不可忽略的影響。前面提到，周初的人源神話，認為人是

天生。這種「出生於天」的觀念，使得天人關係特別密切，有一種連續性，很容易使超越的天實化(immanentization)而進入和參與宇宙與人世，由此淡化甚至架空天的超越性。這種超越實化的趨勢在東周初年已經出現，反映於春秋時代視人世的道德秩序爲天道體現的觀念：例如左傳昭公二十五年，「禮，上下之紀，天地之經緯也，民之所以生也」；左傳文公十五年，「禮以順天，天之道也」，左傳昭公二十六年，「禮之可以爲國也久矣，與天地並」。這些都是超越實化很清楚的例證。

在東周晚期的戰國時代，超越實體化的趨勢更形顯著。這主要是因爲所謂的陰陽五行思想興起，滲透面極廣，對儒家思想影響很大。我現在想以五經中禮記的「月令」與「明堂」二章爲根據，簡略地說明一下陰陽五行說。如何在儒家思想裡助長超越實化的趨勢。月令篇的思想主旨是以陰陽五行的觀念爲間架來解釋宇宙的空間構造與時間運行。一方面它把陰陽五行配入一年四季(四時)十二個月中，作爲天道運行的法則。另一方面把五行的週而復始作爲歷史運行的法則；然後在這樣一個宇宙觀架構裡面，把天地間萬事萬物以「萬物化生」與「以類相感」的原則組織進去，使得萬事萬物互相關連，互相配搭，互相感應，變成一個無所不包的關聯感應系統，貫串著、籠罩著、維繫著整個宇宙秩序；這種關聯相應式的宇宙秩序有一個中央樞紐，那就是天子這個位子，也就是禮記所謂的王制。天子作爲宇宙的樞紐，必須在他的施政上，以及生活行爲與居處上，一切一切都要配合「以類相感」這個原則。禮記中的「明堂」一章就是說明這個原則，如何在古代的王制中具體的實施。所謂明堂是指古代天子的宮室。在這裡他按照陰陽五行四時十二月的宇宙運行，發布政令，主持政務，以及處理日常生活的一切。也就是說，明堂是天子在施政上、生活上「法天地」的神聖之地。禮記

「明堂」所報導的不一定是古代王制的實況，而是一種理想。但是這種理想加上「月令」裡的陰陽五行的宇宙觀，很清楚地顯示晚周儒家的天命說以及它背後天人合一的觀念受到陰陽五行說的滲透浸淫之深；周初的超越天道觀已實化爲陰陽五行在宇宙內的體現與運作。至此天命說的主旨已變成天子承受天命的主要任務不是實現天賦的道德使命，而是「法天地」；也就是遵行以陰陽五行四時十二月這些觀念爲主幹的宗教儀節；就此而言，天命說的實化趨勢可以說是以宇宙方位、時序運轉爲取向的殷商宇宙王制的延伸與擴大。

我剛才說明了陰陽五行的思想如何擴大了超越實化的趨勢，這趨勢加上我在前面提到的兩個觀念——超越內化以及以堯舜三代聖王之治爲政治秩序的原始典範——是由天命說出發的三個對後世政教關係影響極深的思想發展。現在看看原始儒家以後有關政教關係的思想演變。我準備就這演變的兩個主要階段：漢朝儒學與宋明儒家，作一些基本的分析。

三、漢朝儒學

關於漢朝儒家中有關政教關係的思想發展，我準備以董仲舒爲代表人物做一些重點討論。我之所以選擇董仲舒，一方面是因爲眾所周知，他是使儒學在漢武帝時變爲主流官學的領軍人物；另一方面也是因爲他的儒學思想來源於今文學派。今文學派不同於古文學派：後者認爲孔子主要是繼承與延續古代先王學術思想的大儒。而前者認爲，孔子是古代文化上有開創性、有特殊地位的先知聖哲。是故如何爲孔子在古代文化與政治傳統中定位是今文學派所面對的一個主要問題，這個問題實際上在先秦儒家已經出現。至少他的一些門生弟子已經承認，孔子在道德精神上的崇高地位，可以上比堯

舜，甚至「賢於堯舜」。按照天命說的邏輯，他應該有王位。孟子就明白說出「孔子作春秋，春秋天子之事也」。今文學派以董仲舒為代表承襲了這個問題，認為孔子也有王位，但他的王位代表什麼樣的權威？我們能不能因此說董仲舒的思想有政教對等二元權威的觀念？

　　要回答這個問題，我們必須檢查他的主要著作：《春秋繁露》。在這部書裡，董仲舒的儒家思想，基本上是在陰陽五行的觀念架構中展開。首先，天人合一的宇宙觀以超越實化的形式，形成他的政治社會思想的基本前提；超越的天道，經過實化，與人世秩序的核心制度——王制結合起來，由此王制變成人世秩序與宇宙秩序銜接的樞紐。在《春秋繁露》書中，凸顯王在天人之間的樞紐地位，沒有比下面一段話說得更清楚：「古之造文者，三畫而連其中，謂之王，三畫者，天，地與人也。而連其中者，通其道也，取天地與之人中以為貫而參通之，非王者孰能當是？」古之造文者是否這個意思，我們不知道，但這段話很清楚地反映董仲舒所謂「天地人主一也」的觀念。這種重視帝王為天地人結合的樞紐的觀念也反映在董仲舒思想的另一重要發展：他承繼了晚周以來，特別是出現於法家韓非子思想中的一個趨勢。那就是把政治倫理核心的君臣關係與家族倫理核心的父子與夫婦關係結合起來，加以絕對化，形成「三綱」的觀念。同時他進一步把這個趨勢納入他的「天地人主一也」的宇宙觀裡，加以神聖化，視為天道的一部分，這就是他所謂的「王道之三綱，可求於天」。這三綱說後來變成儒家禮教秩序的核心觀念，影響儒家傳統政教關係思想的發展至深且鉅。

　　董仲舒這些觀念顯然是上接《禮記》的「月令」與「明堂」等篇有關王制的思想。他的重視王制，更可從他對儒家思想的認識與詮釋看到。在他看來，要實現儒家的兩大基本目標：個人成德與天

下國家治平，王制是不可忽缺的基本前提。首先，就個人的成德而言，他以陰陽氣化的宇宙觀為基點，認為人性與宇宙萬物一樣，是由陰陽氣化形成。這陰陽氣化在人體內形成「質」，董仲舒認為這就是儒家所謂的「性」。這個質包括好的「仁氣」，與壞的「貪氣」：「貪仁之氣，兩在於身」。在《春秋繁露》裡面，他又把仁貪二氣與陰陽相配，「陽為性，陰為情」，總之，他認為人性中有善的原始本性與惡的情兩部分，因此人性可善可惡，也就是說善可以從性出，但性的本身未必全為善。他曾用禾與米的關係作比喻說「故性比於禾，善比於米。米出禾中，而禾未可全為米也。善出性中。而性未可全為善也」。他又說「是以米出於粟，而粟不可謂米；玉出於璞，而璞不可謂玉；善出於性，而性不可謂善」。因此，董仲舒認為性要變善，不能全靠人性的內在力量，必須要有外力的介入去促成。這外力是什麼？就是他所謂的王制與王教；他說「天生民性有善質，而未能善，於是為之立王以善之，此天意也。民受未能善之性於天，而退受成性之教於王。王承天意，以成民之性為任者也」，又說「性者，天質之璞也；善者，王教之化也。無其質，則王教不能化；無其王教，則質璞不能善」，可見王教與王制在董仲舒的思想裡，對於儒家個人成德的理念實現的重要性。

　　至於儒家另一個主要理想目標：天下國家的治平，「王制」與「王教」在董仲舒思想裡顯得更重要，更突出。首先，我在前面提到君主是宇宙秩序與人世秩序相銜接的樞紐，是人世通天地的必經管道，所謂「天地人主一也」。以此為基點出發，董仲舒認為君主的皇權統治，是達到儒家治平的理想的唯一途徑，而天子的任務就是去「配天」，去「則天地」或「法天地」，或「副天為政」。至於如何配天？如何「法天地」？第一，平時君主必須配合天道以陰陽五行四時四方的方位運轉的需要，也就是說按照宇宙秩序的需要

去綜理政事，主持國務；也可以說原始儒家的天命說所突出的道德涵義遭淡化，而以配合宇宙秩序所需的祭祀儀節爲政務的主軸。第二，改朝換代或帝王繼位時，必須以漢儒所謂「五德轉移，天命無常」的觀念爲指標；也就是說必須按照宇宙運行的節奏來做一番改制。所謂宇宙運轉的節奏主要是指當時所謂的五德始終說與董仲舒所謂的三統說。這兩個宇宙觀都是指朝代的遞嬗或王位的轉移必須按照五德所代表的五個時代或者三統代表的三個時代輪流運轉的次序，而每個時代的來臨都需要帝王做一番改制與之配合。所謂改制主要指與宗教祭祀相關的禮樂儀節，也就是董仲舒所謂的「更稱號，改正朔，易服色」，而非指當時以三綱爲代表的現實基本政治社會體制；後者已因天道實化而被納入爲天道的一部分，因此董仲舒說「改制而不易道」。

　　根據方才的董仲舒思想的分析，有兩點特別值得我們注意：第一，政教合一是他思想中的主位，帝王既有政治元首的權力，也有道德教化與宗教祭祀權力；他既是政治中心，也是教化中心。第二，以三綱說爲代表的政治社會基本體制已經進入儒家的終極理念：天道；王制由此神聖化，絕對化。總之，在董仲舒的思想裡孔子王的稱號與獨立的權威已被架空，故他稱孔子爲「素王」，而又明白地說「素者，空也」絕非偶然。也就是說，孔子所代表的二元權威只是表面的，形式的，沒有實質意義。

　　董仲舒這一套政教合一思想，在漢武帝以後爲兩漢正統儒學所繼承；從西漢宣帝的石渠閣奏議到東漢章帝的白虎觀奏議，它是由帝王親自主持與裁決的儒學會議的結論的焦點，從此變成日後儒家傳統中有關政教關係思想的一個基本背景。

四、宋明儒學

　　現在讓我們來看看宋明儒學的政教關係思想的發展。我的討論將集中於宋明儒學的主流：道學。大家知道宋明的道學發軔是以晚唐至北宋初期的思想大變化為背景。這個大變化的一個主趨勢，就是走出佛道的出世精神而回歸到儒家的入世精神與經世理念。在北宋初期這個大變化分為兩個重點不同的趨勢，一個是以皇極意識為重點，一個是以人極意識為重點。這裡人極意識主要當然是指周敦頤以「立人極」這個觀念來界定儒家的人本主義；就了解宋明儒學的政教關係思想而言，道學的人極意識是一個必要的出發點。這裡我想就人極意識的兩個重要方面作一些簡要的說明。

　　在一方面，人極意識的核心有一個人類生命發展三部曲的觀念。首先是超越內化的意識，在人現實的軀體中形成一個精神本質，因此人的自我變成二元：軀體我與精神我，這是人類生命發展模式的第一部曲。其次是一種原始典範的觀念，認為人的精神本質在人類歷史的開端，曾經在人的現實生命中圓滿體現過。也就是說，人的精神本質與現實生命在人類的本原狀態時，曾經結合為一，形成一個原始的模範世界。但是在以後的歷史流變裡，這原始典範喪失了，人的本質異化了。在宋明理學裡因此有三代與三代之後的二層史觀，這就是人類生命發展的第二部曲。因為人類的生命發展就個人或群體而言都有異化，人類生命的終極目的是克服這異化，恢復原本的精神本質。這就是宋儒所謂的「復性」，這個終極的目的取向也就是人類生命發展的第三部曲。

　　在這生命三部曲的認識之外，人極意識還有另外一面的認識，那就是人生命的雙向發展；也就是說，道學的人極意識不只是為個

人生命的修身成德說法，不只是教人「希聖希賢」；同時它也是透過政治的運作，求群體生命的完善。這種修身與經世雙管齊下、相輔相成，原是先秦儒家的道德理想主義的進一步發展。這在北宋道學開山人物的思想中，都有明白的展示。余英時在他的鉅著《朱熹歷史世界》已有詳盡精闢的剖析。我在此要進一步指出的是：在追求群體生命的德化時，儒家的道德理想主義，並不是一往無前的順勢發揮，而是有所保留地滲入一些現實感。這種現實感並非宋明道學的新見，而是來自先秦儒家。從孔孟開始就明白地或蘊涵地認為，個人雖有成德的潛能，但大多數人並不能順暢發揮這潛能；能夠做到這一點的只有少數孟子所謂的「先知先覺」之士；因而群體生命的道德完成就必須要靠這些先知先覺的菁英從上面提攜引導，這就是宋儒之所以不相信，一般人可以全靠自己「盡性」與「復性」，而需要朱子所謂的「治而教之，以復其性」。如何從上提攜引導？如何「治而教之」？這就是宋明道學政治觀的一個核心問題，宋初道學是如何回答這問題？

　　如前所示，以董仲舒為代表的漢儒主流對這問題的認識是：一般人要德化，必須要靠他們所謂的「王制」與「王教」的制約與感化。回頭來看宋明道學的答案就沒有像漢儒那樣簡單明瞭。從宋初道學幾位先驅的思想去看，這「教民以盡性」的先知先覺應該是周敦頤所謂的聖人。如他在《太極圖說》中所說，「聖人則定之以中正仁義，立人極」。聖人可以說是人極的典型與化身，這個教導與領導一般人民修身成德的任務自然落在聖人或聖賢的肩頭上。這裡我必須提醒大家，周敦頤與其他北宋諸子的著作，都以「皇極」為他們背景思想中的一個預設。從這個觀點去看，一個重要問題自然出現，就「教民以盡性」這個主要任務而言，皇極以及它所代表的「王制」與「王教」，與聖人有何關係？北宋諸子的著作中，大致

而言，含糊其辭，沒有交代清楚。這種情形到了南宋，在朱熹的思想中始有突破，使得人極與皇極，聖人與王制之間的關係問題，開始突出而明朗化，尖銳化。

我所謂的突破就是朱熹提出的「道統說」，我們知道這道統觀念是朱熹在〈中庸章句序〉裡正式提出的。這是宋明儒學裡的一件大事；朱熹認為天道或天理內化於人心，形成一個人的內在心靈秩序，獨立於外在的政治社會秩序；但這心靈秩序不僅內在於每個人的心中，而且也客觀化為一個神聖的精神傳承。這就是朱熹所謂由「上古神聖，繼天立極」而形成的道統，在朱子的心目中，這聖聖相傳的道統有這樣一個特殊的傳承次序：堯－舜－禹－湯－文－武－周公－孔子－顏子曾子子思－孟子－二程。這裡值得注意的是：(一)這個道統傳承由堯舜到周公都是所謂的古聖王；他們既是有德的聖人，又是有政治權力的君主，德與位，精神與權力，人王與法王在他們身上合而為一；(二)周公以下，從孔子開始，傳承道統的人都是有德無位的聖賢；而同時周公以後的歷代君主都被排除在道統之外；這有一個重要的意涵：後代世襲的君主已沒有傳統天命說認為君主應有的道德崇高性與神聖性。用現在的話說，他們已失去傳統道德與政治的正當性與合理性。

這裡必須注意的是，朱子並沒有對這個道統論的蘊涵，做出推論，加以彰顯。他最後做出的結論和立場，我在後面會有交代。此處我想先指出，道統論一旦提出，在宋明理學內產生極大的影響，其中一個很重要的影響就是引發宋明儒對道統與秦漢以下歷代君主，包括與現存皇權之間的關係的討論，也就是朱子以後出現的所謂道統與治統的爭辯。在這場由13到17世紀長達三、四百年的爭辯中，出現了兩個不同的立場和趨勢：政教合一或一元權威與政教對等或二元權威。現在先看後者的思想發展。就政教二元的思想發展

而言，在宋明理學的兩個主要傳承，理學與心學裡，都有一些學者認為孔孟的道統應該是由有道德有智慧的聖賢君子承繼、主持與傳遞，這也就是韓愈所謂的「師」或「師道」。他們相對於現實皇權以及皇權所代表的「治統」或「君統」，有獨立的權威與對等的地位。甚至有些人根據元儒楊維楨所謂「道統，治統之所在也」的理由，認為道統應該高於治統。我現在因為時間的關係，只能從宋明儒學的兩大流派：程朱與陸王，各舉一個例證來說明政教對等，二元權威的立場。就程朱學派而言，這個例證來自17世紀儒學重鎮陸世儀的「君師對等」的思想。

　　陸世儀這方面的基本立場，見於他的主要著作《思辨錄》。這部書是以四書的《大學》為範本，發揮儒家明道，求道的觀念；因此他全書根據天道內化於心的觀念，以「修身」為出發點，透過「大學之道」，對外擴充到經世，從而在人世間建立一個理想的政治與社會秩序；這也就是他所謂的「道學」的主旨。而在他看來，道學的傳承與發揚的關鍵在於師道與學校。這就與漢儒董仲舒的觀點很不同。如前所述，在董仲舒的思想中，個人的修身與群體的治平都需要王制與王教的介入。而陸在《思辨錄》裡特別強調師與師道的重要性不下於君父，他甚至有時認為師的地位猶高於君，因為師代表宇宙的終極理念：天道。他在《思辨錄》，曾有這樣一段話：「周子曰：師道立而善人多，學記曰師嚴然後道尊，斯二言誠然，尚書云天降下民作之君作之師，則師尊與君等，又曰能自得師者王，則師又尊於君。非師之尊，道尊也，道尊故師尊。」這裡政教對等、二元權威的觀念已是呼之欲出了。

　　至於陸王學派，在二元權威方面有更顯著的發展；主要因為它把儒家超越內化的觀念發揮到空前的高度。大家知道，王學的核心觀念是「心即理」，把人的內心與天理或天道等同起來，認為人的

內心有直接來自超越內化的道德精神，圓滿自足，不待外求。因此特別彰顯個人心靈的自主與道德尊嚴，蘊含一個獨立於外在政治社會權威的內在心靈秩序與權威。這種觀念在晚明的左派王學與泰州學派裡產生廣泛而重要的影響。但左派王學與泰州學派的重點大致而言是在社會與學術文化領域裡強調個人的道德自主性，還沒有直接挑戰以王制與君權為本的政治權威。但在屬於所謂廣義王學的黃宗羲的思想裡，這種挑戰發生了。因此出現了政教對等二元權威的觀念。

　　嚴格地說，黃宗羲在學術師承上與思想上並不以王學自限。但他的政治社會思想大致而言承受了王陽明心學很重要的影響，因此有些學者認為他服膺一種廣義王學。他認為人的內在心靈秩序才真正是天命之所寄，是天道進入與落實於人世的管道，因此有其神聖性。是在這樣一個背景下，他強調學校的重要性；學校是傳承與維持天道的地方，是人極秩序的中心。基於此，他才敢大膽地說「天子之所是未必是，天子之所非未必非，天子亦遂不敢自為非是而公其非是於學校」；他才敢說「治天下之具皆出於學校」。他才有這樣驚人的構想：太學祭酒主持太學，代表天道。因此祭酒講學的時候，天子也是他的學生。說「每朔日，天子臨幸太學。相、六卿、諫議皆從之。祭酒南面講學，天子亦就弟子之列。政有缺失，祭酒直言無諱」，就此而言，黃宗羲可說是把政教對等二元權威的觀念在儒家傳統裡發展到空前的高峰。這種君師對立政教二元的論調，在宋明的傳統裡，維持大約四百年的光景；但在十七世紀下半葉以後便逐漸消沈下來。這個消沈的直接背景就是清朝康熙皇帝對這個問題明白露骨地表態。我們知道，康熙在中國歷史上是一位好皇帝。自登基以後他勤奮好學，勵精圖治，文治武功都有輝煌的成就。他躊躇自滿之餘，宣布自己不僅是一個擁有絕對皇權的君主，而且也

是一聖德昭著的君主；換句話說他自視爲聖王再世，德位兼備，道統與政統在他身上是合而爲一。因此，他重申源自傳統天命論的政教合一的基本原則；從而禁止政教關係的討論以及隨之而來的一些君師對等二元權威的論調。經他這一番強勢申告，群臣也都跟進唱和，歌功頌德。在這樣一個氣氛之下，二元權威的意識，以及政教關係的討論，經過宋明清四百年，若斷若續，若隱若現的發展，終告流產。

這思想流產應做如何解釋？表面看起來，康熙皇帝的現實權威的嚇阻作用是明顯的原因，因此有些學者就誇大它的重要性，認爲這是二元權威不能在宋明儒學有開花結果發展的主因。但在我看來，這是對儒家思想傳統過份簡化的認識。皇權的嚇阻作用只是一個因素。除此之外，宋明道學的內在限制對於政教二元觀念的式微也是一個重要原因。這內在限制何所指？爲了探討這內在因素，我要回到朱熹的政教思想作進一步的分析，因爲他這方面的思想發展很重要，不但可以使我們看到限制政教二元（或二元權威）觀念發展的道學內在因素，同時也可看到這些內在因素如何在朱熹思想中演化成爲儒家倡政教合一的主流立場。

我在前面說明朱熹道統論的主旨時，曾指出道統論裡面隱含一份強烈的政治批判意識。因爲，他從傳統天命論的道德邏輯出發，自然認爲君王的政治合法性與正當性是以他的道德精神與修爲作依據，君主的「王格」必須以他的「聖格」爲依據。這也就是元儒楊維楨所謂的「道統，治統之所在也」的意義。而現在朱子要把歷代君主排除在道統之外，試問歷代君主的政治正當性以及整個君統的神聖性何在？整個治統沒有道統的支撐，它在儒家的價值世界裡有何意義與地位可言？值得在此進一步指出的是：道統論這些蘊涵的政治批判意識是朱子從人極意識出發所演繹出來的思想的重要一

面，在朱子其他著作裡尚有更明白露骨的表現；例如他在答陳同甫的信裡，曾對秦漢之後的朝代君主，有這樣嚴厲的譴責：

> 人只是這個人，道只是這個道，豈有三代漢唐之別？但以儒者之學不傳，而堯舜禹湯文武以來轉相授受之心不明於天下，故漢唐之君雖或不能無暗合之時，而其全體卻只在利欲上。此其所以堯舜三代自堯舜三代，漢祖唐宗自漢祖唐宗，終不能合而為一也……若以其（漢唐）能建立國家，傳世久遠，便謂其得天理之正，此正是以成敗論是非，但取其獲禽之多，而不羞其詭遇之不出於正也。千五百年之間，正坐如此，所以只是架漏牽補，過了時日。其間雖或不無小康，而堯、舜、三王、周公、孔子所傳之道，未嘗一日得行於天地之間也。

朱子對歷代君統這種鮮明的批判意識，照理說，很容易從中推繹出君師對立，二元權位的結論。但耐人尋味的是，他自己並沒有這樣做，這原因何在？要找答案，我認為必須面對他思想的複雜性。不錯，如前所言，他有強烈的政治批判意識；但另一方面他的政治意識，又與傳統君權的基本觀念有著盤根錯節的糾纏。換句話說，在朱子的政治意識裡存在一個思想兩歧性形成的困境。現在要看看他的思想與傳統王制的糾結是什麼？因而形成什麼困境？以及他如何解脫這個困境？我認為要認識朱子與傳統王制的思想糾結的關鍵，不必遠追，只要回到他的道統論，稍做分疏，就可看到。這裡我想做兩點說明。

首先是道統論承襲了天命觀的一個基本構想，認為天道曾經在歷史的開端，凝聚為一種原始的典範——所謂的「堯舜三代」；這也就是道統論中所謂的「上古神聖，繼天立極」的意思。這個歷史

原始典範的核心觀念就是聖王必須結合為一，「聖」代表儒家德教的道德精神，王代表統治中心；政治必須承載，體現著道德精神；也即政治中心必須與教化中心緊密結合不能分開。這種以「道勢合一」、「德位合一」以及「治學合一」為典範的觀念從原始儒家開始就籠罩儒家傳統，一直到朱熹的道統論，仍然奉為圭臬。必須注意的是，隨著原始典範而來的是一種雙層史觀。如前所述，它在儒家傳統中也很有影響；它把歷史分為「三代」與「三代以下」兩層；「三代」代表正常的理想實現，「三代以下」代表反常的墮落與黑暗。朱子承襲這種史觀，顯然認為後世君主遠離道統，是不正常，應該回歸三代原始典範的正常，而不能接受治與道分離的合理性與正當性。朱子這種原始典範與二層史觀的觀念，顯然是「政教對等」與「二元權威」在儒家思想發展裡的一個重要限制與障礙。

在原始典範的觀念之外，道統論還隱含一個更重要的思想因素，可以解釋朱熹與傳統王制的政教合一觀念的糾結，那就是我在前面屢次提到的超越實化的趨勢。這趨勢在原始儒家就已經萌現。在它的晚期陰陽五行的觀念進入儒家思想，實化的趨勢為之大增。在以董仲舒為代表的漢儒思想裡，這趨勢幾乎已有籠罩性的影響。宋明儒學興起以後，超越內化的觀念受到重視，相信超越的天道直接貫注到人的內在心靈，按理應不受實化趨勢干擾。表面上看來，似乎超越內化趨勢，在宋明道學裡有些壓倒超越實化的趨勢。但實際情形並非如此單純，超越內化的趨勢在某種程度上限制了實化的擴張，但在一些基本觀念上仍然受到超越實化的滲透。

朱子思想就是一個很好的例證；一方面他在詮釋儒家典籍時，特別是在他的《四書集注》裡，強調思孟學派的中心觀念：每一個人都有直通天道的內在心靈。同時他在說明天道的超越性時，受了佛道的影響，有時避開傳統的陰陽五行宇宙論式的語言，而借重一

些精神本體論式的語言，如心、性、理、天理、道與太極等觀念去
彰顯天道的超越性；強調天道是「無形體、無方所、無造作」。談
到天理時，他有時也特別強調理世界爲一「無形體無方所」之「淨
潔空闊」的世界。理在其中「無情意、無計度、無造作」。

　　但重要的是，在強調超越內化的超越性的同時，他的著作中又
出現清楚的跡象，顯示超越實化的趨勢仍然潛入他的思想中一些基
本觀念。例如，他在著作中曾經這樣形容天理：「宇宙之間，一理
而已，天得之而爲天，地得之而爲地，而凡生於天地之間者，又各
得之以爲性，其張之爲三綱，其紀之爲五常，蓋皆此理之流行，無
所適而不在」，他又曾說「禮即理也」，並作這樣的解釋：「禮」
謂之「天理之節文者，蓋天下皆有當然之理。但此理無形無影，故
作此禮文，畫出一個天理與人看，教有規矩可以憑據，故謂之天理
之節文」。很顯然，朱子把儒家的三綱觀念視爲天理的一部分，又
把天理與代表儒家倫常次序的禮等同起來。一旦儒家這些維護現實
政治社會秩序的基本價值滲透入天理或天道的觀念，天理或天道的
超越性自然被壓縮或架空。如此一來，試問道統如何能在以君權爲
核心的治統之外成爲一個獨立對等的心靈秩序？這種超越實化的趨
勢加上方才我提到的「三代」聖王所代表的政教合一的歷史原始典
範觀念，使得道統論中呼之欲出的政教二元潛勢最後不能破堤而
出，也難怪朱子晚年提出道統論後，思想不往二元權威方向發展，
而往代表一元權威的皇極意識發展。

　　前面我曾提到，朱子的道統說是在他的〈中庸章句序〉裡提出
的。這篇文章寫於宋孝宗淳熙十六年(1189)。三年之後淳熙十九年
(1192)他作〈皇極辨〉。這是他自己極爲重視的文章，自稱是「破
千古之惑」。必須指出的是，皇極是書經〈洪範篇〉的一個中心觀
念，歷來學者對這名詞有不同的解釋，例如孔穎達訓皇極爲「大中」。

朱子寫〈皇極辨〉一個主要目的就是要駁斥孔穎達的解釋。他認為「蓋皇者，君之稱也；極者，至極之義，標準之名，常在物之中央，而四外望之，以取正焉者也」，因此，他強調

> 今以余說推之，則人君以渺然之身，履至尊之位，四方輻湊面
> 內而環觀之；自東而望者，不過此而西也；自南而望者，不過
> 此而北也。此天下之至中也。既居天下之至中，則必有天下之
> 純德，而後可以立至極之標準。故必順五行、敬五事以脩其身；
> 厚八政、協五紀以齊其政，然後至極之標準卓然有以立乎天下
> 之至中，使夫面內而環觀者，莫不於是而取則焉。語其仁，則
> 極天下之仁，而天下之為仁者莫能加也；語其孝，則極天下之
> 孝，而天下之為孝者莫能尚也，是則所謂皇極者也。

整個〈皇極辨〉就是發揮這段話的兩個重點，第一，君主或天子是據宇宙秩序中央的一塊「神聖空間」，為四方可仰望；第二，君主也代表最高最純的道統標準，為世界樹立一個精神楷模。這基本是回到天命說裡「三代聖王政教合一」的理念。這是朱子思想與整個道學的一個關鍵性發展。因為如前所說，在〈皇極辨〉發表的前三年，他提出道統論，把三代以下的君主傳統從道統中分出來，似乎有政教二元君師對等的趨向。但〈皇極辨〉的發表證明那不是他的思想趨向，顯然他仍然在儒家人極意識的生命發展三部曲的影響之下認為，君師二元政教分離是三代以下的墮落與反常。他的最後立場仍然是要由三代以下的反常回到三代的正常，恢復三代所樹立的歷史原始典範：聖王之治與政教合一。

這裡必須注意的是，朱子從道統論到〈皇極辨〉的思想發展隱藏一個思想困境，一方面他在道統論裡把君統從道統分出來，顯然

蘊涵他對歷代君統政治很不滿，很悲觀。但另一方面，如我方才指
出，他的思想有內在的限制，使他不能作君師分立、二元權威的構
想去尋求解決之道；因此他在〈皇極辨〉裡又回到天命說裡的三代
聖王政教合一的理念。但這個理念與期望又與他對君統的現實悲觀
的估價之間有很大的落差。試問在思想上他如何彌合這落差？要回
答這個問題，必須要對朱子的皇極思想背景作一些進一步的探究。
大約說來，他一生政治意識有兩方面，一方面是他受道學的影響，
以人極意識為出發點，而歸結於他的道統說；同時他又受到北宋以
來以皇極意識為取向的思想影響。後者的出現與晚唐北宋以來歷史
大環境的變化很有關係。

北宋建國以後，鑑於晚唐到五代，國家陷入長期分裂與紛擾的
危機，一般士大夫深感國家亟需重建中央權威，恢復統一。因此尊
王與皇權意識變成北宋思想的一個重點。例如當時思想界的領袖胡
瑗就強調儒家的道必須要「歸於皇極，以求其用」。這個皇極意識
反映在宋朝思想界的兩個趨勢：一個是史學的趨勢。這趨勢是由胡
瑗與他的同道孫復與石介開始。他們在儒家經典中都特別重視《春
秋》，認為這是恢復皇極思想的重要工具；例如孫復作〈春秋尊王
發微〉，去彰顯他所謂的「天地君之治」。這個趨向後來為歐陽修
與司馬光繼承，前者的《新五代史》，後者的《資治通鑑》都是用
《春秋》的「正統」、「書法」與「紀年」這些觀念去闡揚尊王與
皇極意識。朱子在南宋承襲這個趨勢，主編《資治通鑑綱目》。此
書雖然不完全是他編定的，最後也不是完成於他之手。但他是發凡
起例之人，也就是說在基本構想上，《綱目》是他的思想產兒；朱
子在這部書裡，也是以《春秋》為典範，用春秋的「書法」與「紀
年」，特別是「正統」的觀念，以扶持尊崇三代以後歷代君主的皇
權。用朱子自己的話說：「歲周於上而天道明矣，統正於下而人道

定矣」。他這裡所謂的統，不是指道統，而是指代表歷代帝王的「治統」或「君統」，也就是說，在朱子道統中被排除在道統以外的歷代君主，在「正統」觀念掩護之下，又恢復了政治的正當性。

在北宋的史學與春秋學之外，朱子的皇極意識的發展也受到當時所謂的「帝王之學」或「帝學」的影響。這個影響主要是來自「帝學」的一個重要趨勢，那就是視四書，特別是《大學》為「帝王之學問」與「人主之心法」；在「帝學」的提倡之下，《大學》變成皇帝與太子的經筵教科書。北宋的范祖禹、范純仁與陳長方都是帝學這方面發展的先驅。從二程開始這個趨勢進入北宋的道學，朱子受他們的影響，推波助瀾，屢次上奏強調大學之道是人主治國之要津。他又編過一部《經筵講義》，把自己作的大學注──《大學章句》原封不動地編入講義中，變成他的帝王之學教本；而他的中心觀念就是他所強調的「天下之本在君，君之道在心，心之術在仁義」，也就是把儒家治平的理想的本源歸之於人君的道德轉化。總之，朱子繼承了北宋以來環繞皇極意識發展的兩個學術趨勢：以《大學》為主軸的帝王之學與以《春秋》為典範的史學。因為它們的影響，他強調帝王的宮廷教育的重要性，特別是所謂「經筵」制度，相信循此途徑，能夠轉化與改造君主的思想人格。這樣他可以在現存的君統與王制的框架之內，仍然維持聖王的理想與希望，從而走出他在道統論與〈皇極辨〉中所面臨的思想困境。

值得注意的是，朱子這條走出困境的道路，代表他在追求人極意識的過程中，又把皇極意識吸收進來，回到傳統天命說所開啟的「作之君，作之師」政教一元的理念。在這個基礎上，他奠定了宋明儒學主流對政教關係的立場。對此，我想以兩個歷史例證來說明一下朱子以後儒家思想在這方面的發展。第一個例子是在朱子思想的直接影響之下，由南宋到明初出現兩部影響極大的書：真德秀的

《大學衍義》與邱濬的《大學衍義補》。這兩部書在兩方面是以朱子思想爲出發點；首先是他採納了朱子與程頤的觀念，認爲經世治國，應分爲兩端：一端是「治道」或「治體」，說明經世治國的基本原則；另一端是「治法」，說明政府吏治的組織與運作。前者爲主，後者爲輔；《大學衍義》主要是討論以大學爲基礎來說明儒家的治體或治道的觀念；《大學衍義補》一方面是肯定《大學衍義》有關治道的基本觀念，同時把此書未加討論的治法部分補充進去。這兩部書環繞「治道」與「治法」兩個主要範疇而展開，後來變成儒家主流政治思想的基本範式。例如晚清的《皇朝經世文編》與張之洞《勸學篇》思考政治的基本模式，都可追溯到「治道」與「治法」這二元結構。

朱子的思想影響，不但是在結構方面，更重要的是在思想內容方面，《大學衍義》就是清楚的例證；這部書主要發揮的治道觀就是建基於朱子的兩項著作：《大學章句》與〈皇極辨〉，認爲建立人間秩序就是由君主，透過自身的心靈與人格的道德轉化，樹立一個最高的精神示範與準則。《大學》一書不但揭示這崇高的理念，而且也提供帝王個人修身成德的途徑與方法。因此朱子稱大學爲「帝王之學問」，「人主之心法」。真德秀響應這種看法，強調「大學一書，君天下者之律令格式也」；邱濬在《大學衍義補》序裡也隨聲應和，認爲大學「蓋六經之總要，萬世之大典，二帝三王以來傳心經世之遺法也」。

值得注意的是，這裡帝王的道德精神權威不但被視爲普世性的，而且也是宇宙性的，或者更確切地說，宗教性的。在朱子與真德秀看來，君主透過修身成德，變成一個德性中心，發揮一種精神的感應力，無遠弗屆，可以凝聚四方，整合寰宇。這種認識放在儒家天人合一的宇宙觀中去看，使得人主的功能與威嚴幾乎與天等

同，從而無限神聖化，君主幾乎變成一種通天教主。這種趨勢，邱濬在他的《大學衍義補》與《世史正綱》裡有清楚的說明：

> 上天下地而聖人居乎其中，日月之代明、四時之錯行、鬼神之顯微，聖人無一而不與之合焉。所謂合者，豈區區然以效法比並之哉？蓋聖人居天位，備天德，心與天通，道與天契，一念合天，何往不濟；況地者天之對而日月為天地之精華，四時為天地之運動，鬼神又天地之功用者哉。其大者既合，則其他無不合矣。

難怪他作這樣的結論：「天不在天而在君矣」。這種對君主宗教性的道德期許可以使我們理解，何以真德秀與邱濬認為君主不僅是統治中心，也是教化中心；不僅是駕馭政府，統率萬民的政治領袖，也是以德性通天的精神領袖。誠如邱濬在《世史正綱》裡指出：「天生人而於人之中，命一人以為君，以為人類主，闡教以立人極，修政以安人生」。在《大學衍義》補卷首論「治國平天下之要」，他又引元儒吳澂之語：「生生不已者天地之人德，然天地生物、生人，又生與天地合德之聖人，命之居君師之位，為人物之主，而後能使天地之所生得以各遂其生也」，這裡他特別以「君師」合稱帝王，這是真德秀與邱濬在受朱熹的影響之下常用的名詞，意謂儒家主流的立場是君與師不能分開，若君與師分開，君就不能稱為君。

總之，朱子所開啓的儒家政教關係的主流立場，在人極意識的引導之下，把皇極意識吸收進來。如前所述，這是皇極意識，結合了宇宙王制與天道觀兩個來源不同的觀念；更具體地說，它是在宇宙王制的基本觀念架構內，接受了天道的超越意識與道德意識。其結果是超越意識在實化過程中淡化，而道德意識也只能在以宇宙王

制爲前提的限制下，發揮政治批判作用。這種皇極意識，從漢儒以來變成儒家治道的核心，居「三綱」之首。此處需要進一步指出的是：三綱與它統攝的禮教次序在儒家傳統裡代表一種特別的宗教，泛稱之爲「綱常名教」，簡稱「名教」。自魏晉南北朝以來，「名教」逐漸滲透入佛道兩家。經過唐宋的持續發展，已經盤據在佛道兩家的政治社會意識。因此，兩宋以來，綱常名教的思想，許多已經不限於儒家傳統，而是普及於佛道。其影響甚至深入許多民間宗教。就此而言，它可以說是傳統中國社會的公共信仰。從這個觀點去看，皇極意識以及隨之而來的政教合一觀念，不但在以朱熹爲代表的儒家正統思想，而且也在中國傳統的公共信仰裡有著根深蒂固的地位。

　　另一個可以說明朱子所開啓的儒家政教思想的主流傳統，是這個傳統在清末形將崩潰之際出現的一本捍衛儒家名教的書：張之洞的《勸學篇》。這本書出現的背景是晚清發生的一個大思想論戰。這場論戰的啓端是康有爲在1895年以後所發動的政治與思想改革運動，特別是其中的新孔教觀念。這觀念有兩點在當時特別激盪人心。第一，康有爲明顯要模仿西方基督教以耶穌爲教主，以耶穌生年爲紀元之始的政教二元的模式，提倡中國以孔子爲教主，並以他的生年另立紀元，強調孔教在中國文化傳統裡的獨立性與主導性；第二，康有爲以儒家傳統中的超越內化、仁與大同等觀念，接受西方自由民主觀念，取代君主專政的體制。這些觀念不但在1895年以後新興的報紙，學會與學校散布開來；而且透過他的弟子梁啓超，以及一些同志友人在湖南的積極活動，已取得當地一部分官紳的支持，一個局部的政治改革運動，浸將爆發。當時地方主流官紳爲之震動，立刻紛紛在文字上大力申討反擊。首先是兩湖總督張之洞以《勸學篇》，繼之以官紳的響應，收編爲《翼教叢編》一書，這些文字內

容雖然駁雜，但主要立場不外是重申儒家思想本質上是以三綱五常為主軸，因此迥異於康有為新孔教中排除綱常名教的主張，而是如張之洞在《勸學篇》裡所強調「以君兼師」，「政教相維」為「三綱」之核心觀念。這種「綱常名教」，也正是他所謂的「孔子所以為孔子，中國所以為中國」。

五、總結

　　方才我花了大約一小時的時間，對儒家的政教關係的思想發展作了一個重點的綜述。現在我可以以此為根據，回來對我在開講時指出當今學界對這個課題的兩個針鋒相對的觀點，說說我的綜合看法與評斷。首先，就「政教二元」或「政教對等」的觀點而言，我的立場是否定的，主要因為這種觀點犯了一種形式主義的毛病，也就是說，這種觀點是以歷史的表象為著眼點。認為儒家思想的創教人是孔子，孔子是一個沒有政治權威，但在思想上「見道」的聖哲，而他所見的道是一個凌駕於現實政治權威之上的神聖超越‧天道。因此，孔子所開創的精神傳統是超然獨立於現實政治權威之外而與後者有對等的地位。從表面上看來，這個立場似乎不無道理，因為先秦儒家的原典，是有些這方面的趨勢，特別是來自思孟學派的一些觀念。但問題是：如我在前面指出，儒家的核心觀念——天道，不是一成不變的，而是隨著時間的遷移與歷史的發展，有著重要的變化，使得儒家的核心思想失去了它的超越性，與它對現實政治社會秩序基礎的超然獨立的批判立場。我所謂的「形式主義」，就是指忽略儒家思想的發展性與變動性，而對之只作籠統表面靜態的觀察。因此作為一個縱覽儒家傳統主流思想的概括，我是比較認可張之洞所謂「政教相維」或「政教合一」的觀點。但我的認可也帶有

一些保留，因為這個觀點，對於儒家政教關係思想主流的發展性以及隨之而來的複雜性與特殊性，仍有其不足之處。是故我在這篇演講裡，特別強調平面靜態的觀察必須輔以動態縱深的透視。希望從這個進途把政教合一與政教對等兩種認識，放在歷史發展的脈絡裡合而觀之，以求窺儒家政教關係思想發展的全貌。

在這篇演講裡，我認為儒家政教關係思想發展的起始，是以殷商的宇宙王制觀與周初的天道觀為背景而結穴於天命說。從此出發，在儒家思想傳統裡逐漸形成兩個思想趨勢：政教一元與政教二元或政教對等。前者後來演變成儒家政教關係思想發展的主趨。後者在先秦儒家思想萌芽後，發展未能暢順；在漢儒的思想裡可以說是胎死腹中。而在宋明儒學裡，雖有斷續的發展卻未能開花結果，最後在17世紀裡歸於沉寂。儒家思想這雙重趨勢有著不同的發展與結局，反映儒家政教關係思想的演變在觀念層次上主要是取決於兩個因素。其一是原始典範的觀念，它相信歷史的開端有一個政教合一的原始典範，體現於堯舜三代的聖王政治；其二是天道觀念的實化，使得天道吸納了現實政治秩序的基本皇權體制，從而將之神聖化，絕對化；是這兩個思想因素維持了儒家思想中「政教一元」觀念的主流優勢。也是這兩個因素，使得政教二元觀念退居次位，而終於流產。

這種以天命說為基點而進行的綜合性、發展性的認識，不但可以使我們看到決定政教合一與政教二元競爭勝負的背後的思想因素，同時也可以使我們認識儒家主流政教合一觀念的複雜性與特殊性。首先，這個主流觀念是結合宇宙王制觀與天道觀的影響。因為前者，政教合一的觀念在儒家主流思想裡有著根深蒂固的背景；因為後者，儒家天命說中的超越意識與道德意識，時而在主流政教合一的觀念裡引發內在的張力，產生這觀念的一個重要特徵：「不穩

定的均衡」。也就是說，在儒家傳統裡，政教合一的主流思想，不是鐵板一塊，在思想內容上有著同質一致性；而是一種異質組合；它的內部有著不可忽視的矛盾與張力，形成我方才提到的「不穩定均衡」。我現在想從兩個不同的角度對此作一些大約的說明。首先，儒家傳統中的政教二元的趨勢，雖然最後流產，但它的一些思想重要成分，特別是超越內化的觀念，透過天命說的發展仍然有它發酵的潛力。因此這些思想成分，在政教一元觀念的籠罩之下並未消失，只是由文化顯性因子變成隱性因子，仍然在儒家思想裡產生不同程度的內在緊張性與張力。

　　此處朱子思想中政教一元的立場的形成過程可為例證。我在前面指出朱子有關政教合一的主流觀點是他在〈皇極辨〉提出的，而後者的寫成是晚於他的道統論。在道統論裡他把三代以後的歷代君主都排除於道統以外，不啻否定了歷代君主的道德正當性。因此它含有很強的政治批判性，隱然預示著日後道統與治統的爭論與政教二元趨勢在宋明儒學裡出現。可見以〈皇極辨〉為核心形成的儒家主流政教合一立場的思想內部，有著高度的張力與緊張性。此外，康有為在晚清展開的孔教運動也是一個佐證。它是以宋明道學中的超越內化觀念為主要階梯，去接受西方基督教的政教二元觀念，以及一些反權威主義的自由民主觀念。這些發展的例證都反映不穩定均衡是儒家政教合一的主流立場的一個主要特徵。

　　這種「不穩定的均衡」，還可以從另外一個角度看到。我在前面曾指出，君主的經筵教育是儒家正統的政教合一觀念的重要一環。它是用來解決宋明道學中政教合一與政教二元兩個趨勢並存所形成的一個困境。不可忽略的是：對經筵教育的重視一旦與政教合一的觀念緊密結合，還隱含另一種困境，那就是「聖王」觀念無形中被「王聖」所取代。我們知道「三代聖王」按照儒家原來的理想

是先有聖人的德性，然後才能被上天選拔為王，是由聖而王。可是
朱子在《皇極辨》裡所採取的以及後世在《大學衍義》與《大學衍
義補》以及《皇極經世文編》，乃至張之洞在《勸學篇》裡所沿襲
的，都是「王聖」的觀念。這觀念是建築在一種一廂情願的希望上。
那就是，現任君王經過道德教育的轉化變成聖王，是由王而聖。一
部中國歷史證明這王聖的理想只是一個渺茫難行的希望。實際上朱
子的道統論，已經蘊含了這個認識。這其間的變化，不可避免地帶
來一些困境感，以及由之而產生的異化感。

　　最能表現這異化感，是清朝一位儒生曾靜說過的一段話。曾是
清初大儒呂留良的私淑弟子，當呂留良陷入雍正朝的文字獄，曾靜
因牽連被捕，由雍正皇帝親自審訊。在審訊的過程中，他曾大膽坦
白地告訴雍正「皇帝合該是吾學中儒者做」，他又說若論正位，「春
秋時皇帝，該孔子做；戰國時皇帝，該孟子做；秦以後皇帝，該程
子做；明季皇帝，該呂子做，今都被豪強所占據去了」，這裡曾靜
顯然是根據天命觀的聖王道德邏輯而產生了異化感。這份異化感在
中國歷史上，也許很少人能敢像曾靜這樣明白率直地說出來。但這
種感覺與意識在傳統知識分子裡，實際上是很普遍的，反映在宋明
道學裡很流行的天理史觀。我在前面曾指出，它是一種雙層史觀；
它把中國歷史分為兩層：三代與三代以下。三代是天理流行，三代
以下是人慾橫流；三代是光明淨潔，三代以下是漆黑一片；三代是
公，三代以下是私。總之，天道在歷史的本源——堯舜三代時曾經
實現過，後來在三代以後的歷史過程中流失了，墮落了，異化了。
這種異化感也是傳統儒家政教關係思想中的一個伏流，一個潛勢，
後來對近現代中國思想發展曾有不可忽略的影響，不能不注意。

　　總之要充分認識儒家傳統主流的政教一元論，我們必須正視它
思想內在不穩定均衡的特徵，而這特徵只有把它放在以天命說的基

點的思想發展脈絡裡，與儒家政教思想的另一政教對等的趨勢合而觀之，才能深入掌握其意義，並進而對儒家政教關係的複雜性與特殊性，有一全面深入的透視。

　　張灝，歷任美國俄亥俄州立大學、香港科技大學教授，中央研究院院士。主要研究範圍為中國近代思想史與中國政治思想史，著有 *Liang Ch'i-ch'ao and Intellectual Transition in China, 1890-1907* (1971), *Chinese Intellectual in Crisis: Search for Order and Meaning* (1987)、《幽暗意識與民主傳統》（1989，聯經）、《時代的探索》（2004，聯經）等中英文專著多種。

儒家復興與中國思想、政治之走向：
一個自由主義者的立場

姚中秋

　　一百多年前，中國人具有「構建現代國家」的意志[1]。這其中最為重要的工作之一，乃是重新安頓作為中國主流價值、並且塑造了各個領域最為重要之制度的儒家。迄今為止，在中國大陸，此一工作尚未完成。近來，也正是圍繞著這一任務，中國大陸發生了兩起非常引人注目的思想與政治事件：

　　2010年底，媒體報導，曲阜官方批准官方基督教會在曲阜興建具有強烈視覺衝擊力的哥特式教堂。官方的儒學團體讚美說，這是跨文明對話的管道。真正具有儒家信仰的民間儒者對此做出強烈反應，蔣慶等十人發出〈尊重中華文化聖地，停建曲阜耶教教堂〉聲明，各地眾多民間儒者表示支持。該教堂似乎也因此而被迫停建。

　　此一風波尚未平息，十幾天後，人們突然發現，國家歷史博物館面向長安街、天安門的北門樹立了一尊高大的孔子雕像。孔子雕像的位置似乎是經過精心選擇的：人們可以將其與天安門廣場聯繫起來，但確實不在天安門廣場上。儘管如此，孔子雕像又面向中國

1　關於現代國家構建問題的簡單論述，可參看姚中秋，《現代中國的立國之道，第一卷，以張君勱為中心》（北京：法律出版社，2010），第一章。

有高度政治意味的大街：長安街。每天，無數人穿行在這條道路上，只要一轉臉，就可以看到孔子。孔子的可見率要遠遠高於那躺在天安門廣場中心的乾屍。更加令人吃驚的是，孔子雕像的高度是九點五米。在中國傳統數理之術中，這是至尊之數[2]。這樣的規制清楚地宣告，孔子是聖人。

這尊孔子雕像引發了更為巨大而廣泛的爭議。但其結局卻出人意料：百日之後，孔子雕像在月黑之夜被悄然移走。當然，這一舉動同樣在海內外引發廣泛的關注和猜測，有儒者也對此公開提出抗議[3]。

這是兩起具有重大思想和政治史意義的事件，它們觸及了困擾中國百年、在當下更趨複雜的中國人精神秩序重建的重大難題，而這乃是中國完成現代國家構建的最核心問題。本文擬圍繞著這兩個事件，尤其是孔子雕像的立、廢兩難，簡單剖析當代中國大陸幾種主要的思想與觀念流派，是如何看待儒家在正在形成中的中國現代國家架構中的地位的。本文將特別討論自由主義在這個問題上的尷尬，並尋找走出這一困境的出路。

一、意識型態的終結與儒家的復興

從20世紀初開始，迫於救亡圖存的壓力，最早一批現代知識分

2　《周易》「乾」卦九五爻辭曰：「飛龍在天，利見大人。」「文言」
　　釋說：「夫大人者，與天地合其德，與日月合其明。與四時合其序，
　　與鬼神合其吉凶。先天而天弗違，後天而奉天時。天且弗違，而況
　　於人乎？況於鬼神乎？」
3　比如〈中國儒教網就移動天安門廣場孔子像事告國人書〉
　　http://www.rjfx.net/dispbbs.asp?boardID=4&ID=13064&page=1

子開始從事惟理主義的僞神學構造事業：構築現代意識型態。自那個時代一直到今天，知識分子的基本心理狀態是「羨憎交織」：因爲西方強大，所以他們羨慕西方文明。這一羨慕心理讓他們對中國的一切生出無限怨恨[4]。這也正是18世紀法國啓蒙知識分子的基本心理。在這種心理支配下，中國激進知識分子發起了摧毀傳統的思想與文化內戰，此即林毓生所說的「全盤性反傳統主義」心智。知識分子所反對、摧毀的對象，主要是儒家的價值，及其所支撐的社會結構。

　　在這樣的思想、觀念、文化內戰中，知識分子一頭衝向西方現代意識型態的牢籠。從當時的知識環境看，這一抉擇不難理解。中國知識分子決定敞開心扉全盤接受西方的時候，西方已進入其歷史上最爲黑暗的時代：意識型態時代。民族主義、無政府主義、馬克思主義、法西斯主義、社會主義、以及現代自由主義等等現代意識型態，已經支配了整個西方世界。這些現代意識型態的興起在一定程度上是惟理主義摧毀傳統信仰的結果。中國也不例外。胡適、陳獨秀、吳虞等人主導的反傳統的文化內戰掏空了中國青年學生的心靈，青年人迅速接受了西方傳來的形形色色的意識型態。從時間上看，激進反傳統的新文化運動時代，正是意識型態在中國大爆炸的時代。

　　這其中，馬克思主義和自由主義是兩個最爲重要的現代意識型態。國民黨與共產黨最初都以馬克思主義爲其信仰，只不過程度有所不同而已。很多比較溫和的知識分子則信奉現代自由主義。

　　雖然同爲觀念體系，但現代意識型態絕然不同於傳統宗教。作

　　4　余英時，〈中國現代的文化危機與民族認同〉，收入《現代危機與思想人物》（北京：三聯書店，2005），頁51。

　　為意識型態的馬克思主義和自由主義都體現了美國思想史家沃格林所揭示的現代意識型態的基本特徵：它們承諾，通過徹底的毀滅性革命——不論是革命黨人主張的激進的經濟、政治革命，還是自由主義者主張的激進的價值、文化、社會革命，人將獲得最終的解放。人可以通過全盤毀滅現有秩序，在現世建立一個全新的、永恆幸福的天堂[5]。這樣的承諾對年輕人具有巨大吸引力。

　　新文化運動完成了意識型態的構造之後，從1925年開始，中國進入意識型態主導的極端主義激進革命時代，或者如當時人所說，進入「大革命」時代。以儒家為本的傳統的價值、信仰，士紳主導的社會結構，以及產權、經濟體系，統統遭到這些革命的刻意破壞。經過上述一系列革命，1949年，終於出現了一個「美麗新世界」。支持這個世界的是一套現代意識型態體系，包括馬克思主義、列寧主義、史達林主義、毛澤東思想。在這場革命中，文化上同樣激進、但政治立場不同的現代自由主義被消滅了。

　　不幸的是，現代意識型態雖可驅動「大革命」，卻不可能建立起穩定的、可持續的治理秩序。傳統宗教強調人、神懸隔，現代意識型態則通常以人是神或者上帝為預設。不幸的是，人永遠不能是神或者上帝，人無法克服其軟弱、缺陷。因而，現代意識型態所承諾的美麗新世界，從建立的那一刻起就趨向敗壞。而現實統治秩序的敗壞必然拖累意識型態，令其信徒產生幻滅感。幻滅感累積到一定程度，則是意識型態體系的全面失信和潰散。在中國，這種幻滅感產生的時間大約在1960年代末1970年代初，或許可以林彪事件作

5　關於這一點，可參考[美]沃格林著，《沒有約束的現代性》，張新
　　樟、劉景聯譯(上海：華東師範大學出版社，2007)，尤其是〈科學、
　　政治與靈知主義〉。

爲標誌。

此後也不斷有試圖修復官方的意識型態的努力。1980年代，有些具有自我反思意識的官方理論家，比如王若水，試圖回到沒有受到權力污染的相對純潔馬克思主義，比如「人道主義」。但這些努力被這個意識型態體系中的正統派視爲異端而予以壓制。

1990年代後，官方陸續提出了一系列新理論。首先是「鄧小平理論」，隨後是「三個代表理論」和「科學發展觀」。但是，這些理論不再是整全的普遍性意識型態，而不過是權宜的政策綱要而已。它們不過對經濟增長戰略提出了多變而模糊的設想，缺乏宏大的歷史哲學和倫理學支持，因而不具有意識型態的魅惑。事實上，這些理論都過分關注物質的增長，實際上就是在取消自身的意識型態性質。它們不能夠解決終極價值問題，不能提供一個關於秩序的完整想像，因而對民眾缺乏吸引力，不可能重建官方意識型態。

過去幾年，財大氣粗的官方大規模重建、擴建馬克思主義理論研究機構，試圖以此修補已經搖搖欲墜的意識型態大廈。但是，在物質主義已經彌漫人間、人們對馬克思主義已經完全沒有信仰的環境中，這樣的理論努力完全無濟於事。

正是在官方的馬克思主義意識型態真空中，曾經被消滅的另外一種現代意識型態——自由主義，獲得了復歸、發育的機會。這就是胡適等人所代表的反傳統自由主義的回歸。不過，鄧小平南巡之後，中國大陸還興起了第二支自由主義：以經濟學爲本、影響及於法學、政治學的市場自由主義。這是此前所沒有的，在現代中國思想史上屬於一種新現象。

這兩支自由主義的指向大不相同，前者側重於文化、社會領域的反傳統和個性解放，後者側重於私人產權和自由經營權的保障。不過，兩者的核心主張是共通的：人的解放。它們的哲學和倫理學

出發點是霍布斯的叢林狀態，它們只承認身體欲望和計算理性的真實性，而剝離人的倫理規定性。據此，它們忽視或者反對宗教、文化、社會，反對一切既存的建制。

最令人驚奇的是，同為現代意識型態，這兩支自由主義與壓制它的馬克思主義共用著現代性。比如，1990年代以來的市場自由主義與官方主流理論共用著物質主義的倫理——其實準確地說是反倫理——前提。它宣告，通過肉體的物質欲望之滿足，人可以通往天堂。由此可以理解，何以這種市場自由主義在十多年的時間中，可以構成中國大陸的主流意識型態。當然，這樣的主流地位主要來自於它與官方意識型態的重疊。換言之，物質主義的官方意識型態部分地借市場自由主義之身還魂。市場自由主義者以為自己在推進市場化，其實他們是在推動當局控制下的市場化。這樣的市場化自然被權力之手大大地扭曲，而市場自由主義不得不對此承擔責任。到2003年，市場自由主義聲名掃地。後面我們也將討論反傳統的啟蒙自由主義的困境。

總之，現代中國的兩大意識型態，在經歷了幾近一個世紀的亢奮、衰敗之後，似乎都走向了自己的終點。而經過它們的衝擊，中國大陸是一片文明的廢墟：心靈的廢墟、社會的廢墟、文化的荒漠化、以及共同體秩序解體的趨勢。只是，財富的金色耀人眼目，遮蔽了這個曾經的美麗新世界的荒涼。

在現代意識型態潰散的背景下，傳統宗教復興了，中國大陸出現了一場宏大的宗教復興運動。在回顧中國過去三十多年變化的時候，大多數人的眼光總是緊盯著高速的經濟增長。有人的眼光略微寬廣一些，看到了社會領域發生的變化。但這仍然是偏狹的。在我看來，宗教復興才是過去三十年間中國大陸發生過的最為重要的變動。我們可能正在見證人類歷史上規模最大的一場宗教復興運動。

這一宗教復興運動從1970年代末就已經開始了。作為宗教復興的一種表徵，1980年代各種類型的新興宗教層出不窮，這包括「氣功熱」，法輪功的興起。偽裝成科學、而又裝點了宗教辭彙的各種心靈煉丹術，也似乎始終是出版業界的熱點。

本文要討論的是傳統宗教，它們都正在經歷偉大的復興。佛教信徒人數大規模擴張。形成於20世紀上半期、成熟於台灣的人間佛教理念，回流大陸，對大陸佛教界產生重大影響。這種影響很有可能促成大陸佛教教義和組織型態經歷一次大轉型。

基督教也在中國大陸復興。最初是鄉村教會復甦、擴張。1990年代中期以後，城市的家庭教會興起，接受過較好教育的城市白領和知識分子進入教會，令信徒結構發生變化，進而推動其教義發生微妙變化。

儒家同樣經歷了一場強勁的復興。這一復興同樣是從1980年代初就開始了，並且走了一條「禮失求諸野」之路：這場儒家復興最早是從錢塘江以南中國沿海鄉村地區開始復興的。由於歷史的原因，這些地區的人民保留了最多的儒家傳統，體現於祖先崇拜、祠堂、家族等制度中。這樣的傳統讓他們對國民黨和共產黨的黨治控制體系具有較強抵抗力，因而，其傳統的價值和社會結構遭受現代意識型態和野蠻權力的破壞最小。當黨治體系的控制力衰減之後，儒家價值和社會制度也就迅速復興。

隨後，儒家開始在知識界復興。首先是1990年代初，受到在台灣成熟之新儒家思想、李光耀所謂的亞洲價值觀等影響，中國大陸出現了「國學熱」。其中主要是儒學熱。隨後儒家大舉進入大陸思想界，並發揮越來越重要的影響。蔣慶提出政治儒學概念，進而提

出儒教概念，同時提出了其以議會三院制為核心的儒教憲政方案[6]。與之關係密切的康曉光最早提出帶有策論性質的「仁政」方案，只是在現有體制中引入儒家理念。康氏最近提出〈儒家憲政論綱〉[7]，對「仁政」方案是一個巨大超越。長期致力於介紹西學的甘陽提出「儒家社會主義共和國」方案[8]，受此影響的丁耘等人提出「馬克思主義中國化」也即「儒家化」之策論[9]。具有自由主義傾向的姚中秋也提出儒家憲政民生主義方案[10]。凡此種種跡象表明，回歸儒家，重建道統，在此基礎上重建現代中國之學統、政統，似乎已經成為大陸思想界的一個共同取向，不論其政治立場是如何對立、衝突。

與此同時，以儒家為主的國學，在民間持續復興。比如，于丹依靠講《論語》而讓很多人發現了儒家思想作為現代人的心靈雞湯的功能。不少企業家試圖把儒家理念運用於企業管理中。還有一些民間儒者試圖復興儒家禮儀。

綜上可見，統治中國近百年的現代意識型態正在終結，中國大陸正在重回常態社會，各種宗教正在復興，儒家同樣正在復興。而由於儒家在中國性中所具有的特殊地位，因而，儒家的復興更為普泛。儒家不僅在生活層面上復興，也將在思想層面上復興，從而將

6　蔣慶的這些方案可參看蔣慶著，《王道政治與儒教憲政：未來中國政治發展的儒學思考》(貴陽：陽明精舍自印本，2010年7月)。

7　見中國儒教網http://www.chinarujiao.net/p_info.asp?pid=11507。

8　甘陽較早在〈中國道路：三十年與六十年〉一文中提出這一構想，刊《讀書》，2007年第6期。

9　相關論述，可參看齊仁，〈中國化馬克思主義的歷史道路〉，《文化縱橫》2010年10月刊；丁耘，〈論中華傳統的根本特性〉，《文化縱橫》2011年2月刊；丁耘，〈鬥爭、和諧與中道〉，《文化縱橫》2011年4月刊。

10　姚中秋，〈儒家憲政民生主義〉，《開放時代》，2011年6月號。

對中國大陸未來的觀念、政治、社會、文化等等走勢產生重大影響。

二、儒家與官方意識型態間的糾結

在經歷了百年被壓抑、摧毀的命運之後，儒家翻盤復興，當然引發了中國思想與政治格局的大調整。儒家的復興首先對已經處於殘存狀態的官方意識型態構成最後的衝擊，當局陷入左右為難、進退維谷的境地。

大陸當局本身是政教合一的，馬克思主義、毛澤東思想這樣的意識型態是其正當性最為重要的源泉。這種意識型態從哲學上說是無神論的，基於其打破舊世界的雄心，也始終是反傳統的。最為重要的是，它是獨斷的。因為這一點，在1980年代之前，官方意識型態禁止人們信奉一切正統宗教。在歷次政治社會運動中，儒家價值，此一價值所支持的社會制度，比如祖先崇拜、家族制度，以及儒家最為重要的載體——紳士群體，遭到致命摧毀。

在中共黨內，毛澤東當然是這一切思想、社會運動的主要策動者。毛所發動的文化大革命及其它經濟社會革命的宗旨，就是摧毀儒家價值及其所支援的社會結構。毛臨死之前還發動了一次批孔運動。從一定程度上說，毛把孔子視為自己的最大敵人。最有趣的是，毛似乎預見到他的繼承者可能被迫回向孔子，因而警告說：「我們共產黨人，是從批孔起家的⋯⋯如果共產黨也到了自己沒法統治或者遇到難處了，也要把孔子請回來，說明你也快完了。」[11]

在這段話之前，毛引述了歷史上開國君主從鄙儒到尊儒的轉變

11　〈毛主席與毛遠新同志談批孔〉，見烏有之鄉網站（http://www.wyzxsx.com/Article/Class18/201002/132481.html）。

過程，這個過程實即漢初賢哲深入討論過的從馬上打天下到以仁義
治天下的轉變[12]。在傳統社會中，這一轉變幾乎是必然的。毛卻是
個例外，基於其不斷革命、建立人間天堂的現代意識型態信念，毛
拒絕啟動這樣的轉向。這樣，在毛的時代，官方意識型態及其所支
持的統治權是與儒家為敵的。這也就意味著，權力與文明、法律與
生活處於敵對狀態。這樣的國家顯然不是一個常態國家，它被置於
一種最為深刻的緊張、衝突之中。毛固然可以憑藉其世俗化神靈的
權威彌封這種矛盾，毛的繼承人卻不具有這種能力。

　　這一內在衝突乃是理解1970年代末以來中國變化的關鍵因素。
面臨著這一壓力，毛的繼承人們採取了諸多回應措施：首先，鄧小
平提出，中共的工作重點不再是階級鬥爭，而是經濟建設，在官方
史學中，這被視為鄧小平最重要的功績。第二，1990年代，黨內外
理論界曾討論過中共從「革命黨」向「執政黨」轉變的問題[13]。第
三，胡溫執政之初又提出「和諧社會」理論——這意味著，甚至在
社會領域中，當局也準備放棄鬥爭的觀念。凡此種種，在某種程度
上，都是在按照傳統王朝打天下到治天下的轉換路徑，走出革命黨

12　《史記‧酈生陸賈列傳》記載：陸生[賈]時時前說稱詩、書。高帝罵
　　之曰：「乃公居馬上而得之，安事詩書！」陸生曰；「居馬上得之，
　　寧可以馬上治之乎？且湯武逆取而以順守之，文武並用，長久之術
　　也。昔者吳王夫差、智伯極武而亡；秦任刑法不變，卒滅趙氏。鄉
　　使秦已並天下，行仁義，法先聖，陛下安得而有之？」高帝不懌而
　　有慚色，乃謂陸生曰：「試為我著秦所以失天下，吾所以得之者何，
　　及古成敗之國。」陸生乃粗述存亡之徵，凡著十二篇。每奏一篇，
　　高帝未嘗不稱善，左右呼萬歲，號其書曰「新語」。

13　有趣的是，朱學勤和潘嶽大約較早提出了這一點，前者為2001年8
　　月3日發表於《人民日報》內部參考上的文章：〈簡論革命黨向執
　　政黨的觀念轉化〉，後者為〈對革命黨向執政黨轉變的思考〉，可
　　見《開放》，2001年1月11日。

的意識型態牢籠，回歸常態化的治理，包括部分地接受儒家理念。

而明白地承認儒家價值，與儒家和解，應當是完成這一轉變、實現國家常態化的最為重要的組成部分，儘管這一點經常被人們忽視。原因很簡單：大體上可以說，歷史上的中國就是儒家的中國，儒家構成中國人最為基本的價值，也塑造了人們賴以生活的最為重要的制度。甚至於其他宗教，比如影響最為廣泛的佛教，也深度地儒家化了。因此，任何統治權，惟有在回歸儒家之後，方可獲得足夠的道德和歷史正當性。

假如大陸當局果真能夠完成這一轉型，那是值得歡迎的。很多秉承反傳統立場的自由主義者對於官方接近儒家抱持狐疑態度，進而對被接近的儒家產生強烈厭惡感。但是，假如站在中國完成現代國家構建的角度思考，就會發現，統治當局接受儒家，從文化和政治上都是可取的。對此，至少可以提出以下兩個論辯：

第一，當局和全民放棄全盤革命、不斷革命的現代意識型態，乃是一個國家有可能完成現代國家構建的前提，中國也不例外。

與傳統的宗教、與儒家不同，現代意識型態的突出特徵是「切割」，它會通過製造敵人的方式來建造天堂。從馬克思主義到民族主義，乃至啟蒙思想，不論什麼樣的現代意識型態，都會在共同體內劃分敵、我，並致力於消滅敵人。也正是按照這樣的意識型態，大陸當局雖然已經獲得了統治權，卻始終具有強烈的「敵我意識」。

這樣的敵我意識讓穩態的現代國家根本不可能建立起來。現代國家的基本原則是自由和平等，唯有如此，國家秩序才有可能穩定下來。意識型態的切割則同時取消了這兩者，在國家內部人為製造對立，必然引發不穩定和鬥爭。因而，現代意識型態所支持的政權內在地具有「不斷革命」的傾向，只不過它會以各種不同型態呈現：毛時代，大陸當局不斷發動階級鬥爭；當下大陸的經濟增長，則是

另外一種型態的革命：當局傾向於使用暴力，清除經濟增長道路上的一切障礙。這樣的經濟增長型態完全不同於正常國家。這是這個國家經濟快速增長的秘密，但也是其內部社會衝突加劇的根源。

可以說，過去一個世紀，具有悠久文明的中國因為切割的意識型態，而根本不再是一個文化和命運共同體。直到今天，受這種意識型態及其殘餘的影響，這個國家仍然是四分五裂的，人們的精神處於相互糾纏的對立之中，人際關係中充斥著不信任、戾氣甚至強烈的敵意。中國人患上嚴重的意識型態和後意識型態精神狂躁症。

根除意識型態，乃是治療這種意識型態疾病、消除社會普遍的不信任、重建「國民共同體」的前提。而回歸儒家，哪怕是作為替換現有意識型態的權宜之計，也有助於終結切割共同體的意識型態的支配。在根除官方意識型態之後，革命與反革命，積極分子與反動派、我與敵人的界限有可能趨向於消失。而這是人成為自然的人，中國成為中國，進而成為一個現代國家、或者說成為一個真正的共和國的前提。

第二，當局承認孔子、儒家的主流價值地位，讓中國完成現代國家的構建的可能性大大增加。

在歐洲，現代國家的建立伴隨著基督教的宗教改革和宗教寬容的憲制體制之建立。但宗教和憲制這兩方面的變革決不是為了取消宗教，而只是重新安頓宗教於治理架構中。無法設想，一群人根本沒有任何精神聯結紐帶，竟然可以結合成為一個共同體，並形成優良治理秩序。

儒家雖然不完全是宗教，但其在社會治理中所扮演的角色，與基督教在傳統歐洲社會所扮演的角色有某種類似之處。揆之於歷史，儒家就是中國文明的核心，儒家就是中國性的根本所在。據此而言，中國在構建現代國家這樣的劇烈變革中，最為重要的工作之

一就是安頓儒家。

應當說，在中國，重新安頓儒家的事業曾經開了一個不錯的頭，這就是康有爲孔教說的深刻意義所在。他非常敏銳地意識到，一旦現代化的過程啓動，原來鑲嵌在社會治理體系中的儒家，就可能被甩出來，而成爲孤魂遊鬼。可惜，由於種種歷史機緣，康有爲的努力沒有成功，儒家最終確實成爲「遊魂」[14]。

這一不幸事實本身就註定了中國現代建國事業不可能完成。因爲，儒家是「中國性」中最爲重要的要素。儒家如果不被妥善處理，進入新秩序中，建國事業就是漫無目的的衝撞——這也正是過去一個世紀中國歷史的基本型態。即便通過暴力或者其他手段勉強建立起來的統治秩序，也因爲缺乏精神和文化的保障，而缺乏內在穩定性，這也正是大陸的現狀。當前中國社會正陷入空前的失序狀態。這一點反過來也讓現代建國事業遲遲不能完成。在驚濤駭浪的大海上，人不可能造出大船。

基於這些教訓，或許可以得出這樣的結論：對於自由的追求者來說，重要的是意識到，優良治理秩序是一種秩序。摧毀聯結人們的精神秩序，社會秩序必然難以維繫，遑論構建現代國家秩序。自由主義者所面臨的工作不只是追求自由，而是更爲複雜的事業：構造自由的秩序。這樣的秩序很自然地包括精神秩序。制度本身也是需要精神支撐的，而漫長歷史中形成的、已經成爲國民之自然的價值體系，就是健全的精神秩序的核心，它們在現代語境中「新生轉進」[15]，將生成現代的精神秩序。

14　余英時，〈現代儒學的困境〉，收入《現代儒學的回顧與展望》（北京：三聯書店，2004），頁56。

15　這是徐復觀先生所用的一個詞，參看徐復觀著，《儒家政治思想與民主自由人權》，蕭欣義編（台灣學生書局，1988），頁98。

根據上面兩個理由，自由主義對於當局放棄意識型態，回歸儒家的傾向，完全有理由持肯定態度。因為，若能如此，「國民（nation）共同體」的形成就具有了可能性。這正是自由主義所努力的目標。歷史地形成的儒家將塑造最為基本的精神與社會秩序，塑造一種共同的命運感，這些將構成現代「國民國家（nation-state）」的基礎。在此基礎上，自治、法治、民主等各種優良制度，才是可能正常運轉的。

應當說，1970年代後期以來，由於意識型態信仰的潰散，當局仇視、消滅儒家的僵硬態度已經有所鬆動。尤其是自1990年代以來，當局對儒家的態度發生了顯著的變化。當局試圖尋找民族主義的正當性，因而強調「中華民族」、「炎黃子孫」、「中國文化」等等符號，並賦予其強烈的民族主義色彩。當局也意識到，用中國符號表達的文本、藝術，可以成為在全球化時代競爭的「軟實力」，2008年北京奧運會的開幕式，就竭力加入這種傳統文化元素。

但是，與傳統中國的打天下者不同，中共的正當性來自於其歷史主義──實際上是取消歷史、傳統──的意識型態。它幾乎主要就是依賴現代意識型態而獲得政權的。因此，對於任何可能替換其意識型態的傾向，大陸當局都保持著警惕。為此，它曾經消滅了另外一種現代意識型態：自由主義。它對儒家、對傳統宗教同樣保持警惕，在當局看來，這是思想戰線上的潛在敵人。

因此，過去三十年來，當局雖然在利用一些傳統符號，但對於傳統的實體性價值和制度，比如，儒家的核心價值，及與儒家相關的觀念和制度，始終保持著高度警惕的態度。1980年代以來，當局對於具有儒家色彩的民間信仰的復興，比如農民恢復祖先祭祀、重建祠堂、重修族譜等活動，採取打壓態度，儘管這樣的打壓因為喪失了意識型態的支持，而不再像毛時代那樣有力。對於宗族逐漸擴

張自我治理權，當局更是直言不諱地予以壓制。

　　基於上述兩難困境，當局對儒家採取了一種工具主義態度，其具體操作策略是，區別對待，取我所用。由此導致剛剛復興的廣義儒家群體，陷入嚴重的分裂狀態。過去十幾年來與儒家相關的群體，至少分裂爲三：第一爲官方儒家，第二爲學院儒學研究者，第三爲儒家信徒。對這三個群體，當局採取不同態度。

　　當局成立了一些儒學組織，甚至是國際性，通過資金、人員等管道，對其予以控制，並指揮其在海內外從事各種文化「統戰」活動。這些官方儒家非常活躍地參與國內外的各種文化交流活動，比如參與所謂「文明對話」。支持在曲阜建立教堂的，正是這類儒家。他們並不信奉儒家的實體性價值，儒家對他們而言，只不過是實現政治目標的一種符號性工具。

　　在各個大學和研究機構，活躍著一批學院儒學研究者。他們通常不具有儒家信仰，而把儒家進行分解，當作純粹學術性的哲學、哲學史、思想史研究的對象。當局對於此種研究，通常持積極支援的態度。各地高校紛紛成立「國學院」。當局很清楚，這種研究不會產生什麼實質性社會價值與政治後果，反而可以爲官方儒家的活動提供一些妝點性知識工具。

　　在上述兩類人之外，另外有一些人士，在曲阜教堂事件中，他們自稱「儒者」或「儒教信徒」。他們大多把儒家之價值作爲信仰，因而具有宗教氣質。對於這類儒者，當局通常採取一種隱秘的防範態度，因而他們通常並不爲體制所容。蔣慶就屬於這類儒家，陳明很大程度上也是。蔣慶的著作在大陸的出版面臨困難，因爲他具有真正的儒家信仰，而任何一個真誠的非官方信仰，在當局看來都是危險的，會直接衝擊官方已經七零八落的意識型態。因此，通常情況下，這些儒者無緣參加官方儒家組織的各種文化統戰性活動。

　　「孔子學院」的建制，最爲清楚地表現了當局對儒家的實用主義心態。政府投入鉅資在全球各地建立孔子學院。這當然意味著，當局在某種程度上已悄然改變了對孔子的官方評價。毛時代，官方一直在批判孔子。現在，官方不得不承認孔子是中國文化、中國文明和中國的象徵，孔子是中國在世界體系中主張自己主體性的唯一正當符號。在天安門廣場邊緣樹立孔子雕像，意味著當局已經半遮半掩地試圖基於孔子，重構其統治的正當性。

　　然而，到頭來，孔子學院只是一個單純的語言教學機構，而並沒有傳播孔子的實體性價值理念。這並不是當局根據「韜光養晦」戰略，而暫時採取文化上的克制措施；看起來，孔子學院根本沒有傳授孔子思想的意圖。因爲，當局本身並沒有歸宗於儒家。在國內，當局沒有設立類似的孔子學院，並不準備以孔子、儒家的價值教化人民。

　　而孔子雕像立而又廢，更爲戲劇化地表明了當局對孔子、對儒家的深層態度。當局清楚，要實現國家的常態化，就必須與傳統和解，與儒家和解。當局最初同意豎立孔子雕像的象徵意義正在於，準備讓孔子替代毛澤東，讓儒家思想替代馬克思主義，至少是部分地做到這一點，從而結束自己的統治權與中國文明之間的隔膜、衝突，給自己的統治權增添一些歷史的和道德的正當性。

　　但是，「毛左派」毫不留情指出了這種做法與官方意識型態的根本衝突，他們發出強烈的抗議，迫使當局作出了悄然移走孔子雕像這一大大失分的決策。此一事件證明，毛左派將成爲當局回向孔子的最大障礙，這個毛左派正是中共意識型態的原教旨主義者。

　　伴隨著對文革的反思和部分清算，1980年代中期，毛澤東本人及其思想變得聲名狼藉。但是，大陸當局基於意識型態和政治正當性的考量，沒有完全清算毛。這樣，毛的神話和思想就潛伏在官方

意識型態體系的最深層，只不過在此之上，鄧小平和他的繼承人疊加了一些現代的、開放的理念，比如增長、市場、法治等等。也就是說，大陸當局的意識型態呈現為雙面或者說雙層結構：底層或者框架是毛的，上層或者說細節上是鄧的。這也就意味著，儘管當局部分地告別了毛，但毛隨時可以歸來。呼喚毛的，可能是黨內原教旨主義理論家，也可能是普通民眾。

1990年代初，經過短暫潛伏的毛澤東崇拜和毛思想就再度復興了。當時，大量國有企業工人下崗，鄉村也因為政府的壓榨而出現治理危機。很多對現實不滿而缺乏替代性信仰和觀念的底層民眾，本能地轉向了他們最為熟悉的毛。在這些底層民眾中，對毛的崇拜演變成為一種具有政治訴求的民間宗教，而與各種新興宗教的性質較為接近。

這種懷舊情緒在理論界的表達，就是「毛左派」。只不過，這一次它的理論極其粗糙。但是，它直接關聯著當局的意識型態和統治權的正當性，因而它相當理直氣壯，因為它確實享有某種政治上的優勢地位。

也正是這種優勢，在過去兩年中催生了「重慶模式」。這一模式的經濟方面，與其他地方毫無二致，其唯一獨特的地方就在於毛的治理方式的部分復歸，也即「唱紅打黑」之類高強度的意識型態和政治動員。不過，它追求大資本驅動之經濟增長的策略，與這個意識型態關於平等的承諾是內在矛盾的，因而註定了是不可能成功的。

儘管如此，在當下的意識型態場域中，毛左派依然具有足夠的觀念和政治力量。孔子雕像矗立於天安門廣場旁，作為毛的意識型態的原教旨主義者，毛左派立刻敏感地聯想到毛澤東的正統性問題。於是，他們提出了一個當局不敢面對的質疑：樹立孔子雕像，

是不是要拋棄毛的意識型態？在毛左派看來，毛是神靈，他的思想和政治地位是絕對的，不容任何人挑戰。僅從這一點上說，孔子就是毛的敵人。樹立孔子雕像，必然損害毛的絕對性，而沒有絕對性的毛是沒有意義的。因此，他們強烈要求拆除孔子雕像[16]。毛左派與儒家爆發了第一次重大的正面衝突，這種衝突的烈度，遠遠超出了自由主義與儒家的爭論。

這一衝突再清楚不過了表明了大陸當局與儒家關係的基本性質。當局目前所關心的唯一事情乃是維護統治權。作為借助意識型態獲得權力的革命黨，它深知，如果沒有堅實的意識型態支持，統治權必然難以穩定。而馬克思主義、毛澤東思想這樣的官方意識型態已經潰散。因此當局有意借助中國傳統，主要是孔子、儒家，重建官方意識型態。甘陽、丁耘等學者也意識到這一點，因而為當局提供實現意識型態轉換的策略。他們苦心孤詣，試圖溝通毛與孔子。

但是，大陸當局統治權與意識型態的直接關聯，又讓當局無法真正地轉向儒家。因此，在樹立孔子雕像過程中，當局就遮遮掩掩，扭捏作態。這就已表明，它對於承認儒家，依然是三心二意的。面對未曾預料到的毛左派的進攻，當局又無從辯解，甚至根本不敢辯解。驚懼之下，當局只能匆忙做出搬走孔子像的決策，而全然不顧此一決策可能在儒家群體中引起的反感。

這一事件或許表明，大陸當局要完成從打天下到治天下、從革命黨到執政黨、從革命政權向常規國家的轉化，將十分艱難。大陸當局始終沒有清算毛的神話，也沒有這樣的打算，而這將構成其實

---

16 比較重要的文本是奚兆永，〈堅決要求把孔子像逐出天安門廣場〉，見烏有之鄉網站（http://www.wyzxsx.com/Article/Class22/201102/213527.html）。

現統治權常態化的一個難以克服的意識型態障礙。從組織上說，作為此一意識型態之殘餘的原教旨主義者的毛左派，就總是佔據著意識型態的主動性，總是可以有效地阻止中共向儒家的靠近。這樣的意識型態掣肘，讓當局始終不能正面接受傳統中國的核心價值，對於儒家的態度，始終是若即若離。

也就是說，大陸當局恐怕不大可能完成其常態化轉型，幾乎不大可能完成與儒家的和解。在當局眼裡，孔子、儒家始終最多只能是一個民族主義的文化符號，一個進行文化統戰的操作性工具，而無法變成自己真誠信奉的一種價值。由此，生活與法律、文明與權力的衝突將難以化解。而現代國家的構造事業也就始終不能完成。

大陸當局的這一困境，對於正在復興的儒家，和百年來一直追求優良治理的自由主義的關係，將產生巨大影響。

毛左派與儒家的這一場正面衝突，必然對正在經歷復興的儒家，產生嚴重心理衝擊，迫使其重新思考儒家與既有統治秩序的關係。1990年代以來，諸多儒家人物由於對儒家義理的錯誤理解，以及短視的政治投機心理，似乎表現出一種相當明顯的諂媚當局的傾向。某些儒家代表人物，雖然本身遭到打壓，卻一心要用儒家為當局的統治提供正當性。毛左派對孔子發動的毫不留情的攻擊，必然促使這些儒家人物對統治秩序、對毛的離心傾向加大。

從政治上看，這樣的態勢對自由主義是有利的。假如自由主義具有構造現代國家的雄心，那儒家的政治傾向轉移對於完成這一事業是非常有利的。儘管如此，能否利用這一契機，取決於自由主義能否重新界定自身與儒家的關係。

三、自由主義與儒家的糾結

如所周知，長期以來，現代中國的自由主義基於其唯理主義的啓蒙信條，反對各種宗教。比如，1920年代，自由主義曾經參與、推動發了帶有強烈民族主義色彩的「非基運動」。這場運動把啓蒙反宗教的傾向與反帝的政治意識捆綁在一起，從而爲未來中國從國家精神上走向徹底的無神論打開了通路。

不過，十分引人注目的是，1990年代以來，大陸自由主義者對基督教的態度發生了極大變化：基於對自由主義命運和中國現代歷史進程的反思，自由主義者幾乎很少再反對基督教；相反，很多中國大陸的自由主義者變成了基督徒。

這種群體性皈依現象，固然基於個體對生命意義之追尋，但也有很多人是理性的皈依者。他們發現，現代自由憲政制度形成於歐美，歐美的主流宗教信仰是基督教，尤其是新教。基於這樣的歷史考察，他們從知識上相信，現代自由憲政制度與基督教之間一定存在著直接關係。據此，他們得出一個轉型的政策結論：中國要成爲一個憲政國家，就必須經歷一個基督教化過程。已故楊小凱教授曾經公開提出過這樣的理論[17]，他是知識分子皈依基督教的典範。過去十年間活躍的維權人士，以及公共知識分子，比如余杰、范亞峰、王怡等人，紛紛皈依基督教。

還有一些自稱自由主義者的人士，儘管沒有信仰基督教，但是基於對西方制度的羨慕，相比於儒家，他們對基督教有更多肯定。在一般的知識性論辯過程中，他們自覺不自覺地把基督教當成宗教

---

17 比如〈基督教和憲政〉，見網路流傳之《楊小凱文集》。

的真理、宗教的最高型態。他們也相信，如果一定要選擇宗教，那基督教就是最好的。如果憲政一定需要宗教基礎，那就只能是基督教。從某種意義上，他們都是基督教的候補皈依者。

與此一態度轉變形成鮮明對比，自由主義對儒家的態度幾乎沒有多大變化。經過新文化運動思想傳統的訓練，抨擊儒家已經成爲現代中國自由主義者的文化與知識本能。他們把中國未能實現現代轉型的責任歸咎於儒家，對於任何儒家活動給予不假思索的抨擊。

因此，1990年代「國學熱」興起之時，自由主義者就保持警惕。他們始終認爲，「國學熱」就是當局爲了尋找統治的正當性而人爲促成的[18]。對蔣慶等人提出的「儒教」說尤其是「儒教國教說」，他們尤其反感。當局在國家歷史博物館前豎立孔子雕像，似乎驗證了他們的這一擔憂：這似乎就是儒家成爲國教、當局建立文化壟斷權的第一步。

自由主義持續了一百年的這種激進反儒態度，激起了新興的儒者的強烈反彈。新一輪政治儒學和儒教思潮具有較爲強烈的信仰成分，因而反彈也就更爲強烈，他們對自由主義者所主張的自由．民主等理念，明確地表示了懷疑，甚至提出直率的批評——不過，這種批評經常並不意味著否定、拒絕。自由主義者紛紛皈依基督徒，並依據基督教教義來抨擊儒家，也強化了儒者對自由主義的不滿。

儒家對自由民主的批評，讓頭腦簡單的自由主義者更加確信自己對儒家的警惕性先見之明。他們抨擊儒家的態度更爲堅定。於是，在當下的中國，形成了自由主義聯合基督教爲一方，而儒家——尤其是那些具有較爲真誠之儒家信念的草根儒者——孤獨地作爲另一

18　這方面的論說，可參看雷頤，〈「國學熱」中說「國學」〉，《經濟觀察報》，2009年6月8日，第43版。

方，展開了思想與宗教對抗態勢。

　　當然，過去若干年來，也有若干自由主義者經過蛻變，放棄了現代自由主義的反傳統教條，親近或者接受儒家。筆者就是其中一員。不過，與自由主義者皈依基督教陣營的宏大氣勢相比，自由主義之儒家化，顯然不成氣候。基督教自由主義者在自由主義圈子中可能得到尊敬，儒家化的自由主義者卻經常被指控爲背叛者。

　　然而，這一次孔子雕像事件中所發生的一件奇異現象，再清楚不過地說明了自由主義反儒家之傳統立場的荒謬性。有一些自由主義者明確反對在天安門廣場樹立孔子雕像[19]。自由主義表達這樣的態度，人們似乎已經習以爲常。令人驚訝的是，這一次，眾多毛左派也高調反對在天安門廣場樹立孔子雕像。

　　這一景象實屬詭異。本來，在中國大陸的各種意識型態中，再也沒有比自由主義與毛左派之間的對立更爲直接的了。自由主義知識分子一直在強烈抨擊烏有之鄉，也在嚴詞抨擊重慶的「唱紅打黑」活動。但現在，圍繞著孔子雕像，雙方卻唱著同一首歌。而且，在這個大合唱中，毛左派的立場比自由主義者更爲堅定，他們的聲音更爲高昂。筆者無法想像，面對這樣的景象，那些沉浸於反孔、排儒情緒的自由主義者，該作何感想？

　　也許，這一事件表明，繼馬克思主義的意識型態潰散之後，另外一種重要的意識型態，現代自由主義反傳統的立場，也已經走到了盡頭。自由主義與這個社會中最不理性的毛左派竟然進行合唱，說明自由主義在這方面一定出問題了。

　　問題的根源在於時空的錯位。新文化運動時代的中國還是傳統

19　比如，〈袁偉時：孔子像亮相天安門廣場東側的深度解讀〉，《儒風大家》，2011年4月號。

的，胡適所反對的妨礙個體解放的制度，也許與儒家有關聯，因而
或有一定的合理性。殷海光在台灣激烈反對儒家，就已經相當荒唐
了，因爲，海峽對岸的大陸當局正在瘋狂地「破四舊」，摧毀儒家。
今天當大陸當局正在羞辱孔子、羞辱儒家的時候，自由主義抨擊孔
子、儒家無異於落井下石，顯示了理智上的混亂與政治上的不成熟。

　　自由主義假如要有一個未來，就必須在政治上成熟。而政治上
成熟的最爲重要的標誌，就是放棄百年來的反儒家意識型態。經由
放棄這種意識型態立場，自由主義也許可以重上正軌，在中國歷史
演進的關鍵時刻，發揮更爲恰當、也至關重要的作用：完成現代國
家秩序之構建。

　　人們經常引用美國學者賈祖麟基於胡適研究而對現代中國自由
主義作出的經典評論：「自由主義之所以失敗，是因爲中國那時正
處在混亂之中，而自由主義所需要的是秩序。自由主義的失敗是因
爲，自由主義所假定應當存在的共同價值標準在中國卻不存在，而
自由主義又不能提供任何可以產生這類價值準則的手段。」[20]

　　這樣的論說看似機智，實則錯得離譜。放寬自由主義的定義，
那可以說，在西方國家的現代歷史上，自由主義施加給自己的職責，
就是構造優良秩序，而絕不只是等待著做現成秩序的消費者。這樣
的秩序涵攝各個方面，如法治、分權體制、民主、產權制度等等。

　　現代中國歷史上的自由主義者同樣如此。只不過，由於種種歷
史的機緣，胡適所代表的自由主義走上了反傳統之路。有些人在這
條路上越走越遠，從邊緣化的知識分子，到同樣邊緣化的革命者，
支配了現代中國歷史進程。邊緣人從事了最爲大膽的破壞行動，在

20　賈祖麟(Grieder, Jerome B.)，《胡適與中國的文藝復興：中國革命
　　中的自由主義（1917-1950）》，頁368。

傳統秩序的廢墟上，建立了一種最極端的統治秩序，它由無神論的意識型態支撐。在這一意識型態潰散之後，大陸當局有意無意地鼓勵物質主義。當代中國社會之物質主義，縱向地看是史無前例的，也許只有商末、明末可以類比；橫向地看，也是獨一無二的。這樣的物質主義與它之前的意識型態一樣，已經讓中國人跌入虛無主義的深淵，中國的社會秩序因此而處於逐漸解體過程中。在這樣的精神與社會基礎上，似乎很難建立起可穩定運轉的自由憲政秩序。這一秩序需以正常的生活秩序為前提。那些較為順利地建立了現代自由憲政秩序的國家，無不具備這樣的條件。當下中國的情形則十分特殊，經過數十年的猛烈衝擊，精神、社會秩序本身已經千瘡百孔，接近潰散。

於是，中國大陸具有構建現代國家秩序之雄心的自由主義者，就不能不同時承擔兩項任務：重建人的精神與社會，同時構造憲政制度。而要完成前一項任務，自由主義就必須對過去一百年的反傳統的傳統立場進行反思，並與傳統和解，當然，主要是與儒家和解。

也就是說，中國，尤其是自由主義者，需要一場「復歸」運動（renaissance），這是另外一個意義上的啟蒙運動，真正的啟蒙運動。與新文化運動的啟蒙運動根本不同之處在於，它不再進行精神破壞，而是進行建設，更準確地說，讓傳統復甦，治療、恢復、調適人們的精神。全盤性反傳統主義運用各種手段摧毀儒家價值，摧毀與儒家密切相關的民間信仰，摧毀其他宗教，導致中國人的精神秩序趨向瓦解。與此密切相關的激進意識型態造成中國知識分子普遍陷入邁克爾‧波蘭尼所說的「道德倒錯（moral inversion）」狀態，人們把搶劫當成正義，把撒謊說成忠誠，把粗鄙當成高貴[21]。只有

21　參看[英]邁克爾‧波蘭尼著，《社會、經濟和哲學：波蘭尼文選》（商

經過時間淘洗、因而具有普遍性的傳統的信仰、價值，可以治療心
靈的這種嚴重疾病，進而重建健全的精神和人格。唯有這樣的人，
才有意願、有能力重建社會，重建自由主義者所嚮往的優良治理秩
序。

　　作為中國之主流傳統的儒家的復興，對於中國人的精神重建，
以及社會秩序的重建具有決定性意義。儒家在中國具有深厚的文化
與歷史根基。儒家就是中國的生活、文明本身，過去三十年中，隨
著正統意識型態潰散，儒家經歷了一次自然的復興。正是這樣的復
興，在最基本的程度上維繫著這個社會的生活秩序。

　　自由主義需要認識到這一事實。自由主義的使命不是改造生
活、文明，而是讓文明、生活的邏輯可以更為舒展、自由地展開，
賦予生活、文明更為合理的型態，而且，主要集中於公共生活部分[22]。

　　當然，不少自由主義者懷疑，當局只是在原有意識型態破產之
後，才轉而利用儒家。這樣理解當局的意圖，並沒有錯。人們也完
全可以推測，當局乃是基於對儒家的專制主義理解而尊崇儒家的，
這就好像李光耀之利用儒家為其威權政體辯護一樣。

　　但是，當局這樣對待儒家，絕不意味著儒家就只能充當這樣的
角色。儒家向來具有強烈的倫理與政治主體性意識。簡單地回顧一
下儒家與權力結合的歷史，就可以證明這一點。儒家與皇權專制具
有不同的源頭，雙方的訴求也完全不同。歷史上，儒家與權力之間
曾經建立起密切的關係，這始於漢武帝時代。人們通常據此認定，
儒家是支持專制的。但事實恰恰相反。歷史的真相是，漢承秦制，
不過寬和一些。到漢武帝時代，依靠暴力與財富統治的體制無法維

（續）
　　務印書館，2006），頁91及以後。
　22　關於這一點，我在〈儒家憲政民生主義〉中有更詳盡的論述。

持下去。深陷統治正當性喪失殆盡之困境的漢武帝，不得不求助於儒家。儒家利用這一機會發動了一場憲政主義的「復古更化」，從根本上改造了漢初所延續的秦制，而建立士大夫與皇權共治的體制。也就是說，儒家進入皇權政體，其實是給這個政體帶入了憲政主義元素。歷史上，這樣的過程在經常重複[23]。

儒家在當代所扮演的角色，也必然類似於此。儒家風俗、制度的恢復，其實是在極權主義政體對社會進行大規模破壞之後的廢墟上，重建社會自治的一種自發努力。而當代那些致力於依據儒家理想建立秩序的儒者，通常都具有強烈的倫理與政治主體意識。他們絕不滿足於為現有政體提供論辯。相反，他們通常都是憲政主義者，儘管他們也會對自由主義、對民主提出批評──其實更多地是提出補充。比如，蔣慶所提出的乃是一個三院制的議會主義憲政方案，而康曉光的儒家憲政方案也並不拒絕三權分立與民主制度。

因此，當局必然會利用正在復興的儒家，但是，當局利用儒家的過程也必然是儒家反過來改造當下之治理架構的過程，這必然呈現為某種程度的憲政化過程──社會自我治理、法律之上存在判斷法律之超越性準則的信念、道統高於政統等儒家的傳統觀念和制度，在當代中國脈絡中都是具有憲政意義的。更不要說，在當代大陸，也有一批儒者，包括筆者，完全從自由憲政的視角理解儒家、重解儒家，而這樣的詮釋是完全可以成立的。事實上，在當代中國大陸的政治社會脈絡中，儒家本身也是公民社會的構造主體之一。舉例來說，那些民間舉辦的讀經班甚至私塾，就是對官方教育壟斷的一種衝擊。因此，僅從保障人的尊嚴和自由的制度設計的角度考慮，自由主義也是可以接受儒家的。

---

23 關於這一點，我在〈儒家憲政民生主義〉中有所論述。

　　大陸當局基於其統治的敏感，知道儒家的這種傾向，因而始終
提防甚至打壓具有真正儒家信仰的儒者。如果自由主義者在政治上
是成熟的，那就不應當與當局爲伍，而應當對處於當局打壓之處境
中的儒家予以扶持，至少可以對其復興持一種樂觀其成的態度。

　　更進一步說，如果確實要完成現代國家構建之事業，自由主義
也必須改變對儒家的立場，承認儒家之主流價值地位。因爲，如果
不能妥善安頓儒家，讓儒家發揮其作爲生活、文明中樞的作用，中
國就不成其爲中國，所謂自由的、憲政的中國，也就無從談起。

　　至此，也就涉及現代政教分離原則的運用問題。傳統上，儒家
並不是一種宗教，儒家並無一個嚴格意義上的一神教教會組織，如
基督教會。它沒有在一般社會治理體系之外另行建立一個自足的信
仰體系，它沒有排他性的神。儒家不是要讓人侍奉某個神，而是要
讓人們生活在一種健全的狀態中，成爲君子，成爲真正的人。儒家
關注的重點就是塑造君子人格，訓練君子的治理技藝。歸根到底，
儒家只是牟宗三先生所說的「君子教」或者錢穆先生所說的「秀才
教」。對於神靈信仰，儒家本身並不是特別感興趣。

　　這一特質讓儒家天然地具有宗教寬容的氣質。正因爲此，儒家
雖然曾經享受「獨尊」地位，但在中國歷史上，佛教相當流行，對
於庶民來說，民間宗教也是宗教生活之本。實際上，大量儒生也同
時信奉佛教或者民間宗教。從這個意義上說，儒家具有宗教寬容的
傳統，寬容內在於儒家的義理結構中。對於基督教，儒者也大體持
一種寬容態度。

　　值得注意的是，受基督教快速傳播和自由主義反傳統立場的雙
重刺激，推動儒家之當代復興的若干人物，似乎表現出製造和強化
與他者對立的傾向，爲此，這些人士也有意強化其宗教性的元素，
「儒教」概念之提出，是與此有關的。但是，這種觀念未必構成儒

家的主流，反對儒教說者在儒家圈子中大有人在[24]。而且，這種觀念更多地只是防禦性的，假如儒家在比較寬鬆的制度環境中，可以找到其他教化制度，「儒教」說就會自然消匿。儒家將會成爲這個文明的一種底色，它影響及於人們生活的方方面面，但並不妨礙人們思想、價值以及信仰的多元性。

四、結語

儒家正在中國大陸復興。這種復興，乃是中國文明演進之自然趨向所驅動的。它最初始於民眾對自己熟悉的信念和生活的自發回歸。1970年代末，當局放鬆權力和意識型態控制後，民眾不假思索地返回到他們的祖先所熟悉、深入他們血液、骨髓的傳統的生活型態，而這生活型態，正是由儒家價值所塑造、所支撐的。相比較而言，知識分子不過是民眾這種反應的追蹤者，由此而有了「國學熱」，而有了「儒學」之復興，最後有了面向中國問題之當代大陸儒家思想體系之構建努力。這是一個由野而國、由民而學、由風俗而思想、自下而上的復興過程。也可以說，這是中國之「道」，在經歷摧毀之後自我重建的過程。

面對這一趨勢，已經喪失了意識型態自信心的當局，無法對抗生活與文明的邏輯，而不得不部分地默許儒家的復興。在此基礎上，當局也在一定程度上承認孔子、儒家的文化地位，引其中一些概念，進入其話語體系，以彌縫其意識型態體系上的千瘡百孔。有些敏感

24　筆者一直對「儒教」概念持保留態度，而主張「儒家事業」概念，
　　參看〈儒家四期新說──兼評牟宗三先生的儒學三期說〉，刊《國
　　學學刊》2010年第4期，2011年第1期。

的知識分子洞悉此中關竅，積極地從事援馬入儒或者援儒入馬的意識型態修補工作，甚至極具想像力地打通本來相互爲敵的毛澤東與孔子。

自由主義者對於當局和思想界的這種努力相當警惕，並因此而強化了——其反對儒家的心態。不過，仔細分析就會發現，大陸當局所信奉的意識型態是高度剛性的。即便它在整體上已經潰散，但其原教旨主義的殘餘——毛左派，也依然可以憑藉著道德和政治上的優勢，挾持統治當局，阻遏其回歸儒家。

這樣的政治態勢意味著，儒家不得不準備以長期在野的身份，在民間從事其復興事業。這樣的生存狀態不可能不對其尚在形成過程中的新義理產生重大影響。或許可以大膽地預測，當代大陸儒家最終仍將接續牟宗三、唐君毅、徐復觀等先生所形成的「港台新儒家」的基本理路，會通儒家與憲政，儘管其中一些人現在表面上對現代民主制度、也對港台新儒家的學術進路頗有微詞。當局的機會主義策略所製造的曲阜教堂事件和孔子雕像事件，實際上把大陸儒家向著這個方向上大大地推了一把。可能發生的儒家的這種變動趨勢，是否能夠促成自由主義對當代儒家、進而對整個儒家的態度，發生一定變化？

也許，從當代大陸的文化和政治的基本格局與演進邏輯來看，自由主義對儒家的態度必須改變。旨在透過自由憲政的政制規劃完成中國之現代國家構建的人士，其中主要是自由主義者，需要對其反儒家的傳統立場進行反思，在兩者之間建立起更爲健全的關係。

至少從政治的角度看，儒家不是自由主義的敵人，而是朋友。更進一步，從思想的角度看，儒家是中國自由主義展開內生性理論構建的根基所在。百年以來，中國傳統與自由處於相互敵對狀態，這種狀態固然讓儒家遭受不公正對待，也讓自由主義喪失了理論構

造能力。百年來的自由主義始終停留在常識宣傳的層面上，鮮有概念上的創新能力和理論上的想像力。僅有的一些理論構造，也惟歐美之馬首是瞻，在歐洲人、美國人為著解決自身問題而設定的議題中打轉，而與中國的現實基本脫節，也與漢語思想傳統脫節。至少在大陸可以清楚地觀察到，這樣的自由主義不具有理論創造能力，不足以對尚未完成的「三千年未有之大變局」作出令人信服的理論回應。

　　如果自由主義能夠與儒家和解，並進入儒家，詮釋儒家，將可化解自由主義與中國傳統之對峙，實現自由主義理論的內在化轉向。這樣的自由主義有可能超越常識傳播的淺表層次，在中國歷史與現實的脈絡中，構建自由主義的中國論說，此一論說當然不必刻意地尋求別樹一幟於自由主義的歐美論說之外，而依然堅持人的自由和尊嚴，堅持普遍主義的立場——自由主義和儒家其實都具有普遍主義訴求。這樣的思想和知識努力，反而有可能豐富和深化西人所提出的自由主義的一般性命題。反過來，由此，儒家價值、思想也將獲得「新生轉進」之生機，有可能融入、支配現代中國人之生命、生活秩序。

　　這就是本文基於對中國大陸思想與政治格局之分析而得出的結論，但在一定程度上也可以說是筆者的願望：至少在傳統遭遇嚴重破壞的大陸，自由秩序的構造與儒家的復興，必呈現為同一個歷史過程。雙方在同情性相互理解、互動的過程中，將同時獲得新生命。

　　姚中秋，筆名秋風，獨立學者。曾譯介奧地利學派經濟學、普通法憲政主義，現致力於研究儒家義理與中國治理秩序之歷史，著有《立憲的技藝》，《現代中國的立國之道：第一卷，以張君勱為中心》，《華夏治理秩序史：第一卷天下》、《第二卷封建》。

徐復觀與自由主義的對話

陳昭瑛

前言

　　徐復觀先生(以下省略敬稱)是當代儒學中對政治問題作出最多反省、也提供最多思想資源的學者。當代儒學的現代情境,是五四新文化運動以來的中國現代思想與政治變遷的歷史脈絡。在反傳統的浪潮中,儒學背負著維護二千年專制政治的罪名,如何洗刷這樣的罪名,如何面對政治上新興的主要來自西方的各種主義的致命挑戰,成為每一位當代儒者心中無限沈重的負擔。當代儒學在文化、思想方面的建樹已是有目共睹。但在政治上,儒家一直在各種重大政治改革運動中缺席,而所有重大的政治改革也多援引西方政治思想作為社會實踐的理論基礎。儒家不論在實踐或理論方面都是缺席的。

　　從這些條件來看,徐復觀的貢獻非比尋常。雖然他沒有完整建構屬於儒學的具有現代意義的政治理論,但他對儒家政治思想的闡述,他與自由主義者的對話,以及他對現代政治現況的觀察、評論,這種種努力開闢了傳統儒學走向現代政治學的道路,勾勒出儒家政治學的可能藍圖。

一、儒家政治思想的核心：德治

　　徐復觀對儒家政治思想的反省和解釋主要針對孔孟荀原典，並得出一個結論，即儒家的政治是「德治」。從「法治」觀點來看，「德治」似乎是迂腐的。但在目前台灣這個後現代、後民主的階段，種種自由的濫用、民主的誤用充斥於政治操作的各個層面，令人感到法治的執行者如果心術不正、德性敗壞，則一切善法可變爲惡法，而危害法治的真正精神。「德治」或許不符合現代社會對民主政治的期待，但在民主過剩的後現代，想起「德治」一詞或許能令人有回甘的味道。「德治」本身還無法形成可以執行操作的民主政治的規則、制度，但「德治」是否可能成爲另一種民主政治的精神基礎，的確值得期待，也是值得深入探索的，而徐復觀的文章也處處透露出這樣的信心。

　　徐復觀說：「儒家的政治思想，從其最高原則來說，我們不妨方便稱之爲德治主義。從其基本努力的對象來說，我們不妨方便稱之爲民本主義。」[1]德治主義和民本主義的聯繫在於儒家認爲政治上的「德」是由「民」來衡量的，亦即人民是衡量一個政權是否成就了德治的最後一把尺。徐復觀進一步強調儒家認爲政治「是爲民而存在，都是以對於民的價值的表現，爲各自價值的表現。可以說神、國、君都是政治中的虛位，而民才是實體。」[2]統治者要能體會自己乃處於虛位，則必須通過修身。顯然這是基於性善論的政治思維。

1　徐復觀，〈儒家政治思想的構造及其轉進〉，《學術與政治之間》，
　　（台北：臺灣學生書局，1980，頁49。
2　同上，頁51。

若統治者不能通過修身而了解人民才是實體，則人民又當如何？畢竟權力乃握在統治者手中。

　　徐復觀解釋孔子「爲政以德」（《論語・爲政》）的思想是「人君以自己內外如一的規範性的行爲來從事於政治。」[3]「修己以安百姓，即是德治。」[4]這是從統治者自身的道德修養談「德治」。從人民的角度來看，德治除了有益其生活，也有益其教化。徐復觀說：「『富民』、『教民』是孔子德治的綜合性的目的、內容。」[5]並且「先富後教，無形中成爲與各種極權主義的大分水嶺。」[6]因爲極權主義往往以政治教條控制人民，以政治洗腦方式推行教育，以鞏固其政權，而不是以人民生活的安定爲念。即使是教民，徐復觀也認爲儒家的教育方式是重在啓迪人民的自由心靈，因此儒家重視音樂的潛移默化。徐復觀在《中國藝術精神》中，曾解釋儒家德治思想中「音樂」與「政治」的關係。一方面音樂本身會體現一個統治者的精神，如《論語・八佾》中孔子說，「韶」樂是「盡美又盡善」，而「武」樂是「盡美未盡善」。徐復觀認爲韶樂盡美盡善是「因爲堯舜的仁的精神，融透到韶樂的中間去，以形成了與樂的形式完全融合和統一的內容。」[7]另一方面，音樂對人民的教化作用是先王統治的重點，徐復觀說：

3　徐復觀，〈孔子德治思想發微〉，《中國思想史論集》（台北：臺灣學生書局，1975），頁211。
4　同上，頁213。
5　同上，頁220。
6　同上，頁220。
7　徐復觀，〈由音樂探索孔子的藝術精神〉，《中國藝術精神》（台北：臺灣學生書局，1966），頁15。

樂順人民的感情將萌未萌之際，加以合理地鼓舞，在鼓舞中使
其棄惡而向善，這是沒有形跡的積極地教化；所以荀子說：「其
感人深，其移風易俗易。」……由禮樂所發生的教化作用，是
要人民以自己的力量完成自己的人格，達到社會（風俗）的諧
和。[8]

　　這說明德治的教化是一種潛移默化，不是強制性的教條式的。
且教育的目的是要人民各個「以自己的力量完成自己的人格」，而
不是成為統治者的工具，亦即儒家主張統治者對人民進行人格教
育，而不是愚民教育，因此「以自己的力量完成自己的人格」，這
樣的心靈當然是自由的心靈。徐復觀在這一點上認為儒家德治思想
是近於自由主義的。

　　但是當統治者未能給予德治時，人民當如何？徐復觀稱許孟子
「在二千年以前，已經肯定了政治的革命權利（〈梁惠王〉：「聞誅
一夫紂矣。」）及人民對統治者的報復權利（〈梁惠王〉：「夫民，
今而後得而反之也。」）或將人君加以更換的權利（〈梁惠王下〉：
「四境之內不治，則如之何？」「反覆之而不聽，則易位。」）」[9]但
是革命畢竟要付很高的代價，如果可以防患於未然，從制度面的設
計、規範、執行來限制人君的權力擴張及其為惡的可能，豈不是更
完善？荀子是對制度面開始深入思考的儒家，但即使到今日的新儒
家，依然對荀子缺乏同情的理解[10]，這是否意味著從內聖到外王還

8　徐復觀，〈由音樂探索孔子的藝術精神〉，《中國藝術精神》，頁
　　23。

9　徐復觀，〈孟子政治思想的基本結構及人治與法治問題〉，《中國
　　思想史論集》，頁135。

10　參看陳昭瑛，〈當代儒學中的荀子學：西方觀點的詮釋及其侷限〉，

有很漫長的路要走？「老內聖」開不出「新外王」之譏，未嘗不能
視爲一種警惕[11]？徐復觀對荀子學中的儒家共義是肯定的，但對荀
子的過當批評似乎反映當代新儒家的格局要如何延伸到政治學的領
域，仍是儒家的一項艱難事業。（詳下文）

二、「修己」、「治人」的分野和反極權主義

　　徐復觀在論儒家政治思想時，提出一項極爲敏銳的觀察，也是
一項極重大的發現。那就是儒家在「修己」、「治人」兩方面是提
出不同的要求，並且這樣的不同，足以保證一個政權不致走向極權，
而儒家也因爲深明此中的分野，而和極權主義劃清界線。

　　在〈釋《論語》「民無信不立」〉一文，徐復觀認爲歷來對這
段話的解釋有許多是誤解，「而這種誤解，是隨專制政治逐漸掩没
了原始儒家的政治思想而加深的。」他指出鄭康成的注「自古皆有
死，必不得已，食可去也。民無信不立，言民所最急者信也。」表
示信是針對人民本身說的，也就是「人民寧可餓死而不可無信」[12]。
何晏《論語集解》引孔安國注謂「治邦不可失信」。徐復觀說此一
解釋是「信是就統治者自身說的。將孔注釋今語，統治者寧可自己
餓死而不可失信於民。」[13]徐復觀又指出劉寶楠《論語正義》以食

（續）
　　　《西方的詮釋、中國的回應──中國哲學方法論之反思與探索》，
　　　香港中文大學哲學系主辦，2005年5月3-5日。
11　朱學勤，〈老內聖開不出新外王──評新儒家的政治哲學〉，《二
　　　十一世紀雙月刊》，1992年2月號，總第9期。
12　徐復觀，〈釋《論語》「民無信不立」〉，《學術與政治之間》，
　　　頁296-297。
13　同上，頁297。

為「制國用」的「食政」，等於今日的財政。而「民信」是「上與民以信」[14]。所以他說：「孔注，尤其是劉寶楠的正義，將食釋為『食政』，即政府的財政，民信是統治者寧死亦不失信於民，最能得孔子的原意。」[15]他批評朱注失當。因朱注云：「民無食必死，然死者人之所必不免；無信，則雖生而無以自立，不若死之為安。故寧死而不失信於民，使民亦寧死而不失信於我。」徐復觀認為：「朱注主要的意思是說民寧餓死而不失信於統治者。但他下這樣的解釋時，心裡多少感到有點不安，所以插進『寧死而不失信於民』一句，於是『自古皆有死』之死，變成統治者與被統治者的共死，朱元晦的態度是謹慎而調和。但在文理上多少有點附益之嫌。」[16]相較之下朱熹的看法顯得保守，也未能固守民本思想。徐復觀的敏銳在於他看出這不是一個注釋上的問題，而是長久以來，儒家在「修己」、「治人」兩方面有不同的要求標準這一點未受到充分的注意，他說：

> 朱元晦注釋的錯誤，是從一個更大的錯誤來的。孔孟乃至先秦儒家，在修己方面所提出的標準。亦即在學術上所立的標準，和在治人方面所提出的標準。亦即在政治上所立的標準，顯然是不同的。修己的學術上的標準，總是將自然生命不斷底向德性上提，決不在自然生命上立足。決不在自然生命的要求上安設價值。治人的政治上的標準，當然還是承認德性的標準；但這只是居於第二的地位，而必以人民的自然生命的要求居於第

14 同上，頁297。
15 同上，頁298。
16 同上，頁298。

一的地位。[17]

　　他認為就是在這一點上，儒家政治思想通於民主政治，而與極權政治大相逕庭[18]。他感到這一思想的分析大有益於儒家思想和民主政治的匯通，因此他反覆致意，再三強調。不久他又寫了一篇〈儒家在修己與治人上的區別及其意義〉[19]，對上一文未盡之意再加申論。他指出「仁」在儒家的思想中，固然是作為個人修己的標準，但不可以在政治上也用來作為要求人民的標準。他甚至對朱熹提出很激烈的批判，表現出儒家內部的自我反省。他說：「若以修己的標準去治人，如朱元晦們認為民寧可餓死而不可失信，其勢將演變而成為共產黨之要人民為其主義而死，成為思想殺人的悲劇。另一面，若以治人的標準來律己，於是將誤認儒家精神，乃停頓於自然生命之上，而將儒家修己以『立人極』的工夫完全抹煞。」[20]他意識到「修己」、「治人」的不同標準若沒有分疏清楚，將使儒家被統治者利用，甚至為極權主義者所利用。

　　四年後，在〈孟子政治思想的基本結構及人治與法治問題〉[21]一文，他再次強調此一論點，且似乎更加感到這一問題的重要性，他說：「儒家在修己方面的嚴格的道德要求，決不許假借為欺壓人民的工具。這點是被過去的人所忽略，因而引起許多爭論的思想史中

17　同上，頁299。

18　同上，頁302。

19　按上一文發表於民44年元月，《祖國周刊》9卷11期，此文發表於民44年6月16日，《民主評論》6卷12期，中間只隔半年。

20　徐復觀，〈儒家在修己與治人上的區別及其意義〉，《學術與政治之間》，頁231。

21　此文發表於民48年5月25日，《祖國周刊》，26卷8期。

的一大關鍵。」[22]顯然這一思想的重構是儒家洗刷「專制護符」的
污名，而接通民主政治的重要工作。但是即使如此，依然帶有強烈
的古典氣息，亦即統治者才是德治的真正寄託，統治者通過修身以
期達到德治，但修身能否成功乃存乎一心，即君王之心，面對以修
己標準來治人並且以治人標準來修己的統治者，人民可有什麼對
策？僅僅稱許孟子承認人民有革命的權利，仍然讓人感到儒家提不
出上策，而讓革命的沈重成本由已然陷於水深火熱中的人民負擔。
但無論如何，徐復觀此一重大發現已爲儒家政治思想的現代轉化做
出了貢獻。

三、通過自由主義的自我反省

在自由主義面前，徐復觀始終保持不卑不亢的態度，他深知儒
家思想沒有真正的「開出」民主是中國文化的重大遺憾。他更想知
道從儒家民本思想走到民主政治究竟缺少的是臨門一腳，還是一番
苦鬥？除了從傳統中掘發儒家正面的積極的思想之外，他也努力於
進行儒學內部的自我批判，從上述他對「朱元晦們」的強烈批判已
可見一斑。「朱元晦們」一詞說明他承認朱注不是孤立的個案，其
實代表一部份儒學的保守思想。徐復觀通過儒家政治思想與自由主
義、民主政治的對照，檢討儒學內部妨礙自己發展出民主政治的原
因。他說：

> 儒家所祖述的思想，站在政治這一方面來看，總是居於統治者

22　徐復觀，〈孟子政治思想的基本結構及人治與法治問題〉，《中國
　　思想史論集》，頁135。

的地位來為被統治者想辦法，總是居於統治者的地位以求解決
政治問題，而很少以被統治者的地位，去規定統治者的政治行
動，很少站在被統治者的地位來謀解決政治問題。這便與近代
民主政治由下向上去爭的發生發展的情形，成一極顯明的對
照。正因為這樣，所以雖然是尊重人性，以民為本，以民為貴
的政治思想：並且由仁心而仁政，也曾不斷考慮到若干法良意
美的措施；以及含有若干民主性的政治制度。但這一切，都是
一種「發」與「施」的性質（文王發政施仁），是「施」與「濟」
的性質（博施濟眾），其德是一被覆之德，是一種風行草上之德。
而人民始終處於一種消極被動的地位。……因為總是站在統治
者的立場來考慮政治問題，所以千言萬語，總不出於君道，臣
道，士大夫出處之道。雖有精純的政治思想，而拘束在這種狹
窄的主題上，不曾將其客觀化出來，以成就真正的政治學。[23]

　　這是何等痛切的反省。儒家未能發展出「真正的政治學」還因
為一個基本的矛盾，即在中國歷史上，「政治的理念，民才是主體；
而政治的現實，則君又是主體。」[24]這是承認儒家的理想從來沒有
實現過。徐復觀並沒有從「懷才不遇」的情緒為儒家辯護，他針對
這個問題所作的反省相當深刻。他認為至少有幾點理論上的因素：
　　(一)儒家的倫理和政治思想，總是從規定自己對於對方應盡的
「義務」立論，而不是如西方的民主政治思想是從規定自己所應得

23　徐復觀，〈儒家政治思想的構造及其轉進〉，《學術與政治之間》，
　　頁54-55。
24　徐復觀，〈中國的治道：談陸宣公傳集書後〉，《學術與政治之間》，
　　頁104。

所應享的「權利」立論[25]。

（二）中國文化歷史上「缺少個體自覺這一階段，缺少客觀的限定的力量。」[26]也因此踏不出西方民主政治中每一個主體爲自己爭取個人權利的民主第一步。

（三）儒家總是想從「君心」去解除「政治上二重主體性的矛盾」（即理念上「民」是政治的主體，而現實中「君」才握有絕對權力），亦即從道德上去解除此一矛盾；但是西方近代的民主政治，則是從制度上、法制上去根本的解除此一矛盾[27]。

從上述可以看出，徐復觀的反省把儒家內部難以「開出」民主政治的理論性因素作了一針見血的分析。徐復觀的反省也得到殷海光的回應。在一篇幾乎篇幅等長的讀後感想〈治亂的關鍵：「中國的治道」讀後〉，殷海光肯定徐復觀「承認制度化的重要。民主之從制度上解除中國政治上君民對立的『二重主體性的矛盾』，較之『從「君心」方面去解除』，要具體而著實得多了。」[28]但殷海光懷疑「聖人」、「聖王」之說內涵不清楚，並認爲「自古至今，無論中外，究竟有多少『聖王』，尤其令人懷疑。」[29]，因此殷海光這篇回應文章結束於「治亂的安全辦法」一節[30]，意即儒家寄希望於聖人、聖王是很不安全的，唯有制度化的民主政治才是維護人民

25　徐復觀，〈儒家政治思想的構造及其轉進〉，《學術與政治之間》，頁57。

26　同上，頁58。

27　徐復觀，〈中國的治道：談陸宣公傳集書後〉，《學術與政治之間》，頁125。

28　殷海光，〈治亂的關鍵：「中國的治道」讀後〉，此文收於《學術與政治之間》，頁145。

29　同上，頁145。

30　同上，頁146。

權利、福祉的真正安全的辦法。

通過與自由主義的對話，徐復觀認為儒家的政治思想是接近「自由的社會主義」、「民主的社會主義」或說社會主義的民主自由，他認為資本主義的民主自由與儒家並不契合，因為太重視個體，而忽略群體，唯有社會主義的民主自由才能兼顧個體之私和群體之公。徐復觀嘗試將「中庸」思想聯繫於「民主的社會主義」：

> 他們(指儒家)認為為人作主宰的心，自然會存天理而去人欲，即是認為在每一個人的真正自由中，同時即涵蘊了大多數人的利益，及群體生活的秩序。在中國中庸的理念中，永遠是把個體與全體看作是互相涵攝、互相成就的每一個人的德性的兩面；而決不像西方文化，自古以來，始終在個體與全體的兩極中，互排互拒，顛來倒去。若完全站在政治社會的立場，用現代的語言來表達中庸之道，則中庸的理念，應當是走一條「民主的社會主義」的道路；即在民主政體之下，走向個人與社會，既有自由，又有共同福利的道路。[31]

我們看到徐復觀對資本主義、個人主義的民主政治還是頗有疑懼。他認為他與當時自由主義者之間的差別並不在於非自由主義與自由主義之間的差別，而在於社會主義的自由主義與個人主義的自由主義之間的差別。他認為當時兩個重要政治刊物《民主評論》和《自由中國》的差別也在此，他說：「《民主評論》是側重在使民主自由建立在中國文化基礎之上，不認為自由即是純個人主義的自

---

31 徐復觀，〈在非常變局下中國知識份子的悲劇命運〉，《中國思想史論集》，頁267。

由，也不一概排斥社會主義。《自由中國》則側重在「民權清單」，
守住純個人主義的傳統，更徹底排斥社會主義的觀念。《民主評論》
希望由中國文化的反省、澄清，以把握其精神及長短之所在，開中
西文化融通之路。《自由中國》則徹底反對中國文化。」[32]

對儒家與社會主義民主結合這一選擇，徐復觀到晚年更爲堅
持，他說：「在財富這一觀念上，中國只能與社會主義相通。」[33]

> 不要拿西方由柏拉圖下來的一套哲學來看孔孟之道；兩者是全
> 不相干的。孔孟之道，只不過教人以正常地人生態度，及教人
> 以人與人正常相處的態度。甚至可以說，孔孟所建立，所要求
> 的上述正常的態度，只有在真正的社會主義社會中才能普遍的
> 實現。[34]
>
> 我的想法：一個理想的社會主義下的人，他應該符合孔子所說
> 的「主忠信」、「己欲立而立人，己欲達而達人」，自強不息
> 的人，這就是孔子所要求的人生。
>
> 孔子的思想，在專制政治下不能實現，在資本主義也不能完全
> 實現，可能要在社會主義下纔能實現。而且只有本著這種「主
> 忠信」、「己欲立而立人，己欲達而達人」的人生態度的人，
> 纔能建立真正的社會主義──有人道、有民主的社會主義。[35]

---

32 同上，頁276。

33 徐復觀，〈自由主義的變種〉（《華僑日報》，1964年5月），《徐
　　復觀雜文三：記所思》，（台北：時報出版公司，1980），頁232。

34 徐復觀，〈一個中國人在文化上的反抗〉，《徐復觀雜文三：記所
　　思》，頁76。

35 徐復觀，〈徐復觀先生談中國文化〉（訪談），《徐復觀雜文三：記
　　所思》，頁100。

　　徐復觀的選擇一方面基於儒家內涵的社會主義思想，一方面也與他出身農村的草根性格、農民性格有關。在這一點上，徐復觀力圖克服資本主義的自由民主概念對儒家的不良影響，但他對毛澤東作出的中國式社會主義的錯誤示範也極不滿意。

四、誤解荀子：制度面思維的再度失落

　　在尋求建構儒學與政治學之現代聯繫的努力中，一些學者注意到荀子的重要思想資源。荀子在人性論上，不是無可救藥的樂觀主義者，他對人性不寄予過度天真的信任，荀子對制度化的思考、對法制社會的初步構思，被認爲是荀學極具現代性的面向。近年來著力於建構「儒家自由主義」的任劍濤便指出「荀學直接從政治要求立論。……他從性惡出發，設定了政治控制的必要性，……荀學是儒學的政治學。這理應構成對接儒學與自由主義的主要古典思想資源。」[36]雖然荀子的出發點未必是「性惡」，且「政治控制」一詞令人爲儒家捏一把冷汗，但荀學的政治學資源極爲豐富，確實值得當代儒學重新好好的評估。

　　如上所述，徐復觀雖然認爲對儒學應該著力於建立民主政治的制度，但卻對荀子的制度化思想及努力加以駁斥。這不禁令人懷疑，捨制度化而不由，儒學還有什麼良策？徐復觀肯定荀子繼承大部分的先秦儒學共義，但卻認爲他的法制思想有通向法家的可能。而這可能因爲他忽略荀子對外在制度的思考是從人性、人心的內在層面

36　任劍濤，〈社會政治儒學的重建：關於「儒家自由主義」的理論期
　　待〉，《中國現代思想脈絡中的自由主義》（北京：北京大學出版
　　社，2004），頁61。

出發的。

徐復觀說：「荀子則一反孔孟內在化的傾向，而完全把禮推到外面去，使成爲一種外在的東西，一種政治組織的原則與工具。」[37]他雖然肯定荀子兩次說：「行一不義，殺一無罪，而得天下，不爲也。」[38]也肯定荀子「心目中的社會是『朝無幸位，民無幸生』的理想社會。用現代的話說，是『各盡所能，各取所值(稱)』的理想社會。」[39]但他卻反對荀子將孔子之生活化的禮變成「完全政治化的禮」[40]。事實上《荀子‧禮論》是以喪禮、祭禮立論，並非完全政治化的禮[41]。但假如由內聖到外王，由政治理想落實爲政治制度，以爲人民提供最安全的保障，是儒家政治學所努力的方向，則何以卻以「外在化」、「政治化」作爲負面用語來評價荀子，而未能善加珍惜荀子寶貴的思想資源？這之間的矛盾若未能解除，則儒學與政治學之間的距離仍然不易跨越。道德上的潔癖和外在化的焦慮，是當代儒學必須克服的心理。道德上的潔癖使當代儒家多少感到政治是不乾淨的，不願碰觸；外在化的焦慮則是擔心儒家的理想一旦外在化，就可能喪失內在價值。然而沒有外在化的理想，就是沒有實現的理想，這樣的理想是蒼白而無力的。對荀子的再評價的問題，應該在當代儒學得到充分討論。荀子思想的重新開發，將真正有助於古典儒學與現代政治學的匯通。

---

37 徐復觀，〈荀子政治思想的解析〉，《學術與政治之間》，頁206。
38 同上，頁204。
39 同上，頁210。
40 同上，頁217。
41 參看陳昭瑛，〈「情」概念從孔孟到荀子的轉化〉，國科會九十三年專題研究計畫；陳昭瑛，〈當代儒學與臺灣本土化運動〉，中央研究院中國文哲研究所主辦，第三次當代儒學研討會，1995年4月。

　　徐復觀對民主政治的制度面的思考在當代新儒家中是非常突出的，可惜他對荀子缺乏同情的了解。其他儒者中唐君毅對荀子較有同情的了解，牟宗三對荀子誤解很深。唐君毅對荀子的性惡論有深入的剖析，認爲既欲教化人，使之爲善，則預設人性之初爲惡是比主張人性本善更有哲學理趣的。他說：「荀子之所認識者，實較孟子爲深切，既欲轉化之，既不以之爲善，而當以之爲惡；性惡之論，亦即在此義上，爲不能不立者矣。」[42]但在荀子的禮樂論方面，唐君毅仍不免從「內在」、「外在」二分的角度評價荀子。唐君毅批評荀子「只言音樂與其節奏等，純由聖王自外定者，以感動人心者矣。」「荀子只自後王之制禮作樂處，言禮樂之原，只知禮樂之爲聖王所制以變化人情者，而不知禮樂之本於人原始之自然之情矣。」[43]這是明顯的誤解，因荀子論禮樂的主旨之一就是闡釋禮樂如何本於人之自然情性，以及「先王」是如何體察這一點才制禮作樂（絕不是「後王」，荀子在〈禮論〉五次提「先王」，一次提「先王之道」；〈樂論〉十一次提「先王」，一次提「先王之道」，皆未提過「後王」）。如此誤解或由於唐君毅將禮樂分爲內在、外在兩層，再將荀子編派於只論「外在層」。對荀子而言，禮樂自情性發爲節文乃一自然生發的整全過程，無所謂內在與外在，或內在情感與外在形式等等問題。

　　牟宗三也是以「外在」爲負面語來評價荀子，並且對荀子的誤解更爲嚴重，他認爲在荀子性惡說中「性與天全成被治之形下的自然的天與性，而禮義亦成空頭的無安頓的外在物。」[44]「禮義法度

42　唐君毅，《中國哲學原論‧原性篇》（香港：新亞書院研究所，1968），頁52。

43　同上，頁82。

44　牟宗三，〈荀學大略〉，《名家與荀子》（台北：臺灣學生書局，

亦唯是工具之價值，而無內再之價值。」[45]相較之下，唐君毅對荀子之「心」的主體意義認識較深，唐君毅認爲荀子言心兼具認識義和道德義，並且心有自我主宰的能力。此說確當。

荀子說：「心者，形之君也，而神明之主也；出令而無所受令。自禁也，自使也，自奪也，自取也，自行也，自止也。」（〈解蔽〉）這段話對「心」的自主、自律、自治的性質說得極爲清楚。心若無此能耐，則荀子所待望的「傀然獨立天地之間而不畏」的知仁勇三全之人格即沒有著落。此一自主、自律、自治的心是自治民的主體基礎。日據時代台灣儒者王敏川在1924年的〈論立憲教育〉一文，即主張儒家的人格教育便是立憲教育，他說：「教育的目的，就在養成自主獨立的人物，正如立憲政治的目的在養成自治民同理。」[46]道德的自主「應用於政治，即是立憲的政治、公共的理性、社會的良心」。作爲1920年代台灣啓蒙運動的《臺灣民報》系列刊物不僅以「民」爲名，也常引用《尚書》、《論語》、《孟子》、《荀子》、《中庸》等經典來支持他們的民主、自治的主張。對於這些在殖民地台灣向殖民主爭取自治的知識分子，作爲他們的固有傳統的儒學不僅不是負債，而且是資產。1923年的《臺灣民報》社論〈要至誠發露天性〉[47]，是1920年代台灣人嘗試將儒家思想與民主政治結合的最重要文獻。此文視《中庸》之「天命之謂性」爲人人生而平等的思想，並引述「唯天下至誠，爲能盡其性」一大段話，主張台灣人的自我改造、社會改造的工作便是參贊天地化育的工作。由

（續）────────────────

1979），頁198。

45　牟宗三，〈荀學大略〉，《名家與荀子》，頁215。

46　《臺灣民報》2卷14號，1924年8月1日；此文收於《王敏川選集》，（臺灣史研究會，1987），頁37。

47　《臺灣民報》第4年第6號社論，1923年8月15日。

於王敏川是《臺灣民報》社論的主要撰稿人，也是當時儒學素養最深厚的運動家，此文出自王敏川筆下的可能性極高。

對王敏川而言，自治的心即自治民的主體基礎，由自治的心發展出民主政治是順理成章的自然之勢，不需要自我坎陷[48]。但是從今天的角度我們依然可以問，自治的心既已完備，民主政治何以姍姍來遲？自治的心所必須做的是自我實現，而非自我坎陷，是將自己外在化，而不是以獨處為已足，不僅殖民地台灣儒者的思想應該得到繼承，法律學者的研究也值得借鑑。

當新儒家以荀子性惡說為缺陷，研究中國法律文化的學者還惋惜荀子的性惡論不夠徹底[49]。沒有錯，當荀子主張人類可以通過自己的力量，通過自我教化而臻於完善時，他並未主張人性的根本惡，因為他認為人類之自我完善化的能力、力量是內在於人類自身的。和孔、孟相比，荀子重視法，但他仍然認為禮高於法。如果以西方的「權利／責任」的光譜來看，禮重於法的想法接近重視責任、義務的黑格爾、馬克思學派，而與重視權利的自由主義相去甚遠。黑格爾對「個體的權利」、「個人法權」是有微詞的。他認為這種「原子式的個人」、「孤獨的個人」的法權狀態是「毫無精神的獨立性」，是「一個抽象形式」，無法產生普遍的、理性的、自由的倫理共體[50]。對黑格爾而言，自由不是個體的自由，是共體的自由。不自由的社

---

48 牟宗三認為由道德主體通向認知主體或開出民主政治，需經「自我坎陷」。此詞在牟先生許多著作中提到，參考李明輝，《儒學與現代意識》（台北：文津出版社，1991），頁107-115。

49 梁治平，《尋求自然秩序中的和諧：中國傳統法律文化研究》（台北：台大出版中心，2011），頁112。

50 黑格爾，《精神現象學》下卷，賀自昭（賀麟）譯（台北：仰哲出版社，1982），頁11-12、37-38、40。

會不可能存在自由的個體。通過費爾巴哈，再發展到馬克思，這一學派定義的人不是原子式的個人，而是「類的存有」（species being）。人是在類的生活中，在人己關係中、在人己共享的事物中認識自己的，這與儒家的自我觀是多麼相似。馬克思反對法律的工具化、非道德化，法律不能成為資本的工具，而必須確保共同的正義[51]。因此法要保障的並不是人權，他認為「人權並沒有超出利己的人，……與共同體分隔開來的個體的人。在這些權利中，人絕對不是類存在物。」政治生活是人權、個人權利的保證，因此當人權與公共自由、公共生活抵觸時，它應該被拋棄[52]。徐復觀認為儒家與社會主義是更為接近的，實可求證於更多的黑格爾和馬克思的原典。黑格爾不認為人權是天賦的，而是在歷史中產生的[53]。荀子的法先王、法後王的主張，也意味著他心目中的法是在歷史中產生的。歷史是法庭，可以裁判一個政權的統治是否「合法」（合乎先王、後王之法度）。一種從個人權利出發的法制並非王制。荀子的聖王之制是「四海之內若一家」，是「無德不貴，無能不官，無功不賞，無罪不罰。朝無幸位，民無幸生」（《荀子・王制》)的理想社會。在思考儒學與中國憲政改革之關係的此刻，荀子的思想應該得到全新的評價。

---

51 參考桑希爾（Chris Thornhill），《德國政治哲學：法的形而上學》，陳江進譯（北京：人民出版社，2009），頁298-299。
52 馬克思、恩格斯，〈論猶太人問題〉，《馬克思恩格斯全集》第3卷（北京：人民出版社，2002），頁184-186。
53 馬克思、恩格斯，《神聖家族》，《馬克思恩格斯全集》第2卷（北京：人民出版社，1957），頁146。

　　陳昭瑛，台灣大學中文系教授，著有《臺灣詩選注》（1996）、《臺灣文學與本土化運動》（1998）、《臺灣與傳統文化》（1999）、《臺灣儒學》（2000）、《儒家美學與經典詮釋》（2005）、小說集《江山有待》（1980）以及馬克思主義、東亞儒學研究論文多篇。目前研究興趣為荀子、李退溪。

儒家復興與現代政治

劉　擎

近十多年來，中國大陸的儒家論述日漸活躍，在學術思想界已經出現了「大陸新儒家」群體，正在推動一場儒家復興運動。這是非常值得關注的重要現象。筆者並非儒家「信徒」，但對儒家的文化努力深懷敬意，也十分期待這些努力能為中國文化的發展帶來新氣象。在此願意以諍友之坦誠相見的態度，對當前儒家的某些論述表達初步的感想與回應。我無力勝任從內在理路來展開深入的討論，較為側重於儒家與現代性的關係問題。如果儒家復興不只是儒家內部的事情，那麼一種「局外人」視角或許也有參考意義。當然，儒家復興是一個仍在展開的過程，目前還很難全面而確切地判斷其走向與潛力，任何觀察和評論都免不了某種片面與暫時的性格。

衰落的原因與復興的理由

所謂「復興」總是針對「衰落」而言的。儒家傳統在現代歷史上遭受了巨大的衝擊與挫折，歷經長達一個世紀的衰落過程，在20世紀後半葉的中國大陸幾乎處在沉寂與邊緣的地位，這是儒家復興的歷史背景。因此，儒家復興首先需要面對的問題是：如何理解儒家傳統在現代的衰落？

　　目前許多儒家復興論者傾向於對此做「外因論」的解釋：西方文化的衝擊，激進反傳統思想的迷狂，知識分子陷入現代意識型態的迷思，以及官方政治權力的壓制等等。按照這樣的解釋，儒家思想本身似乎毫無問題，只是現代化和現代人出了問題。但可以追問的是：既然儒家傳統如此博大精深，既有心性之學又有外王之道，既有統合道德與政治秩序的理想圖景，又有中庸之道等精湛的實踐智慧，為什麼會在最需要體現自身力量的「現代性時刻」變得如此脆弱，甚至不堪一擊呢？既然儒家思想一直是中國的主流傳統，那麼所謂現代人難道不正是這個傳統的後人？中國最初的現代知識分子不也正是脫胎於傳統的儒家士大夫嗎？為什麼他們沒有能抵禦那些衝擊、迷狂、迷思與壓制，甚至離經叛道，無力逆轉一個偉大傳統的衰敗命運呢？

　　實際上，學界對這些問題已經有一些相當中肯紮實的研究探索。但近年來在復興的急切訴求中，一些論者或許出於為儒家正名的良好願望，沒有足夠嚴肅地對待儒家現代衰落的問題，過於草率地訴諸外因論。比如，在秋風先生的多篇文章中，所有現代思想都被毫不猶豫地貼上「意識型態」的標籤，似乎唯有儒家天然地免疫於意識型態的病毒。為此，他不惜對(自己曾經信奉的)自由主義思想做出簡單化的漫畫式描述，其曲解程度毫不亞於他所謂的某些「自由主義者」對於儒家思想的漫畫式理解[1]。但是，以一種偏見來回應另一種偏見並不是可取的智識態度，以簡化與曲解異己思想來標舉自己信仰，這本身就涉嫌「意識型態」思維。如果儒家復興的理想是中華民族乃至人類未來的福祉，那麼最好放棄這類「我有思想智

1　參見：姚中秋(秋風)，〈中國自由主義的頹勢〉，載《二十一世紀》雙月刊(香港中文大學)，2011年8月號(總126期)，頁15-28。

慧，你有意識型態」的心態。否則，每當復興遭遇阻力，就匆忙歸咎於「現代人的迷思」，雖然便利而且顯得高貴，卻脫不了深重的怨氣，與真正的儒者風範似乎相距甚遠。畢竟，當代儒家的努力不是為了掀動派系之爭的喧囂，而真正的儒家復興也不會只是儒家內部的興旺。

判定現代人對儒家的誤解與偏見固然不錯，但這仍然並沒有解釋這種誤解與偏見的淵源，更不足以解釋儒家的衰落這一歷史性事件。因此，當代儒家首先需要對衰落的歷史做出更為充分與嚴肅的檢討，在考慮外部影響的同時，也需要深究儒家思想傳統的內部緣由，以及內外原因之間的關聯，對此做出更恰當公允的解釋。我們有理由對大陸新儒家抱有這種要求和期待。

儒家復興需要面對的第二個問題是：我們為什麼要致力於復興一個曾經衰落的傳統？其理由並非不言自明。有識之士大概都會同意，儒家是一種博大精深的智慧（哲學），也是一種悠久的文化（道德與政治的）實踐傳統。但這本身還不足以構成復興的理由。人類文明史上有許多「遺失的美好」傳統，其文化遺跡遍佈世界各大博物館，卻未必都有理由和條件獲得復興。復興一種衰落的傳統要求比它「自身固有的美好」更多的理由和條件，這要求它對於當今與未來世代具有重要的價值。對此，儒家復興論者大多訴諸兩種理由。其一，儒家是中國文化之根本；其二，儒家思想有助於克服現代性危機，是中國發展之必需。在我看來，第一種理由具有爭議，第二種理由最富有吸引力，但仍然需要辨析和澄清。

在一些復興論者看來，儒家始終是中國文化之根本，儒家復興意味著必須使儒家重返政治與道德的正統地位。這是一個相當具有爭議的主張。按照我的理解，所謂「文化之本」是指那些決定了我們生活方式的基本價值理念與規範原則，以及提供生命意義的文化

來源；所謂重返「正統地位」是指佔據主導性或支配性的地位。那麼，何以宣稱儒家思想是中國文化之本？因為儒家是中國文化最為悠久的傳統，深刻塑造了我們的文化獨特性，這種獨特性是如此根深蒂固，它不可能喪失，也不應當喪失。這種邏輯的奇異之處在於以「不可能」論證「不應當」：文化獨特性不應當喪失，因為它不可能喪失。但是，不可能的事情是不會發生的，也就無需為應當與否而費神。大聲疾呼儒家賦予中國文化的獨特性不應當喪失，恰恰暗示了完全有可能喪失這種獨特性。我們可以通過一個例子來闡明這一點。

蔣慶先生在一次訪談中，以孔子塑像事件為證據指出：「眾所周知北京天安門廣場是中國最重要最具象徵性的公共政治空間，故這一中國政府在天安門廣場塑孔子像的行為有力地證實了本人的如下論斷：在中國，只有儒教價值是公共價值，因而只有儒教價值能夠進入中國的公共政治領域，成為要求國人普遍接受的價值……我們不能想像在天安門廣場塑耶穌像與佛像，因為耶教價值與佛教價值在中國只是私人價值而非公共價值。當然，除非哪一天中國的『儒教文明』被徹底消滅……但是，只要中華民族還存在一天，這永遠不可能！」。而就在同一篇訪談中，蔣慶先生又說：「在今次曲阜耶教堂事件中，儒家價值的信奉者與儒教的信仰者在表達意見時感到無力與無奈，就是因為儒家價值的信奉者與儒教的信仰者在中國處於一盤散沙的狀態，要人沒人，要錢沒錢，要物沒物，要力沒力，不能以組織化的方式強有力地有效表達自己的意見與訴求。」[2]

這裡存在著兩個互相矛盾的觀察，一是儒家仍然是中國人信奉

2　〈虛心的人與使人和睦的人有福了──蔣慶先生就曲阜耶教堂事件與儒教重建問題答北京諸道友問〉，《儒家郵報》。

的公共價值；一是儒家今天的實際處境非常窘迫。前一個判斷大概是錯誤的。蔣慶先生似乎忘記了，馬恩列斯的巨幅畫像早就在天安門廣場(這一「最重要最具象徵性的公共政治空間」)矗立了幾十年，象徵著完全不同於儒家的思想和精神，卻對中國現當代歷史發生了舉足輕重的影響。而天安門廣場的孔子塑像在短暫駐留之後卻已經被移走了。這意味著蔣慶先生言之鑿鑿的「論斷」不過是一廂情願。而他觀察到的儒家信仰者的「無力與無奈」，以及「一盤散沙」「要人沒人，要錢沒錢，要物沒物，要力沒力」的狀況，倒是透露了真相：在當代中國，儒家不是公共價值，更不是所謂「文化之本」。(相比之下，陳明先生或許更為清晰：儒家還不是中國「民情」的主導，否則就不需要以公民宗教的方式來復興。)宣稱儒家仍然是中國人的公共價值，就等於取消了儒家復興的任務。

　　當然，由「實然」推論「應然」是一種自然主義謬誤。僅僅從儒家目前仍然位居邊緣這一*事實*，並不能推斷儒家*不應當*成為我們的文化之本，或不應當恢復其正統地位。許多復興論者主張的是儒家應當成為(恢復為)中國的文化之本。他們實際上承認，儒家作為中國文化之本的正統地位是可能喪失的，甚至已經喪失了，但這種喪失對於中國人來說是一種巨大的損失。因為這意味著中華民族喪失文化的主體性與獨特性，必將淪為其他(西方)文明的附庸。以此而言，近代以降儒家傳統在西方文化的衝擊與侵蝕下的步步衰落，是中國文化走入歧途的過程，而儒家復興的努力正是要逆轉這個「西方化」的過程，以迷途知返的決心重建中國文化的主體性和獨特性。

　　訴諸文化的主體性與獨特性具有相當的感召力。的確，在這個文化日益同質化的現代世界，任何獨特的文化傳統都彌足珍貴，值得珍視與保護，更何況儒家文化是人類文明史上少數幾種最重要的傳統之一。在這個意義上，引起的爭議問題並不是儒家是否應當復

興，而在於它是否應當恢復其「正統地位」，是否應當成爲當今與
未來中國人的「文化之本」。即便我們承認文化主體性或獨特性是
值得追求的價值，也並不足以爲恢復儒家的正統地位辯護。因爲這
種辯護立足於一個虛假的設定：不以儒家作爲正統，中國文化就不
可能具有主體性和獨特性。但我們完全可以想像另外一種可能性：
中國文化仍然具有自身的主體性和獨特性，但儒家只是整個中國文
化的一部分（甚至可以是相當重要的一部分），卻不再具有所謂正統
地位。這種想像並不是天方夜譚，而是我們生活現實的反映。

　　文化傳統沒有永恆不變的本質。任何一種文化都包含著核心與
邊緣、正統與異端、統一與多樣、內部與外部、延續與斷裂等等一
系列內在的張力。在此消彼長之間，舊有的獨特性喪失，新的獨特
性生成。所謂文化的發展與創造，就是在這些張力的互動之中重建
新的結構與關係。而將中國文化之本綁定於儒家，是一種文化本質
主義的謬誤。

　　實際上，復興論者提出了第二種的理由：復興儒家傳統不只是
爲了維護中國文化的獨特性，而且更是爲了應對中國現代化遭遇的
困境，在根本上，是爲了中國文明未來的繁榮和發展。這在我看來
是比訴諸文化獨特性更強有力的理由，也更值得認真對待。中國現
代化歷程中出現的政治腐敗、社會不公、經濟不平等、道德危機和
意義迷失等問題有目共睹。身處當下的困境，我們有必要在更大的
視野中，批判性的反思中國目前的種種問題與激進反傳統之間的關
係、與整個現代性的關係。也有必要從建設性的角度認真思考，儒
家傳統是否能提供有效的文化資源來應對與解決這些問題。這些都
是開放的議題，當代海內外的儒家在這方面做出了積極的探索，已
經留下了豐厚的成果。

　　就筆者十分有限的閱讀而言，我相信儒家的許多理想與教誨（尤

其是「君子之道」)有助於克服現代性的弊端,特別是對於現代人的安身立命、心性與道德修養、共同體的團結精神與公民責任的培育,都有重要和積極的意義。因此,我期待儒學研究更為深入與活躍的發展,支持儒家思想在民間更為自由和廣泛的傳播,也贊成將部分儒家經典納入學校的課程教育。至少在陶冶人心、改良民情的方面,我對儒家的復興不僅樂觀其成,而且心嚮往之。但在許多大陸新儒家看來,與我類似的這種積極態度固然比反傳統主義更可取,卻仍然不夠積極。他們所追求的儒家復興是以恢復其正統地位為目標的。這就涉及到大陸新儒家的一個特色,所謂「政治儒學」轉向。

政治儒學及其面臨的挑戰

目前大陸新儒家的一個重要主張,是堅持儒家的「外王」品格。這體現出對所謂海外新儒家過於偏重心性儒學的批評,認為這種偏廢在學理上割裂了內聖與外王的內在關係,在實踐中導致了儒家傳統的邊緣化。因此,大陸近年來興起的政治儒學抗拒儒家在現代社會的「博物館化」,致力於在現代條件下重新整合內聖與外王。重申外王之道是其突出特徵,但政治儒學並不是一個統一的學派,內部呈現出不少差異。

在目標的取向上,政治儒學的努力可以分為「立足於儒家的政治」與「立足於政治的儒家」。前者以拯救儒家為出發點,強調儒家文明整體的內在價值及其對中國文化認同的特殊意義,試圖恢復儒家在中國道德與政治生活中的正統地位。因此,復興儒家不是功用性的,而是為了捍衛儒家文明本身,哪怕其目標與某些現代性條件有嚴重的抵觸,也要「知其不可為而為之」,這是嚴格意義上的文化保守主義取向。而後者著眼點在於改造現代政治的型態,認為

儒家傳統對現代政治(尤其是中國現代政治)的發展是一種獨特而重要的思想資源——無論是作為政治制度所依賴的文化基礎,還是作為制度與治理層面的實踐智慧——可以為此做出重要的貢獻。雖然拯救儒家與促進政治發展可以是相得益彰的,但仍然有不同的側重取向。

在處理與現代憲政民主的關係方面,政治儒學也表現出不同的立場,大致可分為「替代超越論」與「相容改良論」。前者斷定,現存的憲政民主制度已經陷入了全面的危機,在西方都步履維艱,更不適用於中國的未來發展。這種政治儒學決意以儒家為本開創一套新的現代政治理念與政治制度設計,取代並超越主流的現代政治模式。而後者認為儒家的傳統政治與現代憲政民主並非勢不兩立,而是有相容的可能。因此,政治儒學的使命是集兩者所長,形成新的綜合,發展出更適應於中國條件的、也更為優越的現代政治模式。

對各種政治儒學的豐富論述已經有學者做過出色的評論[3]。在此,我僅就政治儒學可能面臨的困難與挑戰,提出幾點初步的觀察。坦率地說,我認為政治儒學的許多規劃構想嚴重低估了現代性條件對政治的限制,也在相當大程度上誤判了當今中國文化的現實。下文對儒家政治理想的可欲性暫且擱置不論,將側重於其可行性問題展開評論。

政治儒學面臨的主要挑戰來自當代中國文化的實踐狀況及其多元化的程度。我們必須對文化的實踐邏輯有足夠清醒的認識。當今實際影響中國的文化並不是地域性的「中國文化」,文化實踐的資源與背景處在一種「縱橫交錯」情景之中。也就是說,縱向的、跨

3　參見任鋒,〈期待開放的憲制會話:國族崛起下的儒學與自由主義〉,載《開放時代》2011年第11期,頁42-54。

越時間維度的(中國傳統)文化影響,絕不在任何意義上比橫向的、跨越空間維度的(外來)文化影響更有力和更深刻。對一個當代中國人或群體來說,中國古代傳統、近現代的文化與各種外來的文化,都共時性地作為資源呈現於生活世界,為人們提供認知、判斷、反思、行為規範、習慣塑造以及意義感的資源。

讓我們更加具體地闡明這種「縱橫交錯」情景中的文化實踐狀況。一個當代或未來的中國人,從小在學校學習現代(「西方」)科學技術,在學習外語方面投入的時間和精力遠遠超過學習中國古文和古典文化的投入,並在一個由西方小說、影視和音樂主導的流行文化中成長。從小學到大學都是如此。畢業之後尋找工作是進入就業市場,簽訂工作合同書、主動或被動的更換工作(個人責任與權利的形成與強化),作為納稅人繳稅(與國家的直接關係),作為業主購買房子(產權意識的獲得),作為消費者購物,受到廣告和時尚的影響(對自由選擇的感性理解),自由戀愛、結婚或離異(基本與家族無關)。通訊方式主要是網路與手機,面對全球資訊和文化產品(中國古文常常比外語資源更難以翻譯和理解)。在工作與人際交往中遇到形形色色的親朋好友:有無神論者,有佛教徒,有基督徒,有儒家信徒,有女權主義者,有同性戀者,有環保主義者,有股票投資者,有中國古典文藝愛好者,有美劇迷,有于丹的粉絲,也有邁克・傑克遜的信徒。對於政治觀和社會觀,人民主權與人人平等是從小教育獲得的根本理念(也因為這些理念沒有在現實中充分實現,激發了對政治現實與社會現實的不滿)。就社群關係而言,居住與就業的高度流動,以及赴海外求學或移民,面對陌生人社會,以家族為基礎的「親緣共同體」被「契約共同體」所替代。

這是一幅當代中國人的文化實踐縮略圖,雖不全面卻並不離奇。面對這樣一種圖景,當我讀到秋風先生對思考「中國是什麼」

的回答——他斬釘截鐵地說「註定了只有一個答案：中國是儒家的中國」——不免備感驚訝，我疑惑於我們是否生活在同一個中國。我的觀察是：在今天的中國，一個人如果從未受到儒家教育（甚至是外國人），在生活中並不會遇到多少困難。而一個人若是沒有平等的理念，沒有個人權利觀，沒有對社會生活多元主義的認知，那麼幾乎寸步難行，無法過正常的生活。秋風先生將過去三十年中國發生的變化判定爲「傳統的回歸」，因爲他看到了儒家論述日益活躍，開始「部分地自我實現」，並將「市場經濟，社會自治」也解釋爲儒家的自我實現[4]。如果一切與儒家思想相容的社會趨勢都可以被解釋爲向儒家的回歸，那麼如是「擴大外延」的儒家不只在中國，而且在全世界已經開始復興。的確，儒家在更爲寬容的文化環境下開始活躍，這是事實。但同時開始活躍或「回歸」的還有基督教和佛教，還有時尚，有追星，有拜金主義，有各種現代的宗教贗品與後現代的心靈雞湯。因此，如果我們的目光不限於特定的浪花而看到整個河流，那麼會獲得更恰當的解釋：儒家的活躍是這個時代文化多元化總體趨勢的一部分。雖然儒家仍然以或隱或現的方式對中國人的文化實踐發生著影響（比如孝敬父母，尊敬師長），但中國已不是秋風所謂「儒家（主導）的中國」。

我曾在別處闡述過一個基本觀點：晚清所謂的「三千年未有之變局」預示了中國將發生一場「跨文明」（trans-civilizations）層次上的歷史變革。此後的一個世紀中，馬克思主義（社會主義）與自由主義都對中國文化產生了重要的衝擊和改造作用，前者成爲新中國成立之後的官方政治意識型態，後者對改革開放（後毛澤東）時代的經濟、社會與政治生活產生了深遠的影響。如果在百年之前，我們仍

---

4 姚中秋，〈儒家憲政民生主義〉，載《開放時代》2011年6月號。

然可以較為容易辨識「內外之別」——什麼是中國傳統與本土實踐，什麼是外來理念與引進的實踐，那麼在今天，這場跨文明遭遇已經形成了「內外交織與融合」的文化格局。我們甚至只能在理論上（通過對中國文化歷史演變的考察）辨別當代文化中西方元素與中國元素，而在文化實踐中，西方已經內在於中國。換言之，在今日之中國，源自中國古代與近現代的文化因素，以及源自西方的多種思想理念，都同時構成了我們文化實踐的地平線，成為中國人自我理解的「構成性」部分。其中，平等主義的理念，個人本位的自我理解，以及多元主義的信念與生活方式，已經成為中國人「社會想像」的基礎部分，並難以逆轉。

這種局面對於政治意味著什麼？政治共同體的基本原則與其他道德規範原則不同，其突出的特點是具有明確的強制約束性（體現為法律，以此為依據國家在必要時可實施正當的暴力）。而政體的正當性與穩定性取決於政治基本原則的可接受性——對受其強制約束的公民所具有的可證成性（justifiability）。而政治原則可證成的程度，取決於在多大程度上能回應與符合人們深層的社會想像。當平等主義、個人主義與多元主義已經成為當代中國人社會想像的構成性部分，唯有憲政民主的政體原則才具有最大的可證成性。

復古派取向的政治儒學，仍然堅持將現代性特徵視為外在於中國傳統的異己因素，以為是可以被「重新消除」（undo）的，這根本忽視了中國社會想像的深刻變化及其巨大制約力量。除非對當代中國文化的實踐型態做根本的改造（包括對學校教育內容的大幅度更換，資訊和言論更嚴格的控制），政教合一式的儒教憲政不具有可行性。蔣慶先生所追求的「替代論」的政治儒學，「最終要建成體現

天道性理的政治禮法制度，使孔子之王心王道落實於人間」[5]，或許有重要的價值理想，固然精神可嘉，勇氣可敬，但難以成為一種具有前景的政治規劃。就可行性而言，可能的選擇不是要不要憲政民主，而是什麼樣的憲政民主。所以，更值得認真對待的是「相容論」的政治儒學。

在新儒家論述中，早有論者致力於發掘中國傳統中與現代性相容的思想元素，包括自由和民主。近年來，秋風先生將儒家政治闡釋為憲政主義，是一個別開生面的思路。但無論這種解讀是否正確，都會面臨一個「那又如何？（so what）」的問題。如果解對了，儒家確實是憲政主義，那麼憲政主義已足，何必儒家？如果解錯了，儒家不是憲政主義，那麼追求憲政主義便可，又何苦儒家？如果儒家的政治傳統只是接近憲政主義，那麼儒家對憲政民主就是多餘的。按照秋風先生的闡釋，「儒家在歷史上也至少構造了三種憲政主義程度不等的制度，即封建制、共治體制和現代憲政政體」[6]。但在現實歷史中，封建制讓位於「秦制」，君臣共治的理念兌現的大多是君主專制，而早期的憲政努力也以黨國政體而告終。既然儒家的憲政主義如此不穩固，我們何不直接援用近現代中外憲政的豐富論述，而要捨近求遠地繞到古代尋求資源？正如論證了算盤實際上是一種計算器，那麼我們何必放著方便的電子計算器不用，而要費心去研究算盤的功用？或許，秋風先生的苦心在於論證儒家傳統與憲政民主並不衝突，因此追求憲政不必以傳統為敵，也不外在於中國傳統，反倒是可以借用傳統的資源。也就是說，儒家思想經過特定

5　蔣慶，《政治儒學：當代儒學的轉向、特質與發展》（三聯書店，2003），頁37。
6　姚中秋，〈儒家憲政民生主義〉，載《開放時代》2011年6月號。

的闡釋，可以爲中國的憲政建設鋪墊文化基礎。特別將「憲政民主」
修改爲「憲政民生主義」，就更具有中國本土特色。我對秋風先生
這種用心（如果沒有猜錯的話）抱有同情的理解。只是我懷疑，對當
代中國人而言，援用所謂中國本土傳統資源，是否就會比借用外來
資源更有親和力或更爲方便有效。

　　政治儒學真正具有吸引力的方面不在於與憲政民主的相容性，
而在於其改良的可能。無論是在文化基礎方面，還是在治理智慧方
面，中國儒家傳統可能提供獨特的（西方缺乏的）資源，充分轉化這
些資源的潛力，會使中國的憲政民主具有較高的正當性和穩定性，
同時又具有善治的能力，最終可以克服西方民主政體的許多弊端。
在西方學界，許多有識之士都在深刻反省現代民主的困境。貝拉等
人的名著《心靈的習性》通過大量的社會考察和理論分析，揭示了
以個人主義爲「第一語言」的美國文化對民主理想的侵蝕，主張應
當在作爲美國「第二語言」的聖經傳統與共和主義傳統中借助文化
資源來彌補個人主義的缺失與片面[7]。中國的新儒家（不限於政治儒
學）論者也在積極展開類似的探索。儒家道德傳統強調責任意識和共
同體精神，或許有助於扼制權利個人主義的過度擴張；科舉制中體
現的優績主義（meritocracy），結合了機會平等與精英治理的概念，
或許有助於平衡民主社會中過於強健的民粹主義；儒家提倡國家擔
當道德教化功能，經過「創造性再轉化」，或許有助於溫和至善論
（moderate perfectionism）國家的建設，以克服政治自由主義在國家中
立性原則制約下道德消極的缺陷……

　　儒家思想與現代性條件既有相容的可能，又有緊張的方面。如

　7　羅伯特・貝拉等，《心靈的習性：美國人生活中的個人主義和公共
　　責任》，翟宏彪譯（北京，三聯書店，1991）。

何在相容與緊張之間中改良既存的現代政治模式，這裡可能有相當大的空間和潛力。借助中國儒家的傳統資源來爲中國的憲政民主建設鋪墊更豐厚的文化基礎，並實現更爲優越、更爲有效的現代政治，這是值得讚賞和期待的探索。也會遇到許多具有挑戰性的問題，但我相信，政治儒學在這方面能夠大有作爲。

結語：儒家復興的未來

中國當前文化與政治出現的諸多問題既有自身的特點，也分享了現代性的普遍困境。當代新儒家（包括大陸新儒家）對此做出過許多診斷性分析，與筆者的看法有相當多的共鳴之處。我的評論試圖指出，一種型態的文化或政治的弊端，並非自然地等同於另一種型態的優勢。中國在發展中遭遇困境與危機，並不意味著轉向儒家傳統就是理所當然的拯救之道。反傳統的錯誤本身並不表明傳統的正確，何況反傳統恰恰是傳統本身的產物。簡單的回歸傳統，也可能將我們帶到傳統自身曾經遭遇的危機。

大陸新儒家的復興訴求應該被理解爲「創造性轉化」的努力。對儒家思想做出內在理路分析是必要的前提，但傳統思想不會以義理直接作用於當下，也不會以「天命彰顯」的神秘方式改換人心。傳統必須是活的，才會對今天與未來發生有意義的影響。而要啓動傳統必須建立與當下的關聯，尋找和開掘與當今教育、傳播、禮俗和制度等方面的接觸面和著力點。這要求對當代文化實踐型態有充分的理解和準確的判斷，否則會造成「接觸不良，著力無效」的狀況。指責現代人的傲慢與偏見很容易，困難的是真正啓動傳統，使儒家宣導的生活方式和政治規劃對現代人產生巨大的吸引力。

我和一些儒家復興論者的分歧，在於對當代文化實踐狀況的判

斷。我不認為傳統的斷裂只是表象，而儒家傳統仍然是中國文化的正統，並隱秘地主導著當代中國文化。所謂「中華性」的神話若要成立，需要更好的社會學證據的支持。在「縱橫交錯」的文化情景中，「我們的」並不比「他們的」距離我們更近。我並不是說這是令人鼓舞的狀況，而是作為一個熱心和誠懇的「局外人」，試圖澄清儒家復興的困難與面臨挑戰。

在我看來，當前的儒家復興仍然是一個學院主導的智識運動，它的前景如何不僅取決於當代儒家的努力，而且取決於整個歷史和社會的大局條件。讓我們記著馬克思的那段名言，「人們自己創造自己的歷史，但是他們並不是隨心所欲地創造，並不是在他們自己選定的條件下創造，而是在直接碰到的、既定的、從過去承繼下來的條件下創造。」[8]「造勢」可為，但仍需「順勢」而行。看清中國的大局與世界的大勢並不容易，所有人的判斷都必須接受時間的檢驗。依據我（完全有可能是錯誤的）判斷，儒家復興運動在可以預見的未來（這一代新儒家的有生之年），仍將主要保持為一個智識運動，學院研究會日益活躍與深入，大眾傳媒會有更廣泛的傳播。如果樂觀一點估計，儒家思想會在（陳明先生所言的）「公民宗教」的意義上發生顯著影響，成為相當一部分中國人心靈生活、道德生活和禮俗生活的最主要的依託和準則，成為更多的（甚至大多數）中國人可以在自感需要時方便借用的文化資源（但稱不上嚴格意義的「儒家信徒」）。但對於政體結構、政治意識型態與治理制度，儒家或許難以發生根本性的影響。雖然未來的中國政治可能會採用一些與儒家相容的思想和原則，但會以現代的語言和原理來表述，也完全不

8　卡爾‧馬克思，《路易‧波拿巴的霧月十八日》，《馬克思恩格斯選集》第1卷，頁585。

必明確借用儒家的修辭和典籍。而蔣慶或秋風先生所構想的「中國
必定是儒家的中國」，無論如何美妙，已經過去了。歷史並不總是
會給第二次機會。

　　劉擎，華東師範大學中國現代思想文化研究所研究員，歷史系教
授。著有《懸而未決的時刻：現代性論域中的西方思想》及《聲東
擊西》，譯著數本。目前正在研究現代性條件下自我理解與社會想
像的轉變，以及中國語境中的自由主義思潮。

哪種公民 誰的宗教？：
評陳明〈儒教之爲公民宗教〉

周　濂

一

　　自辛亥革命以降，經五四運動、1949年鼎革之變、十年文革浩劫，一百年來，以儒家爲代表的傳統價值內外交困，遭遇三千年未有之大變局，幾次三番盪至谷底，被迫從各層次的建制（國家組織、教育系統以至家族制度）一退再退，雖幾番試圖振興，均無功而返，遂有余英時先生如下之斷言：「不得不承認：儒家通過建制化而全面支配中國人的生活秩序的時代已一去不復返。有志爲儒家『招魂』的人不必再爲這一方面枉拋心力。」「儒家的現代出路在於日常人生化，唯有如此儒家似乎才可以避開建制而重新產生精神價值方面的影響力。」

　　余英時的「遊魂說」聲猶在耳，轉眼就來到21世紀，伴隨著中國硬實力的崛起和現政權政治正當性敍事的日漸混亂與破產，一夜之間攻守之勢相異，有志於儒學復興的學者再次把目光投向儒學建制的論題。在最近發表的〈儒家進入中國政治思想中心〉一文中，秋風宣稱：「回歸儒家已是大勢所趨」，並直言不諱地指出，無論是具國家主義傾向的甘陽、丁耘，還是眾多儒家學者，都在直面同

一個問題：「現代中國政治秩序之正當性」。

　　姑且不論秋風是否言過其實，單看晚近以來儒學內部的發展，一個毋庸置疑的事實是，政治儒學的確是這場回歸大潮中的最強音。其中，蔣慶的「儒教國教說」最為保守，對現代性持整體上的否定態度；貝淡寧、白彤東的「儒家自由主義」與秋風的「儒家憲政主義」相對靈活，嘗試在傳統儒家資源和現代國家理念之間找到某種接榫點。相比之下，陳明的「公民宗教說」看起來足夠低調也足夠理性：一方面，在基本立場上陳明明確接受自由民主科學等啟蒙價值，不但承認現代性是一個歷史事實，而且把它作為「我們生存的境遇」，在此前提下去思考儒學的調整與改變；另一方面，在展望儒學的未來時，陳明既不指望從儒家傳統中「開出」自由或憲政，也不強求儒家在現代政治制度安排裡占有一席之地，而是努力為儒學爭取一個「公民宗教」的地位，以期實現兩個基本的功能：第一，為政治確立一個價值的基礎，也就是給政治一種合法性的同時，給它確立一個約束的標準；第二，在社會層面和國家生活的層面，提供一種思想文化認同的整合基礎，以凝聚或塑造中華民族意識。

　　如果儒教之公民宗教說真的成立，那將在很大意義上迴避了著名的「創造性轉化」命題──儒家無需被改造成一個現代理論，仍舊可以在現代中國政治社會保留一個重要的位置，這顯然是一個「曲線救國」的良策。

　　當然，身為儒門弟子，陳明的終極目標是以虛帶實，以「作為公民宗教的儒教」帶出「作為一個宗教的儒教」，並且認定前者必須要以後者的存在作為基礎，否則便不可思議。對此目標我雖然抱有同情的理解，但是作為一個儒門局外人，我並不關心儒教能否最終成為一個宗教，並且單就「公民宗教」的概念內涵而言，我也不

認為必需要求儒教先成為實質性的宗教，非如此則無以擔負公民宗教之重任。我所關心的是「儒教之為公民宗教」的理論可欲性和現實可行性，要想回答這個問題，必須首先區分兩個版本（盧梭版本與貝拉（Robert Bellah）版本）的公民宗教觀，進而澄清公民宗教在現代政治社會中或積極或消極的價值之後，才有可能做出比較公允的判斷。

二

　　談論「公民宗教」，就不能不提盧梭這個始作俑者。在《社會契約論》第4卷第8章中盧梭提出一個未曾證實的命題：「從未出現過沒有宗教基礎的國家。」在此前提下，就宗教與社會的關係，盧梭開列出三種備選方案：人類的宗教、公民的宗教以及牧師的宗教。盧梭認為，以上三種宗教均存在這樣那樣的問題，唯有「公民宗教」（civil religion）既可以保留宗教的元素，又不致傷害政治共同體的團結。

　　所謂公民宗教，顧名思義，關鍵字一為公民，一為宗教。之所以強調公民，是因為對身處共和主義傳統的盧梭來說，「最好而且可能的政府」集中體現在「哪種政府形式能塑造出最有德性、最開明、最智慧，總之是『最好的』（此處就這個詞最崇高的意義而言）人民？」之所以強調宗教，是因為盧梭相信在徹底世俗化的社會裡，缺少對神聖性的敬畏與皈依，公民必將缺乏盡忠職守、報效國家的熱情，唯有宗教的狂信才有可能讓公民視死如歸，激發起異常驚人的力量去投身共同體的事業。要而言之，欲求最好之公民，必須訴諸宗教之激情。並且這種宗教的指向不在上帝之城而在塵世之城，不求普世而求特殊，不是自然生長之物而是主權者制定頒佈的人為

之物。

盧梭明言：「要有一篇純屬公民信仰的宣言，這篇宣言的條款應該由主權者規定；這些條款並非嚴格地作為宗教的教條，而只是作為社會性的感情，沒有這種感情則一個人既不可能是良好的公民，也不可能是忠實的臣民。」按盧梭的觀點，所有公民必須信仰「公民宗教」，對於那些不信仰的人，可以「驅逐出境」，對於那些已經公開承認了教條但又在行為上背離的人，「那就應該把他處以死刑」。正是通過「不寬容」地排斥異己，擅長辯證法的盧梭最終得出公民宗教所蘊含的「寬容」屬性：「現在既然已不再有，而且也不可能再有排他性的國家宗教，所以我們就應該寬容一切能夠寬容其他宗教的宗教，只要他們的教條一點都不違反公民的義務」。

盧梭創制了「公民宗教」這個概念，卻沒有成為後世理解的範式，原因之一就在於，在不寬容與寬容的辯證法中，人們隱然讀出了公民宗教實為「一種壓迫性的政治工具」。也正因為此，後來人要麼棄之如敝屣，視為極權民主的精神孵化器，要麼就換骨洗髓，在徹底拔除盧梭毒素之後，才敢放心大膽地繼續使用「公民宗教」。

1965年，羅伯特・貝拉發表〈美國的公民宗教〉。貝拉說：「任何有著政治結構的社會都存在某種意義上的公民宗教。」這句話看似複述盧梭的「從未出現過沒有宗教基礎的國家。」其精神實質卻是在涂爾幹的譜系裡重啟公民宗教概念。

按照政教分離的現代原則，宗教在現代社會裡被逐出政治的領地；公民加入一個宗教團體更多地是意味著退出公共領域，而不是學習如何參與它，更遑論提升所謂的公民德性。但是貝拉卻敏銳地注意到，實情也許並非如此。以約翰・甘迺迪在1961年的就職演說為例，其中有三處提及上帝，貝拉認為這個現象並非偶然，而是折射出宗教在美國人生活中的重要性。貝拉問道：總統在就職典禮上

使用「上帝」一詞爲什麼具有正當性？他的回答是政教分離原則並沒有徹底否定政治領域裡的宗教維度。在世俗化的社會生活與特定意義的基督教信仰之間，「美國的公民宗教」有著廣闊的活動空間，它雖然包括了許多基督教的符號和主題，但卻是獨立於宗教制度和政治制度，與教會或者國家既沒有競爭關係，也沒有共生關係。美國的公民宗教作爲多元文化社會裡創造民族團結的符號，鼓勵美國人獲得民族熱情並贏得民族的目標。

三

盧梭和貝拉的公民宗教說雖然都植根於共和主義的大傳統，強調宗教對於社會團結、公民美德以及共同善的培養具有重大意義，但是二者的差異一望便知：前者從抽象的哲學原則出發，側重於政治的和意識型態的維度，強調公民宗教的人造性——由主權者自上而下制定並實施；後者則立足於社會學的經驗觀察，更偏重於歷史和文化的闡述，主張公民宗教在本質上是自下而上、自發生長的現象。

鑑於盧梭版本隱含的極權主義傾向，如果必須要做一個非此即彼的選擇，明智之舉當然是從貝拉而捨盧梭。在2010年出版的《政治思想中的公民宗教》一書中，約翰・馮・海金（John von Heyking）提供了一個洗淨了盧梭毒素的公民宗教觀：

> 公民宗教最初指的是通過一系列特殊的政治／社會安排去獲得一種神聖的氛圍（an aura of the sacred），由此提升其境界並增強其穩定性。它可以通過聚焦於這個國家或者民族最為普遍和廣泛擁有的關於歷史與命運之信念，來作為整個國家或民族所共

用的信仰的座標系，它幾乎不可能是完全自發的，或者完全被
發明的，而更像是這兩者的某種組合。但是它在社會團結（social
cohesion）中扮演著重要的角色，通過良好建立的符號、儀式、
慶典、空間以及價值，賦予社會以最終極的精神統一感——借
用彼得・伯格的話說，就是一種神聖的華蓋——以及關於民族
鬥爭和生存的共用記憶的重要事件。儘管它大量地從社會主導
性的宗教傳統中受益匪淺，但它自身並不是一個高度特殊化的
宗教，而是一種更為溫和的包容性的宗教，其中包含了高度一
般性的故事和命題，不同的各種信仰都可以從中讀取和投射出
他們想要的東西。由此可以斷定，公民宗教是一個最大公分母。」

　　在我有限的閱讀經驗中，這是關於公民宗教最為縝密周全和晶
瑩剔透的一段表述，它小心翼翼繞過了各種現代人的禁區，在兼顧
世俗化、價值多元主義、寬容等現代價值的同時，盡其所能地偷運
各種共和主義、保守主義乃至政治神學的話語，如「神聖的氛圍」，
「穩定性」，「命運」，「社會團結」、「最終極的精神統一感」，
等等，從而營造出一個皆大歡喜的觀念世界。
　　概念區隔的目的是為了更好地分析現象，但是如果將一個原本
複雜豐富的概念切割的過於乾淨，反而可能造成問題感的遮蔽和消
失。具體到貝拉版本與盧梭版本，儘管能夠在概念上做出清晰的界
定，在現實中卻很難明確地加以區隔，毋寧說二者是一個連續光譜
上的兩個部分，存在著相互重疊甚至相互轉換的可能。過於強調貝
拉版本，會執念於公民宗教溫情脈脈的一面，而忽視其潛在的危險
性。
　　比方說，在貝拉傳統的影響下，論者大都不假思索地把公民宗
教預設為有利於社會整合和凝聚的一組宗教符號，但是這個設定本

身就是大可懷疑的。正像馬爾塞拉・克里斯提(Marcela Cristi)所指出的,「在特定的條件下,公民宗教也許會導致社會衝突、緊張和分裂。」進一步的,公民宗教很可能創造出一種「受限制的共識」(qualified consensus)而非「完全的社會一體化」。這種受限制的共識之所以能夠實現,庶幾是自上而下的政治權力操縱之果,而非自下而上民間力量的生長之功。

此外,把「美國的公民宗教」作為範式去想像甚至套用其他社會的公民宗教,也存在諸多危險。克里斯提認為,西方的民主社會已然處於高度的多元化和制度分化的階段,公民宗教很難發展成為極權式的政治宗教,但是對於正處於現代化進程的社會以及獨裁統治的國家,這樣的危險卻時時刻刻存在。公民宗教的發展之路,並不一定像貝拉版本所想像的那樣鋪滿了鮮花和掌聲。

事實上,無論盧梭還是貝拉都強調公民宗教所具有的政治合法化功能,比如貝拉認為公民宗教在美國代表了更高的法(higher law),是以超驗的術語(也就是根據一組終極的價值)去解釋和證成社會和政治的秩序,在此啓發下,有論者更是主張國家就是「上帝在歷史中的有意義行為的首要代理人。」凡此種種,都與現代政治的民主合法性論述存在著緊張關係。在一個合法性敍事發生嚴重危機的獨裁政府或者黨國體系裡,不加區分地引入公民宗教觀念,很可能遭致被政治權力徵用乃至濫用的危險。

四

在亂花迷眼的各種儒學復興方案中,我最欣賞陳明的一點就是他有健全的現實感、變通的意識以及溫和的理性,不會被儒家「為往聖繼絕學、為萬世開太平」之類的豪言衝昏頭腦。這突出地體現

在他的歷史觀與方法論上：比如在論及儒家傳統時，他認為「不能不尊重歷史，不能為了替自己的主張作論證就主觀地敍述歷史」，稱「儒教在漢代就已經是國教」顯然與史實不符；而在論及民主科學時，他的觀點則是既不否定民主和科學，也不主張把民主科學絕對化和意識型態化：「深化民主的理解不是要解構它，而是要更好地實現當初追求它的初衷」。

也正是因為我對陳明的基本立場有足夠強的親和感，對儒教之為公民宗教說抱最深刻的同情心，所以我才會對陳明的立論愈發責全求備，因為只有在最大限度地展示陳明潛在的理論困難和現實困境，才有可能展望公民宗教在中國的未來。

在我看來，儒教之為公民宗教的根本問題在於不加審視地直接套用貝拉版本，彷彿只要冠以公民宗教這個美妙的頭銜，就可以自然而然地為政治社會秩序奠定倫理價值共識，進而強化社會整合、促進公民美德。試舉一例：陳明認為公民宗教是「宗教系統在政治生活中的投影」，對比羅奈爾得・貝納爾（Ronald Beiner）的論點「政治出於自身目的而對宗教的一種挪用」，陳明弱化政治權力對公民宗教的主動性和操縱性的意圖一望便知。事實上，貝拉版本對陳明的影響幾乎俯拾皆是，比如把「由政府確立而推行」歸之於「政治神學」的範疇，把「基於社會而發揮影響」歸之於「公民宗教」的範疇，強調「發展儒教的路徑應該是從社會基層由下向上長」，主張「『公民宗教』本身不是什麼規範性的東西，而是一些共識、共同善之類的東西，是各社會文化體之間的最大公約數」，等等。

然而，儘管在廓清公民宗教的基本功能時，陳明看似徹底摒棄了盧梭版本，但在具體分析儒家之為公民宗教的前景時，他卻一再搖擺於盧梭版本和貝拉版本之間而不自知。在談及美國的公民宗教時，陳明完全認同貝拉所說的「形式的」與「邊緣的」特徵——所

謂形式的，「是因爲它的信條既稀少又抽象」，所謂邊緣的，「是因爲它在法律和憲政框架下並不享有官方支持。」並且陳明也不諱言：「在美國，公民宗教就是若干不同宗教或思想體系的價值觀念之和，即基督教的清教主義、啓蒙哲學的自然神論和羅馬政治哲學中的道德責任與公共之善等。」可是一旦轉而論述中國，陳明就不再堅持公民宗教應該是「若干不同宗教或思想體系的價值觀念之和」，而是毫不猶豫地站在儒家的「內部立場」，指出儘管現代政治社會是一個多元性的結構，但是「儒家能夠、也應該憑藉自己的努力去獲得某種特殊地位，就像基督教在美國具有公民宗教的地位一樣。」

　　在一個沒有公民宗教傳統的社會，一方面強調公民宗教自下而上、自發生長的特性，一方面又以決絕的口吻斷言儒教能夠也應該取得公民宗教的地位，對於如此矛盾的兩種立場，只有兩種解釋：要麼陳明是在表達一個良好的願望，要麼就是在暗示政治權力的干預和介入。如果是前者，則陳明的工作將只有文學的價值，因其只是情感性的表達而不是一個哲學的論證；如果是後者，則不僅違背貝拉版本所強調的「形式性」和「邊緣性」特徵，而且還會進一步倒向盧梭版本：儒教必須與現實的政治權力實現某種形式的結合，經由自上而下的「頂層設計」以及政治權力的強力推行，才有可能確保儒家之爲公民宗教成爲一個必將到來的現實。

　　貝拉認爲公民宗教是一種「更高的法」，但並不特別強調其「神聖性」，相反「神聖性」反倒是盧梭版本的第一教義。在這個問題上，陳明再一次不自覺地表現出對盧梭版本的親近。爲求強化儒家的神聖性，陳明援引經典論述作爲支持：比如孔子的「祭如在，祭神如神在」，荀子的「君子以爲文，百姓以爲神」。陳明指出，主張儒家是宗教的和反對儒教是宗教的都喜歡使用上述材料，只是一

方著重於「神」，一方著重於「如」，而他卻主張要「神」「文」
兼顧。在我看來，「君子以為文，百姓以為神」的區分要點除了「文」
與「神」，更有「君子」與「百姓」。君子自知「文」沒有神聖性，
但卻硬要生生創造出一個神聖性的「文」，其角色身分正是盧梭所
謂的教化百姓、改變人性的「立法者」。陳明在構想儒教之為公民
宗教的神聖性時，隱然也是以「立法者」自居，但在一個後形而上
學的世俗時代，君子與百姓的區分是否仍舊成立，由文入神的可能
是否存在，都是大問題。

在〈儒家之公民宗教說〉的結尾處，陳明總結說：「總之，公
民宗教的論域、重點和目標，應該是政治權威合法性的重置(由『科
學敘事』回歸民族利益和人類責任)；社會有機度的提升(調節理性
化和原子個體主義可能的解構性質)；文化認同感(歷史敘事的斷裂
和文化象徵的模糊)的培養。」這再次印證了陳明對於公民宗教的理
解絕非停留在貝拉版本上，而是浸染了太多盧梭版本的政治／意識
型態色彩。「儒家之為公民宗教」意在一攬子解決從政治合法性、
社會整合與認同以及歷史文化的歸屬感等問題，這是一種無所不包
的儒教，由於企圖解決所有問題，所以也就成為了一種的新的「全
能教義」(comprehensive doctrine)。

我並不否認公民宗教學說的理論意義和價值，事實上，正如貝
拉在《心靈的習性》中所追問的：「我們應當怎麼生活？……作為
美國人，我們是誰？」我相信這個追問同樣適用於今天的中國人：
「我們應當怎麼生活？……作為中國人，我們是誰？」

公民宗教理論的復興提醒自由主義者認識到，在政教分離的基
本原則下，宗教元素不但仍將繼續在公共領域占據一席之地，而且
還有可能發揮積極的作用。進一步的，把社會團結、民族認同以及
公民性這些一度被邊緣化的價值重新納入自由主義的問題域，也將

有助於自由主義豐富和加強自己的理論厚度與韌性。

　　只要不一廂情願地把公民宗教視為天然正確的概念，對政治權力的濫用保持足夠的警惕，堅持自下而上的自發發展路徑，並保持結果的開放性，則我對公民宗教在中國的未來抱樂觀其成的態度。反之，如果畫地為牢，立場先行地將公民宗教作為儒家的自留地，無論在理論上還是實踐中都將面臨重重困難和阻力。

　　要而言之，在世俗化、價值多元主義以及宗教寬容的背景下思考公民宗教的未來，就不能訴諸先驗的立場，先行規定由哪個宗教來教化什麼樣的公民。因為歸根結底，談論公民宗教，最先需要探討的不是公民宗教可能帶來的種種好處，而是追問哪種公民，以及誰的宗教？

　　周濂，中國人民大學哲學院副教授，著有《現代政治的正當性基礎》，主要研究領域為政治哲學與道德哲學。

當代大陸政治儒家的迷思

成　慶

　　在當下的大陸思想界，突然出現一股自由憲政主義思潮與儒家合流的趨向。部分長期揭櫫自由主義理想的知識分子改變思路，宣稱要接續中華政治的儒家道統，不僅不惜筆墨來證明儒家與憲政之間有許多相合之處，與現代自由憲政理念並不相違背，而且還有超越西方自由憲政理念的獨到之處。大致而言，這些論述的主要目標，是想要把「儒家」在現代自由憲政的前提下重新扶正為政治道統。

　　將儒家視為未來中國的政治正當性所在，自然涉及一系列相關議題，例如儒家所表述的「政治正當性」到底為何物，西方的「政治正當性」又存在哪些危機等等。不過值得注意的是，我們或許需要充分考慮到這些以儒家為道統的自由主義者們的言說語境，即他們是如何在當代大陸思潮的演變過程中最終推導出「儒家道統論」，並以此作為未來中國的政治核心價值。

　　大致而言，從自由憲政到儒家道統，背後隱藏著這樣一條思路。在這十餘年裡，自由憲政思潮雖在社會層面產生相當的影響，但隨著轉型過程的深入，傳統的鄉村社群、城市的單位與社區紛紛解體，社會秩序處於一個新舊交替的過渡階段，進而在道德倫理層面也表現出種種深刻的危機。部分知識分子轉而對自由主義憲政方案能否解決社會的全面失序產生懷疑，認為自由主義憲政只追求限制權

力、保障權利，卻無法提供重塑社會秩序的道德與文化資源。在他們看來，西方憲政制度的確立，背後其實有西方宗教、文化的傳統作爲基礎，憲政的演進需要保守性格的道德及文化傳統的輔助才能順利完成。中國的自由憲政若需生根落地，首先必須檢討與反思五四以來的「反傳統」思潮。因爲「反傳統」不僅是百年革命傳統的基本預設，也是晚近中國自由主義式民主思潮的思想前提。如若不恢復傳統的道德資源，政治與社會都將面臨權力與道德的雙重失序。正是在此思路的邏輯下，許多知識分子開始轉向儒家，試圖充實「中國特色」的自由憲政觀念與實踐。

值得一提的是，吸納儒家並非是部分自由憲政主義者的獨特偏好，一些左翼知識分子如今同樣也在試圖整合儒家與社會主義的思想資源。「儒家」儼然在大陸思想語境裡重登上舞臺，成爲政治光譜中的重要資源之一。不過，要對這樣的思潮動向作出合理的判斷，或許首先要明確，「儒家」的復興一方面與近年來大陸知識分子的「文化主體性衝動」有相當的關聯，另一方面也與政治、社會失序情境下的道德倫理危機存在直接關係。

不過，一旦儒家重回政治意識型態領域，卻也帶來了相當複雜的問題，因爲在經過五四以降的諸多反傳統運動後，知識分子群體已經普遍放棄了儒家思想資源，如今出現如此迅猛的儒家回潮，無疑短時間讓人目眩神迷，不明白儒家與自由憲政的嫁接到底會有什麼樣的內容。但持此論調者，卻已在宣稱，可以走出一條「中國模式」的東方政治道路，而與西方主流政治價值作出區隔。

將儒家視爲政治道統，意味著在今天不再將儒家局限爲一種修心養性、教化德性的文化傳統，而是強調儒家在政治層面上的「本土化優勢」。也就是說，儒家不僅在政治的價值層面有西方自由憲政傳統所不逮之處，而且在治理技術方面也具有其獨特的「先發」

優勢。

　　那麼歷史與現實真如這些知識分子所認為的那樣，儒家在政治層面的價值果真有其獨到之處，以至於我們可以自信地回答，在現代政治的價值層面和制度設計方面果真可以告別西方，重拾傳統？

　　要回答這個問題，或許需要讀者暫時放下心中習慣性的「傳統親切感」與「文化自豪感」，畢竟我們並非在探討心靈的安頓、文化的傳承，而是在探討現代社會中，該以何種合理的政治價值與制度來實現公平與正義，讓政治秩序得以穩定的轉型。

　　從思想史角度來看，孔子發展「仁」與「禮」的觀念，大致是試圖用精神／道德性的力量作為政治的基礎，如「導之以政，齊之以刑，民免而無恥；導之以德，齊之以禮，有恥且格」即是明證。但從歷史層面看，以精神—道德性的維度構造政治秩序，常常需要「刑」、「法」層面的補充與救濟，這其實並非儒家的特有缺陷，漢初的黃老學說即為道家與法家相互融合的結果，工具主義的法家在政治控制的效用方面，也歷來成為皇權極為重視的資源，所以才有漢宣帝那句著名的「漢家自有制度，本以霸王道雜之。」後世儒家兼重「禮」、「法」，如董仲舒就認為「刑」、「德」不可偏廢，由此大致可見儒法二家已逐漸合流，這也顯示出儒家的「德治」與「禮治」本身不足以擔當政治治理的任務，而更接近於一種雜道德和法律為一體的治理模式。

　　不過發此保守論調的知識分子，並不大強調傳統政治中的「儒表法裡」結構。儒家以人倫基礎所建立的禮治及德治，除開鄉土社會的宗族基礎之外，也自然需要這一重要的法家治理思維。大體而言，法家思維視民間社會為一被控制、被管理的對象，強調嚴刑峻法的秩序維持作用，進而突出國家的地位，輕忽個人的政治地位。所以我們才會在所謂的「德治」歷史背後，在史著中讀到大量關於

酷吏的記錄。所謂「酷吏」，乃是以嚴刑峻法來實現治理，保證政治秩序的穩定，但悖論的是，「酷吏」本身並不是爲實現法律的治理，而是充當政治權力的手段，目標是保證皇權的延續。在此條件下，隨著儒家以「禮」入「法」的完成，也讓倫理性的「禮」之秩序逐漸演化爲僵硬的綱常名教制度，與孔子設禮之精神，已有相當的距離。但毫無疑問，儒家在傳統社會的「治理」制度層面，固然可以借助宗族社會來實現某種程度的道德權威效用，但卻是在融合了儒法的「禮法」制度前提下，才能完成此項治理重任，其自身無法單獨應對大規模的治理需求。

在傳統政治生活中，溫情脈脈的儒家同時輔以冷酷無情的法家，自然是因爲道德權威與工具性暴力在政治生活中的兩個面向缺一不可之故。但今日試圖恢復儒家道統的知識分子，往往只談儒家的「仁義禮智信」，而對法家之「非人性化」性格不置一言，似乎在傳統政治生活中，單靠儒家就已足夠完成治理的任務，實難讓人信服。事實上，儒家在面對治理層面的缺陷與僵化，在晚清「理」與「勢」之爭的語境下已經表現得淋漓盡致，當時流行的中體西用論，就已反映出儒家在面對現代化浪潮時的措手無助。因爲這表現了儒家在面對西風東漸的一個重要軟肋，即在以平等、自由、民主爲核心價值的現代社會，儒家的「內聖」一面固然仍可延續，但在現代化的大規模治理方面已遇到無法應對的現實挑戰。一種只強調道德精神性權威與內部控制的政治型態，顯然不能滿足現代政治的需求。但今日持儒家道統論者一方面享受今日之現代化成果，卻視「反傳統」爲洪水猛獸，殊不知今日之現代化，實與五四肇始的反傳統運動難脫觀念上的關聯，在此過程中所傳播的各種現代政治觀念，如民主、平等、個人主義等等，本身就已構成自由憲政思潮的基石，奈何今日年華不再，便又重拾「傳統」，反視親友爲仇讎？

　　正是這般看似故意的「忽略」，這些鼓吹儒家道統的知識人構建出與五四一代激烈反傳統者截然對立的歷史藍圖，似乎傳統政治道統之失落，並不是因為儒家自身在因應現代社會時所固有的缺陷，而是這百年來的「反傳統」被少數知識分子誤導所致，於是擷取「道德化」的面向來為傳統政治張目，而對儒家治理層面的缺陷不作任何檢討與反思。在這種歷史建構的策略底下，教條化的復古路線開始浮出水面，儒家重被奉上政治的神龕。

　　更具迷惑性的是，這些「政治儒家」試圖通過儒家符號將自己與「文化儒家」混淆起來，在社會層面上能夠得到那些傳統文化同情者的呼應，尤其在今日國人重新認識傳統的時機，許多人對於傳統大多採取簡單的「兩個凡是」態度：凡是傳統的必須支持，凡是西方的必須反對。這無疑為政治儒家奠定了所謂的公眾輿論需求，而未看到儒家道統論所蘊含的種種迷思與陷阱。

　　建立「儒家道統論」，勢必存在這樣一個假設，即政治實踐的主體不是民眾，而是肩負道統的精英知識分子。關於這一問題，首先從思想史角度來看，儒家的道統本就有多條相互競爭、彼此衝突的線索，無論從孔子所奠定的「有德無位」的「素王論」，到漢儒董仲舒借助宇宙論構建的「天人秩序說」，直至程朱理學與陸王心學的兩條不同的儒家路線，其實都顯示出儒家道統在歷史上的複雜性，絕非如今日某些知識分子所想像那樣，存在一條無可爭議的道統線索。其次，從今日知識分子的社會角色來看，儒家型態的知識分子是否有權利重新以社會精英的面目，至上而下地在政治實踐中扮演道德與權威的典範，在如此多元與分化的社會背景下，恐也值得商榷。持此觀點的知識分子或許認為，自由憲政的轉型從西方憲政史來看，基本都是精英主導的秩序演化，因此中國的憲政建立，自然無法脫離精英的作用。但這一看法顯然無視1949年之後知識精

英階層早已秋葉飄零的事實，試圖在當下生造出一個身負道統的儒家精英階層，這種近乎「頭腦風暴」的思想實驗，固然可以與西方憲政史的經驗相互映證，但卻有「關公戰秦瓊」的時間錯置之感。

晚清以降，新儒家們一直試圖通過「內聖開出新外王」的方式來延續「政治儒家」的傳統。但時光荏苒，幾代新儒家的努力，如今看來大多只具備思想史上的意義，而根本無法生發出一條政治儒家的具體實踐路線。儒家的倫理、文化面向轉而滲入社會，反而逐漸顯示出其社會層面上的重要價值。

對於當下中國而言，這種文化、倫理上的需求也讓一些知識分子看到其在政治意識型態的作用，試圖借助儒家在文化、傳統乃至道德層面的價值來重新闡釋與塑造出「新」的政治意識型態內涵，如一些知識分子提出帶有強烈政治保守性格的「通三統」，即試圖將儒家吸納入體制的權力話語當中。一直以限制權力為目標的自由主義憲政派們，在此背景下也逐漸開始分化，部分帶有強烈精英性格的知識分子試圖從道德倫理層面入手，重新詮釋中國的自由憲政理路，甚至開出恢復儒家道統的藥方。但悖論的是，這一思路的改變，也讓本具激進性格的自由憲政實踐，開始透露出某些「政治保守」的意涵。可資比較的是，在早期同一陣營的自由憲政知識分子中間，部分則走向越發激進的社會民主路線，強調從體制外的社會運動中形成對政治權力的壓力，並在此過程中展開社會的重建過程。儘管這種重建缺乏某種教義性格的價值目標，但卻無疑開啟了各種價值相互競逐的空間。

如何看待自由憲政知識分子的這種轉變？又要如何理解自由主義陣營中出現的「保守」與「激進」的分化？要妥貼地回答這一問題，除開要指出當代政治儒家在思想層面上的某些經驗錯置之外，或許更值得檢討的則應是在當下的政治語境中，知識分子與社會、

權力、體制的複雜關係，乃至知識分子對自我角色的定位。或許，只有對知識分子自身的深入反思，我們才能更爲深切地了解大陸政治儒家等「新思潮」的真實內涵。

成慶，上海大學歷史系講師，主要研究領域爲中國近現代思想史，曾有譯著《沃格林：歷史哲學家》(2011)出版。

思想訪談

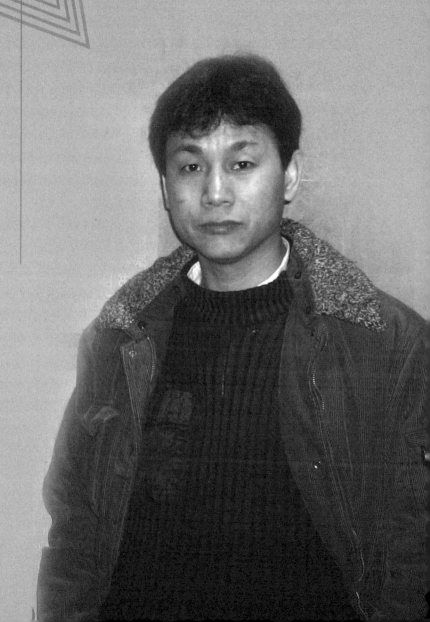

公民儒教的進路：
陳明先生訪談錄

陳宜中

　　陳明先生，湖南長沙人，1962年出生。就學於湖南株洲師範中文系、山東大學哲學系、中國社科院研究生院世界宗教系。92至06年任職中國社科院宗教所儒教室，現職首都師範大學哲學系教授暨儒教文化中心主任。1994年起創辦、主編《原道》迄今，致力於儒學、儒教文化之繼往開來，為當代中國儒學界的代表人物之一，著有《儒學的歷史文化功能》、《儒者之維》、《文化儒學》等。在此訪談中，他勾勒出1990年代以降大陸儒學復興的背景及其不同的發展趨勢；除闡述他個人的主要關懷與思路，亦對港台新儒家、蔣慶的國教說、文化國族主義、天下主義、自由主義提出批評。

　　此一訪談於2010年6月11日在北京進行，由陳宜中、姚中秋（秋風）提問，經陳宜中編輯、校對後，由陳明先生修訂、確認。

一、到《原道》之路

陳明(以下簡稱「陳」)：我是湖南長沙人。上中學的時候受到記大過處分，這對我後來的發展與性格都有一些影響。從小學到初中，我都是「百尺竿頭，更進一步」的好學生。可是到了高一的時候，有一次很偶然的，班主任在他的備課本上發現了罵他是「鴉片煙鬼」、「大草包」的字樣。他覺得字跡跟我的接近，就要我承認。我當然否認，因為不是我寫的。他就不讓我上課，還每天都把我父親叫到學校配合處理。我很同情我爸，為了不耽誤他的工作就把這事認了下來，而承認的結果就是記大過處分。那時正流行分班制，成績差的編到一起叫慢班，上課放羊似的，同學都像你們說的太保、太妹那樣，也沒有參加高考的資格。所以，到現在我的性格氣質還很嘻哈、很不學者，更不儒學了！

問：不過您後來還是升了學，而且正好趕上1980年代。您在大學裡接觸到哪些思想？

陳：我爸都幫我找好工作了，後來是一個叫羅松武的老師跟他說這孩子是讀書的苗子，還是爭取報名試一試。結果就考到了株洲師專。

那時候是文化熱，主要是中西比較，反傳統，跟五四相似。國學，沒這個概念。當時我也是反傳統的，認為傳統妨礙了現代化，是專制幫兇。我念的是中文，迷戀朦朧詩，強調個人情感性，反對文以載道，認為文學應該以審美作為最高價值。哲學也是我通過文藝理論才逐漸接觸並喜歡起來的，像沙特的〈存在主義是一種人道主義〉就是在《外國文藝》上讀到的。

碩士的時候我已經改念哲學系了，但還是比較喜歡文學。那個

時代思想界的活躍人物大都是搞文學或者翻譯的人，比較有激情，對外面的東西也比較瞭解。我一直很關注李澤厚，進研究班之前還給他寫過信，他也回了。後來跟他說起這事，他說那說明你的信寫得還不錯，因為給他寫信的人非常多，他很少回的。所以劉曉波批李澤厚，我也比較關注。很多同學看了，都跟著劉罵李。我覺得劉曉波這個人很有才，文字也有力量，但思想有點偏激。我覺得李澤厚對「傳統」的真實地位和意義有所揭示，觀點比較持中，既不是全盤肯定也不是全盤否定。

問：那是1980年代後期？當時，林毓生、余英時的著作也進入了大陸。

陳：是的。貴州人民出版社出了林毓生的書。在1986或1987年，北京的《理論訊息報》連載了余英時的〈從價值系統看中國文化的現代意義〉，給人啟發。當時大陸人對傳統普遍有一種情緒性的拒斥，甚至把傳統說成是文革的根源。但余英時和林毓生他們不是這樣，而是試圖在這二者之間建立聯繫。在學校的港台閱覽室，我讀到了牟宗三等新儒家的著作，看到了傳統的光彩，這實際上是我和大陸很多認同儒家的人回歸傳統的指引——我真的很感激山東大學圖書館的港台閱覽室！

問：在八九之前，您對儒家、對傳統就已經有了比較多的同情？

陳：當時我對儒家沒有特別的理解，整體上是傾向西化、現代性、自由民主的。當然，我對自由民主現在也還是一樣的態度。

問：主要的轉捩點發生在八九之後？

陳：八九之後。但是不只是我們的八九，還包括1991年蘇共的八一九政變（按：政變失敗後蘇聯解體，俄羅斯民主化）。它的意義是什麼呢？它使我意識到中西關係不只是簡單的意識型態的關係，不是正義或邪惡的關係。實際上，還有地緣政治上的關係。因為八

一九政變失敗之後，俄羅斯應該說基本已經轉過去了，從意識型態到政治制度，可是我看到地緣政治的原則並沒有被超越，西方勢力還是把俄羅斯當成敵手。隨著中美關係中一些事件的出現，我感覺這個世界實際是一個帝國，美國是它的中心，而且只會從這樣一個中心和邊緣的結構去定位它與中國的關係，維持這樣一個帝國的結構。從內部來講，如果從一些抽象價值出發的改革，結果導致的是國家分裂社會動盪，我覺得也是要重新考慮的。我們需要的是改進、穩妥漸進的改進，需要尋找一條適合自己國情、符合自己願望的發展道路。葵花寶典是不能練的。

1989年上博士班以後，我帶著問題去讀儒家的東西，對儒學在歷史中的意義和功能有了更多瞭解。在這一過程中，最使我激動的是士大夫對生民、道統和天下的承擔。後來我就以這些東西做自己的博士論文。

這兩個所謂的轉捩點，到現在仍是我思考問題的支撐點。當然，怎麼從中國的現實和未來看待儒學，如今我有了一些新的思考或理解。

問：您在1994年創辦、並開始主編《原道》，這本刊物稱得上是90年代「國學熱」的主要代表。當時，為什麼會想辦《原道》？

陳：辦《原道》，真可以說是偶然性和必然性的統一。六四以後，一幫朋友覺得大革命失敗了，做學術和思想沒什麼空間也沒什麼意義，就乾脆做生意賺錢去了。一些做暢銷書的人還真掙了一些，也許因為本色是書生吧，還是不能忘情文化。那幾年我一直在讀書，宗教所有很多命理方面的書，就借給他們剪貼，也算是出過力。他們覺得我適合辦刊物，我當然也非常願意。當時正好有民間辦同人刊物的風氣，像《中國書評》、《學人》、《原學》啊什麼的，我覺得應該較乾嘉諸老更上一層，就想了個《原道》的名字。他們不

贊成我的理念，認為應該辦《新湘評論》之類的東西。我覺得那沒有可能，他們就撤資，但我早已跟一大批作者約好稿，其中很多是前輩大佬，不刊出來沒法交代。所以我就聯合劉樂賢等幾個同學朋友咬牙跺腳、砸鍋賣鐵，把《原道》給弄出來了。反應還行，於是就一直走到今天。

　　問：您怎麼看1990年代的國學熱？

　　陳：國學熱，記得好像是從北大校園裡慢慢滋生出來的吧？反和平演變，西方的東西被限制，於是就有了什麼尋找毛澤東，然後是回歸傳統。年輕人長身體長智力，總要找點什麼釋放能量滿足需要吧！誤打誤撞假戲真做，再跟社會合上節奏，就有了所謂的自覺。

　　問：您具體是哪一年公開提出、支持「文化保守主義」？

　　陳：也不是支持，而是覺得自己一定要找個名字或歸屬的話，應該就是「文化保守主義」。在《原道》第一期或是第二期的時候，就有這樣的明確說法了。我的同學朋友中活躍的人多，各種立場的都有，當時既發了很多自由主義的文章，也發了新左派傾向的文章，所以我在〈編後〉裡面講：我們希望某某的自由主義、某某的馬克思主義和我們的文化保守主義形成一種互動對話。我記得很清楚，我在陳曉明的一篇文章裡把丹尼爾‧貝爾的一段話加了進去，就是：政治上的自由主義、文化上的保守主義、經濟上的社會主義。在貝爾那裡，「文化保守主義」不是一個負面的詞，這也是我們這樣給自己定位的助因之一。現在看來，那時還有點懵懂，對每個主義的理解、對它們之間關係的理解，都還很膚淺。

　　問：您提出文化保守主義，跟當時哈耶克思想進入大陸有關嗎？

　　陳：哈耶克那時候很熱，我只是覺得他的說法有助於化解傳統與自由主義思想之間的緊張。但對哈耶克，我真的瞭解很晚。我在《讀書》上面寫過一篇很短的文章，提到哈耶克講社會是歷史選擇

的結果而不是人們建構的結果，但是被人家指出來說我的理解錯
了。現在感覺還挺尷尬喪氣呢！

問：您從1994年就開始編《原道》，但您感覺是到了什麼時候，
國學、儒學才受到愈來愈多的重視？

陳：大概是最近這五年吧！但是我對這種問題向來比較遲鈍，
我的文章都只是解決自己的問題、記錄自己的思考，而沒有別的意
識或動機。李澤厚前兩年表揚我，說我十幾年前搞國學，現在國學
熱起來了，也沒去撈點利益什麼的。這也值得表揚？也太不瞭解我
了。

問：「北陳(明)南蔣(慶)」的說法是什麼時候出來的？

陳：那是瞎扯，你不能當真。應該是2004或2005年，《中國新
聞週刊》上面講過的。

姚中秋(以下簡稱「姚」)：對。那時候有幾個活動，一個是《原
道》的十周年慶，另一個是在廣州開的儒教會議。

陳：那個會也是我辦的。2004年我在社科院宗教所成立了儒教
研究中心，當時就琢磨著搞這樣一個會。後來得到廣州信孚集團的
支持，就搞了這個「首屆全國儒教學術研討會」，反響挺大。

姚：然後呢，還有一個叫作「讀經的爭論」，對吧？當時，一
個是儒學方面有很多表現。再一個是，當時有若干自由主義者加入
支持儒家的陣營，這也引起了思想界的關注。像劉海波、范亞峰和
我都是支持儒家的，只不過范亞峰後來走上了基督教。所以應該是
在那個時候，儒家有了一種自覺，並且在思想的光譜上呈現了出來。

二、對港台新儒家的批評

問：接下來我想問一些比較大的問題。從闡發「即用見體」到

提出「公民儒教」說，您的路數跟蔣慶、康曉光等其他人很不一樣，甚至有人質疑您是「僞儒」。雖然您曾受到港台新儒家的影響，但您並不同意港台新儒家的話語形式。雖然您總是表示支持自由民主憲政，但您也經常表達出強烈的民族主義。以下，可否請您談談您的主要思路？

姚：我建議分兩部分來談：一個是判教，談對其他儒家的看法和批評；然後談自己思想的基本結構。

陳：好。我作爲一個1960年代出生，在1980年代求學思考的人，一直和自由主義有某種親和性，這是我的不變初衷。

說到判教，我想先談港台新儒家。我說過港台新儒家是我精神的導師。他們的時代崇尙理性，認爲哲學是皇冠上的明珠；哲學被他們當成說明儒學的最佳學科框架。所以，他們的著作總是比較偏重儒家思想內部概念的關係，並把儒學說成是跟某種西方哲學相似或相近的體系。

而我，可能因爲1980年代大陸「文化熱」的緣故，比較關注作爲文化符號的儒學與我們的歷史、我們的社會、我們的生活和生命之間的內在互動關係，從這種關係中去理解儒家的意義和功能。這些東西我認爲是更更重要的，因此，我並不認可港台新儒家表述和論證儒家的話語形式。他們的進路預設了哲學在「歷時性上的同一性」和「共時性上的普遍性」，然而，這雖然可以在返本的時候爲我們護住一線心脈，但卻無法幫助我們在開新的時候撐開一片天地。在我看來，沒有哲學不意味文化就沒有尊嚴；沒有關於天地人生的論述、沒有信仰才是問題的關鍵。所謂「爲天地立心」，在性質上顯然更接近宗教情懷而不是哲學意識，是一種先知式的體悟而非哲人式的論證。

牟宗三對儒學的心性論定位是哲學話語形式的必然，因而將宋

明理學當作儒學的最高形式，並將它本質化。但實際上，宋明理學與孔子的精神、易傳的傳統相去甚遠。它是儒家價值在宋代這個特定語境中的某種落實方式。牟先生看到了朱子的問題，推崇胡五峰、程明道一系的思想；但是，他本人雖然企望「即存有即活動」的境界，卻終究沒有將這一進路帶回到孔子與易傳大化流行的宗教性生命感和世界觀。「即存有即活動」本身的表述形式就是哲學式的、宋明理學式的，不僅很隔，而且把自己、把儒學弄得很被動，非得生造出一個「坎陷」的概念才能實現與外部世界的溝通連接。

一定要講哲學的話，那儒家也應該從人生哲學和政治哲學的方法和角度去講。人生哲學是與天合德奉天而行，成己成物參贊化育。政治哲學是以安老懷少悅近來遠為終極描述；至於具體如何博施廣濟，則大而化之沒有給出規定。這樣的理論基礎是極富彈性的，闡釋的空間非常寬闊。

問：您不同意港台新儒家從心性儒學開出德先生與賽先生的話語形式，您覺得這太依賴西方「哲學」範式。那您怎麼看徐復觀？

陳：我比較親近徐復觀，因為他的史學進路和自由主張，不存在什麼開不開的問題。

問：您怎麼看港台新儒家想要把儒學與德先生連接起來的問題意識？

陳：民主是五四以來的主流價值，跟科學一樣無可置疑，因為人們把它當成了民族振興國家富強的靈丹妙藥。這自然也不免帶來對其理解的片面與偏頗之處。科學成了科學主義，連人生問題也想靠科學解決，但實際上科學並不提供意義。民主作為一種制度，是實現正義的工具；但其效率、效果的高低，則存在一個與歷史情境社會條件相匹配的問題。對我來說，深化對民主的理解不是要解構它，而是要更好地實現當初追求它的初衷。

　　袁偉時提醒蔣慶不要從新儒家的立場「後退」，就是不要否定民主與科學，我覺得有道理。但是，像袁偉時那樣依然把科學和民主絕對化、意識型態化，也是不妥當的。自由主義者不能一直停留在五四和80年代的思維水準上。

　　問：余英時不算是新儒家，雖然在大陸時而被誤解為新儒家。余先生曾經從羅爾斯的政治自由主義架構去分析儒家在憲政民主社會、多元社會裡面所可能扮演的角色。他把儒家詮釋成一種合理的整全性學說，是多元社會中的重要一元，在尊重憲政民主基本規範的前提下發揮其影響力。我猜想，您可能覺得這樣對儒家來說，還是太委屈了？

　　陳：余英時先生比較複雜，他是錢穆的學生，既有現代意識又有很好的學術素養。我認為他實際上還是一個同情、認同傳統的知識分子。他早期作品中為傳統文化辯護的意識非常明顯，《中國近世宗教倫理與商人精神》毫無疑問是在韋伯的論域裡面為中國文化辯護。從這個角度來說，我對他是充滿敬意的。我對你剛剛提到的他的那種說法，即儒家在民主憲政的規範下運作，並不反對。我認為道統高於政統是從歷史文化上說的；它可以理解為在憲法制定的過程中，憲法應該考慮和尊重道統的有關價值論述。從現實的制度架構說，憲法的位階高於任何一個學說或宗教；這也是政教分離的現代政治原則所要求的。

　　但從儒家的內部立場來說，社會的多元性應該也是一個結構。在這裡面，儒家能夠、也應該憑自己的努力去獲得某種特殊地位，就像基督教在美國具有公民宗教的地位一樣。此外，我不太清楚他所描述的儒學的整全性是怎麼一種情形？我認為不能只從政治哲學的角度去理解它的整全性。就拿《中庸》來說，「天命之謂性」就是宗教性的；「率性之謂道」是關於人生的東西；然後「修道之謂

教」講的是政治哲學、社會治理的理念或形上學。余先生後來的一些作品，雖然方法論上沒變，但跟心性儒學對著幹的意識很明顯。他認爲朱子思想是內聖外王的統一體當然沒問題，但朱子的理學系統在今天很難有生命力。朱子的歷史世界與朱子的思想世界之間的緊張關係及其化解，我沒看出余先生有什麼說法。

姚：我插句話。我覺得在近代中國，親近儒家有兩個路徑。一個路徑是道學、宋明理學的路徑，這其實就是熊十力、牟宗三的路徑。另一個是史學的路徑，像王國維、陳寅恪、錢穆、余英時，其實是屬於這個史學路徑。如果是走史學路徑的話，就很難形成一個整全的體系，因爲史學本身就已經把整全性給破壞了。但是陳明走的既不是道學的進路，也不是史學的。

陳：前者有點像體經用經，後者有點像體經用史。我覺得自己的「即用見體」更接近章學誠：即體即用、經史合一；當然這是以周易的乾元化生論爲前提。我在《原道》出來以後，曾經給余先生寄過一本，還寫了一封信。那時讀到他〈猶記風吹水上鱗〉對錢穆與新儒家的區隔分疏，雖然學理上認爲他講的是事實，但我從儒家統一戰線出發，建議不應該放大錢穆先生和牟先生的衝突，再怎麼說這是內部分歧。當然他沒理我，但我受他的影響還是很大的，特別是方法論。我很贊成他結合社會學和歷史學來談問題，但我的路子更接近文化人類學或文化學。

三、從儒家到「儒教」

問：大陸現在很流行談「儒教」，而不僅僅是「儒學」或「儒家」。您跟台灣儒學界有很多交流，所以您一定注意到了：「儒教」一詞在台灣的出現頻率遠不及大陸。您如何理解這個反差？

　　陳：從大陸來說，以儒教的概念代替儒學的概念，主要是爲了強調儒家文化與社會生活和精神生活的有機聯繫。儒學的學是知識論的，或者乾脆就是哲學的，而這顯然無法體現儒家文化在歷史上的真實型態與地位。在台灣不用「儒教」這個詞，是因爲儒家文化本身就是以活態的形式存在著。在公共領域，它具有公民宗教的地位和影響；在私人領域，它滲透在民間信仰和倫常日用而不自知。所以不管你們叫不叫它「儒教」，它就是以「儒教」的形式存在著。

　　如果在大陸它也這樣，我們——至少我也就根本不會去折騰它了。

　　問：這些年來，「儒教」在大陸語境下的意義已經有所轉變。「儒教」之所指，似乎已經從一種「教化」變成了一種「宗教」。這是在學康有爲嗎？我發現您也使用「儒教」一詞，而且視之爲一種「宗教」。

　　陳：牟先生他們那一代儒家，主要是想通過西方學術來證明傳統儒學的知識正當性，進而證明它價值上的正當性。但我始終覺得這個路子有問題。我認爲，在實踐中證明它價值上的有效性才是有意義的；唯有如此，它知識上的正當性也才會得到承認。孔子的東西之所以在四庫全書裡面成爲「經」，並不是因爲它在知識學類型上跟韓非子或墨子有什麼不同，而是基於它在倫常日用之中、在現實的政治運作之中的地位和影響力。現在，它所依托的社會組織架構隨著社會變遷而逐漸衰落消亡，那麼，爲它尋找建構新的社會基礎與平台，也是順理成章自然而然的事。

　　「宗教」之外，還有什麼更好的別的什麼形式或進路嗎？康有爲的用心恐怕也是在這裡。康有爲的孔教運動如果不是過於高調的國教定位，而是實實在在地求取一個跟佛道耶回同樣的法律身分，將孔廟、宗祠、書院等儒教資源整合一體，我們今天也不至於如此

狼狽。如果現在存在機會，我們應該好好把握，不能再次被歷史甩開。

問：跟佛道耶回同樣的法律身分？是指登記爲宗教團體嗎？如果是的話，我很想問您：儒者真的適合或擅長去搞宗教活動嗎？在台灣，登記爲宗教的儒教，是教徒人數最少的宗教之一，其影響力遠遠比不上道教、佛教。在大陸，登記爲宗教的儒教，真會更有影響力嗎？

陳：是的，登記爲一般的宗教團體。這樣至少可以拿到營業執照去宗教市場與人平等競爭。

我現在思考的一個興趣點，就是如何建構儒教關於生死問題的論述。我有個學生就做這個題目，跟北京大學盧雲峰也交換過看法。佛道教興起之前，國人的生死觀應該跟儒教有很深的關係；只是董仲舒以後，儒教愈來愈政治化、精英化，導致了這方面說服力的萎縮——這也是道教在民間興起的原因之一。

至於儒教的競爭力如何，那是另一個問題。台灣的一貫道，實際上就是以儒教爲主體。我做過一些考察，應該說深受鼓舞。

問：在台灣的教科書上，有不少儒家文化的教材。馬英九去祭孔也是您知道、甚至讚許的事。可是在台灣，儒家文化的教育不是一種宗教教育。宗教有太多種了，政府若是僅僅提倡一種宗教，便有政教合一之虞，那就違背了憲政民主的基本規範。反之，正因爲儒家文化不被當成一種宗教，其社會文化影響是跨越宗教的。

陳：前面說到的儒教在台灣的地位問題，就是跟馬英九參加祭孔、儒家經典進入中小學必修課教材聯繫在一起的。有其「實」最重要，至於「名」完全不重要。現在在大陸的情況是：儒家文化什麼都不是！前陣子在台大開會，我說台灣學者認爲儒教之說阻礙了儒家文化發揮影響，是「飽漢不知餓漢饑」。如果大陸學者也這樣反

對儒教，則是脫離現實的虛矯。

四、對國教說的批評

問：大陸有些儒教論者主張立儒教為「國教」，甚至主張一種嚴密的政教合一體制。這類國教說，乃至原教旨主義式的政教合一想像，到底有多儒家呢？您好像不曾批評過國教說。

陳：我的確沒有很尖銳地批判國教說，因為有你們批判已經夠了嘛！我再去批判幹麼呢？

但是我最近也說了些政治不太正確的話：首先，作為一種宗教，儒教的宗教性本身是相對比較弱的，這是指在對神靈的信仰方式和程度上、在對個人生死和靈魂的論述上。所以，即使我主張儒教說，也反對那種把儒教說得有鼻子有眼甚至眉毛鬍子也一清二楚的樣子。那樣既不能很好地表述儒教，也不利於在今天重建儒教。

第二，不能不尊重歷史，不能為了替自己的主張作論證就主觀地敍述歷史，比如講「儒教在漢代就已經是國教」。漢承秦制，基本是霸王道雜之的格局，並且是陽儒陰法。儒教是從薩滿教脫胎而來的，是在社會的基礎上生長積澱起來的；當然有禹湯文武和夫子的點化，但它本質上是屬於社會的。幾乎所有的早期社會和國家，都是被包裹在宗教的外衣內——絕地天通是一個標誌。在政由寧氏祭則寡人的政教分離之後，儒教及其禮樂制度就開始從政治運作中淡出，到秦的焚書坑儒發展到頂點。然後董仲舒對策漢武帝而獨尊儒術，這並不是柳暗花明又一村，而是蕭瑟秋風換人間；儒已經僅僅只是作為社會治理的一種術出場，而不再是道了。並且之所以如此，仍是因為儒教有著深厚的社會根基，否則憑什麼聽你的？他又不是回心向道的儒教信徒。

姚：講這個，爲什麼會政治不正確？

陳：政治不正確，是因爲按照儒門內部的原則，我這樣說不利於儒教形象的塑造。但是，我認爲這個所謂的「上行路線」（按：此指國教說），理論上不成立、操作上無可能、效果上沒好處。我認爲，第一，發展儒教的路徑應該是從社會基層由下往上長，只有下面長好了、有了根基，上面才會重視你。

第二，必須要考慮到時代的變遷。今天儒門淡薄，除了自由主義的衝擊、基督教的衝擊、意識型態的衝擊外，也跟儒家本身還沒有對社會變遷或者所謂現代性帶來的衝擊作出有效回應有關。我理解的現代性不只是左或右的意識型態話語，更是指工業革命以來形成的生產方式、生活方式、思維方式等等。由此出發，對儒教有所調整改變，應該是可能和必要的。

問：您覺得您跟蔣慶有何不同？

陳：實際上我跟蔣慶最不同的有幾點。第一，他是從儒學的角度看世界、看中國的問題；我則是從人的角度，首先是從中國人，然後是從世界的人出發，從中國人、全人類的福祉和發展來看儒學的。蔣慶的出發點是本質化的文化，我的出發點是人的生存發展。

第二，他關心的問題是所謂「中國性」的喪失和恢復，他認爲近代以來中國已經徹底西化了，也就是夷狄化了，政治上是馬克思主義，經濟上是資本主義。我關心的問題是中華民族的復興，就是近代以來尋求富強的問題。對我來說，「中國性」是一個歷史性、建構性的概念，不能簡單地從文化角度把它本質化；我關心的是人如何很好的生存發展，就是生生不息、天地位、萬物化。我承接的是洋務派中體西用的傳統，他承接的是倭仁的頑固派的傳統。

第三，蔣慶對現代性的態度，整體上是否定的。他對整個現代性是先做了一個價值的理解，然後否定。而我對現代性則是做一個

歷史事實的理解，然後把它作為我們生存的境遇去評判分析。

第四，基於這些方法論或是基本預設的不同，我們對於儒家將來的發展或者前景的看法也不同。我不贊同「國教」這種上行路線，我主張的是「公民宗教」的路徑。除開目標定位之不同以及相應的發展方案之不同，在對「作為一個宗教的儒教」的態度上，蔣慶強調儒教的完備性，所以要尊為國教；我則強調改革的重要性，我主張要加強儒教對靈魂生死的論述，以夯實基礎，爭取獲得公民宗教地位影響。

問：蔣慶的政治方案(一種所謂的「儒教憲政」)，您部分接受嗎？

陳：不接受，我認為蔣慶的方案沒有可操作性。他說「國體院」由那些有儒家血統關係的人充任，但他們能保證什麼？至於天道合法性，可以通過對憲政的闡述來體現。「通儒院」怎麼產生？由誰認定？我想我這個「偽儒」是肯定選不上的吧！

問：康曉光的方案，您也不接受？

陳：在問題意識上，我跟康曉光有相當的重合，就是對中國有一種「利益主體」的理解視角。在對文化的理解上，康曉光也有工具主義的色彩，這方面我跟他接近。但他是康有為加亨廷頓；他之接受儒學，跟亨廷頓的文明衝突論很有關係。亨廷頓不僅構成他的語境，也構成他的思想邏輯。我覺得亨廷頓是故意那樣拿文化、文明說事，而曉光卻有點上當，真的相信文明不僅衝突，而且具有超越利益、政治與法律的作用。因此，他把杜維明所謂的儒教中國給實體化，並據此建立自己的論述。我認為這太不現實或者說太理想主義了。

按照他的「文化帝國」邏輯，各個國家的華人儒教徒是一個共同體，那麼，中國境內的基督徒是不是要劃到西方去？穆斯林是不

是要劃到阿拉伯去？這不是搞亂了自己嗎？我們必須清楚：在國際
社會，絕大多數糾紛後面的關鍵因素除開利益還是利益。

姚：康曉光的文章不能發表，不是因為他的文章本身有什麼問
題，而是他完全以一個策士的身分，試圖把統治的秘密全部公諸於
天下。他原來提什麼合作制國家、精英的聯合統治啊，意思就是精
英把持壟斷權力。

陳：我跟蔣慶、康曉光他們一個基本的共識，就是從「宗教」
的角度去理解、闡釋和建構儒家文化，因為這意味著關注儒學與生
活、生命的內在關係；而不是僅僅把它當成一個知識的系統，滿足
於其內部邏輯關係的釐清，在與西方哲學流派或個人的比較中評估
其成就。這是大陸儒學與港台儒學最基本的不同點。不贊成儒教發
展的國教定位，只是這個論域中次一級的問題。

五、儒教的「下行路線」

問：您不贊同立儒教為國教的「上行路線」，而是主張(1)通過
儒教的宗教身分，整合民間社會的儒教資源，而這對您來說，還意
味要加強儒教的宗教性論述；以及(2)從「公民宗教」去界定、建構
儒教的特殊地位和影響力。以下，能否請您談談這一「下行路線」
的兩個面向，及其背後的問題意識？

陳：如果國教所訴求的實際只是儒教的跨族群性與公共領域中
的基礎性，那麼，它首先應該具有與之相應的內在質素(即可能性)，
並且是自下而上地追求實現這一目標。

今天的「國」是「五族共和」、多元一體的現代國家，而不只
是漢族的國家。將一個特定族群的宗教通過政治或政府的力量定為
國教，康有為在那個時代做不到，現在這些人在這個時代更加做不

到。與這個國家相對應的群體，不是作爲ethnic group的漢族，而是作爲nationality的中華民族。各族群或各民族之平等，是維持中華民族的法律和道義的基礎，是最大的政治智慧。

從歷史看，儒教在中國歷史上顯然具有這樣的跨族群的政治地位，例如天安門的「左宗右社」格局，聖旨以「奉天承運」開頭，明清以來普遍的「天地君親師」牌位等等。漢族皇帝這樣做，少數民族皇帝也是這樣做的。《大義覺迷錄》就是雍正皇帝對這個問題的論述——順便說一句，他發佈正音詔令在南部地區推廣官話，雖然說的是「以成邊道之風」、「同文之治」，實際他想強化的是一個政治共同體。可見，從「公民宗教」的角度闡釋儒教，顯然是可能和必要的。今天復興或重建儒教，目標顯然應該包括「公民宗教」地位的爭取吧！這樣，我們就應該根據這一目標定位，來看它具備怎樣一些特徵或條件。

問：「公民宗教」所指爲何？

陳：「公民宗教」實際是指一種功能、一種地位。這種功能的發揮、地位的獲得，必然以「作爲一個宗教的儒教」的存在爲基礎，否則就不可思議。因此，首先應該是對「作爲一個宗教的儒教」的重建。這裡的重點，我想一是在社會中尋找和建立自己的社會基礎，二是建立和完善關於個體生命或生死、靈魂的論述。前者要求與現代社會相匹配，後者則是把自己理論實踐的薄弱環節補強。這就需要改革，就應該把儒教削得比較「薄」一點。

具體來講，一個是對華夷之辨的調整的問題，另一個是對個體性的重視的問題。儒教是把天作爲萬物之始的，也包含有作爲萬物之所歸的意涵，可是沒有得到闡發，可能是因爲孔子說過「未知生焉知死」吧！這方面不能滿足人們的需要，也是它在科舉制這種與政治連接的橋樑斷裂後很快衰落的原因。而一貫道等儒教型態在台

灣、東南亞地區的繁榮，則跟它對生命問題的承諾有很大關係。我
在考察之後，覺得有可能根據歷史文獻和民間信仰以及一貫道的啟
示，去做一點建構的嘗試。有了這些基礎，才談得上重回「公民宗
教」地位的問題。

問：您說「儒教」應該完善個體生命、生死靈魂的論述，可是
您也承認這不是儒家的強項呀！這一方面好像是削「薄」了儒家，
另一方面又好像做「厚」了儒家的宗教性。在這一薄一厚之間，您
所謂「作為一個宗教的儒教」似乎變成了一種台灣所謂的「民間宗
教」。但在多元的民間宗教之中，要以佛教和道教最具影響力。儒
教難道要去跟佛、道競爭？倘若「儒教」很難成為華人民間宗教的
主力，又怎能通過民間宗教的路徑，去取得公民宗教的地位？

陳：厚薄是從儒教與其他宗教的關係或關係相容性方面說的；
完善則是從內部說的。你說得對，「作為一個宗教的儒教」很大程
度上接近所謂的「民間宗教」。但是，民間宗教本身並不意味著其
影響範圍的狹小，或理論、組織的粗糙鬆散。再說一遍，儒教是從
薩滿教發展演變而來的，跟族群生活緊密勾連，直接衍生出一套禮
樂制度。但成也政治敗也政治，董仲舒後因忽視深耕基層，導致儒
教隨著政治變遷而失去了自己的存在基礎。現在放低身段，重新開
始，求得自己的一席之地是完全有可能的。

至於公民宗教地位的獲得，並不完全依賴於這個「作為一個宗
教的儒教」如何壯大。作為民間宗教的儒教在台灣影響力很弱——
這種弱，是相對概念，因為中國人的宗教本身以離散式為結構特點；
但儒教在公共領域裡的地位，又有誰可比呢？就是說，儒教不僅僅
是一個民間宗教，而是一個民間宗教的集合、群。甚至可以預言，
在大陸的宗教管理法制化以後，最大的儒教團體可能連名字都沒有
一個儒字。像三一教、一貫道還有東南亞的德教，都沒有儒字，但

都屬於廣義的儒教。這些都是儒教獲得公民宗教地位和影響的有力支撐。

問：您前面還提到「對華夷之辨的調整」的問題。

陳：梁啟超也曾思考如何在滿清建立的版圖上把多元族群整合起來，整合成為所謂中華民族的問題。就像美利堅民族不等於盎格魯薩克遜人、尼格羅人或者印第安人，中華民族也不等於漢人、滿人、藏人或其他族群。中華民族不是五十六個族群的簡單相加，而是各族群帶著各自文化背景、基於憲法原則的認同凝聚的有機整合。

作為與美利堅民族相對應的思想意識或觀念，所謂美國生活方式、美國精神的重心並不是某一族群的內部歷史和傳統，而是其跨族群的現實存在的反映。其內容受到政治、法律的制約，但無論如何，文化仍然是它的一個組成部分，並且其本身的存在形式也只能是某種文化性質的東西。同理，「作為公民宗教的儒教」是對作為一個政治共同體的中國之一員，對其政治法律身分及其相關論述的自覺意識與表達。這裡說的相關論述，是指一種共識、「共同善」之類的東西。它們跟族群意義上的父化具有內在關係，是與之不離卻又不盡相同的新的東西——與每個人都是歷史縱向與空間橫向的二維綜合體相對應，是需要我們去培養促成和建構的東西。在這裡，文化方面的工作與政治、法律層面的工作一樣重要。而作為五十六個族群或民族中最大的一支，漢族對此應該承擔更多責任，不僅要有自覺中華民族化的意識，即走出漢族中心主義，還要在中華民族意識的構建中帶頭做出貢獻。我個人感覺，雍正皇帝在試圖解決自己統治正當性時所做的工作，某種程度上也含有擴大儒教適應範圍甚至使之成為公民宗教的意義。我說的是前面提到的《大義覺迷錄》。當然，這裡面的問題也很多，需要逐一梳理。

可以說，參照基督教從猶太教的脫胎而出、後來新教的改革以

及基督教在美國發揮公民宗教作用等這樣一個脈絡，我這裡講的東西也許更容易理解：首先，把基督教從猶太教的分離看成是信仰與特定族群的分離；新教的改革則是對社會變遷的適應，而其在美國獲得公民宗教的地位則是前述演變的結果。當然，這也是需要具體分析的。

姚：宜中剛剛問到，您的「公民宗教」究竟要做什麼？您給它設想的功能到底是什麼？我覺得您還沒說清楚。

陳：公民宗教的功能有兩點：第一，要給政治確立一個價值的基礎，就是說在給政治一種合法性的同時，給它確立一個約束的標準。某種意義上說，董仲舒做的就是這樣的工作。換言之，是他把「作為一個宗教的儒教」推向了「公民宗教」的位置。給政治確立一種價值的基礎，這是第一個功能。第二個功能是在社會層面、在國家生活的層面，提供一種思想文化認同的整合基礎，以凝聚或塑造中華民族意識。

我的朋友謝志斌博士研究全球化與公共神學，他說斯塔克豪斯（Max L. Stackhouse）的公共神學雖然與公民宗教有所不同，是在全球而不是國家層面立論，但同樣強調神學的現世性和公共性，進而以之建構公共生活的道德和靈性結構。當然，他的公共神學主要是基督教神學，而我堅持從儒教出發則不免受到漢族中心主義的質疑。事實上基督徒就曾質問：為什麼拿儒教來當公民宗教？為什麼不就以基督教作公民宗教？我說，漢族人畢竟還是中華民族的主體。另外，儒教在宗教層面的寬容性更大。基督教作為一神教，跟伊斯蘭教的矛盾更加沒法化解。

問：請讓我先整理一下您所表達的主要觀點。您批評了立儒教為國教的主張，您說此種「上行路線」很難行得通。您說儒教應該致力成為所謂的「公民宗教」，並強調其跨族群性與公共領域中的

基礎性。一方面，您希望「作爲一個宗教的儒教」通過加強其關於個體生命、生死靈魂的論述，能在民間社會發展茁壯。以此爲基礎，您更希望儒教能夠具有跨越、超越多元族群的「國族整合」或「國家整合」的功能，從而取得公民宗教的地位。您認爲「作爲公民宗教的儒教」必須擺脫華夷之辨，並在此過程中適應現代社會的變遷。這是您的大意嗎？

陳：是這麼回事。

六、作爲「公民宗教」的儒教

問：您爲何要用「公民宗教」這個詞？在盧梭那裡，「公民宗教」是爲了要打造出高度同質性的國民、公民。它不但相當一元化，還有軍事化的價值在裡面，跟現代多元社會似有衝突。

陳：爲什麼使用「公民宗教」概念？首先是不滿研究界像任繼愈、何光滬他們以基督教爲宗教的標準範式來描畫儒教。儒教是宗教，不意味著儒教是基督教那樣的宗教。要證明這一點而又避開理論上的繁瑣，對其功能加以描述是比較簡潔的方式，由此可以比較清晰直接地把握儒教的特徵。作爲公民宗教的功能，有一些堅強而基本的事實作支撐；由此倒過來去討論它的承擔基礎與發生脈絡，就可以說思過半矣。我有一些想法：從絕地天通到制禮作樂，再到政由寧氏祭則寡人，焚書坑儒，董子對策，可以看到儒教由原始的薩滿教一路走來的歷程。

雖然出於社會和諧的考量跟盧梭一樣，但我對公民宗教概念的理解和使用，跟羅伯特・貝拉對美國社會的討論關係更緊密一些。國家是建立在社會的基礎上，而社會作爲一個共同體，作爲一個歷史存在是自古而然的，有它的價值理念和情感及其論述。那種從原

子個體出發討論國家的理論，實際上只是邏輯假設，雖然有很多積極意義，但只能看成是一個參照的系統。

費孝通的中華民族「多元一體論」中，政治一體、文化多元，正面意義很多，但是存在著政治與文化之間互不搭界的問題。在一個一體化的政治大屋頂或憲法大屋頂下，五十六個族群的文化邊界清晰，延續強化著自己的時間和記憶。但是，我們是不是也應該從空間的角度，去思考在這個政治共同體的基礎上，培育出某種新的文化意識呢？這個共同體作為我們生活的空間，也會隨著生活的展開而形成自己的歷史，形成新的文化。把國族意識當成這個新文化的組成部分之一，應該說是順理成章的吧？對此形成某種自覺比沒有自覺要更好一些，應該也是順理成章的吧？貝拉說「任何有著政治結構的社會都存在某種意義上的公民宗教」，這也就是我理解的中華民族意識。

憲法上對社會多元性的尊重並不妨礙對文化發展方向的引導，以促進文化與政治之間、文化單位與文化單位之間、個體與個體之間的良性互動關係。這種多元的文化與一體的政治之間耦合協調的問題，國民黨領袖孫中山就曾經多有論述。但從新疆七五事件以及更早的西藏三一四事件看，族群的融合或中華國族的形成還是一個剛剛開始的課題，甚至可說是一個嚴峻的挑戰。它既是政治的，也是文化的，即長期以來農耕文化與遊牧文化緊張關係的當代表現。

「作為公民宗教的儒教」與「作為一個宗教的儒教」是不同的。作為一個宗教的儒教，主要是對歷史、對漢族及其他認同儒教的社群而言的。作為公民宗教的儒教，則是對作為政治共同體的國族而言的。前者是時間性的，後者是空間性的。要實現由時間向空間的轉換或跳躍，這就決定了它必然是一個很薄的儒教版本，既要與其他宗教對接，也要與現代價值對接。對接越平順，其成立的可能性

就越大、效果就越好。所謂超越夷夏之辨，就是在公民宗教的層面說的，這方面它已經有了很多的積累。

問：在漢藏、漢維問題上，「作為公民宗教的儒教」如何促進族群關係的和諧公正？也許有人會說：漢藏、漢維關係的和諧化，不能只靠漢族知識分子的一廂情願，而必須傾聽「他者」的想法。

陳：這既是一個政治問題，也是一個文化問題。馬克思主義和自由主義有一個共同之處，就是都不看重民族問題；一個把人看成階級存在，一個把人看成個體存在。這種化約有個好處，就是可能會比較注重從政治和法律的角度去解決民族問題。我認為這也是很有意義的。但是，文化問題也是真實的，不可能完全被化約為政治或法律。你說的「對他者的尊重」我也是很同意的。我反對國教論，這應該說是「對他者的尊重」的一種體現吧？

在各個宗教中，儒教的版本顯然是相對最薄的；從歷史看，儒教對社會的關注也相對最多。它源自薩滿教的天人合一思維、對天的信仰，是從生命的角度去理解崇拜，這些都比較容易在諸神之中求得共識。而它的「己所不欲，勿施於人」也具有黃金律的地位。這些都是儒教爭取公民宗教地位、發揮公民宗教影響的有利因素。國族的意識增強了，族群聯繫的有機性也就會提高；族群聯繫的有機性提高了，族群關係的和諧程度也就會提升吧？

問：您說您反對一些論者從基督教的標準來衡量儒家的宗教性（極其短缺）。這讓我聯想到，蔣慶的「儒教憲政」似乎正是把他那套公羊學比附成一種具超驗性的準基督教式宗教，進而提出一套絕對的政教合一體系。他是否正確地理解了歷史上基督教與君王之間的複雜關係，暫且不談。但他難道不是在把儒學給基督教化（以他對基督教的理解為之）？是我誤讀了嗎？

陳：高調的儒教論者信仰比較多而歷史感比較缺，這二者本就

難以兼得。到底是從信仰出發有利儒教重建，還是從理性出發有利儒教重建，我是不敢說的。我對蔣慶的方案與論述是不贊成的，但出發點是效果。你在英國待過那麼久，學的又是政治學，我還想拿你的判斷作參考呢！

問：您不但承認、指出儒家的宗教性較弱，還主張加強儒家的宗教性論述。這裡似乎包含了兩個不同面向，前者是實然，後者是應然。後面這個應然（應該強化儒家的生死靈魂論述），一個參照是一貫道，另一個參照好像就是基督教。雖然您反對蔣慶、康曉光等人的國教說，但是，您的公民宗教說好像還是以「基督教在美國」作為參照？

陳：儒教在生死論述上的弱化是出於歷史的原因；董仲舒後，這個問題是由道教、佛教解決的。但是儒教的理論中仍然保留著它的邏輯空間，完全可以啓動。這不是什麼實然或應然的問題；新興宗教都可以雨後春筍一般冒出來，儒教老樹新枝又有什麼不可以？

再一個請注意，我不是拿基督教作參照，而是拿美國作參照。因為美國是個大熔爐，不同族群相對成功地被整合成了美利堅民族，建構起了美國生活方式或美國精神。日本是單一民族國家，它的公民宗教的主要基礎應該是神道教，是硬生生建構起來的。從這裡也可以看到，公民宗教實際也有多種模式。相對於日本、法國，中國跟美國顯然相對更具可比性。

問：我注意到，您好像對基督教在中國的發展感到焦慮。三自教會加上家庭教會的信徒，現在估計有六千萬、八千萬，甚至更多。作為公民宗教的儒教，能接納、包容這些「異教徒」嗎？還是又要把他們當成「西方污染」？

陳：不會壓制，就是想包容它，建立共識。我的立場是，中華民族的文化屬性仍然是以儒家為主、為底色，這是我努力要去建構

的東西。但我不認為這個立場會帶來宗教壓迫。如果說國教論會讓他者感到不適的話，公民宗教論應該不至於如此。

地下教會的問題跟宗教政策有關，跟三自教會有關，但跟儒教關係還談不太上。另一方面，我的基督教朋友中反儒教的當然不少，但是，認為儒教和基督教可以相容並包、和諧共處的也很多。諸神之間存在緊張是自然的，但緊張不等於衝突。

「西方污染」的問題比較複雜，跟文化身分與政治身分的關係、文化認同與政治認同的關係糾結在一起。美國人既然提出了「文明衝突」論、提出了「軟實力」概念，那就說明這個問題並非完全是空穴來風。畢竟從歷史看，政治經濟甚至軍事的因素，也確實曾經搭載在宗教的平台上嘛！我覺得，在這裡若是將問題簡單化，不是太愚蠢就是太虛偽、太陰險。

我一直以孫中山、蔣中正、馮玉祥乃至張學良、王建煊做例子，說明做基督徒與做中國人並不衝突。儒門中人必須轉換觀念，接受文化身分與政治身分、法律身分不再完全同一的事實。這與為儒教爭取公民宗教地位並不矛盾，反而有利於形成這種意識、有利於達到這樣的目標。在三教合一的文化結構中，「儒教治世」，這正說明儒教主要的功能是在公共領域裡。當然，如果因此就說儒教不是宗教，那顯然是不對的。

問：您的說法借助了貝拉的現代化理論，甚至帶有結構功能論的色彩。但無論如何，您最看重的好像還是「國族整合」、「國家整合」的功能。

陳：我的確帶有結構功能論的色彩，也的確看重「國族整合」、「國家整合」。但國族、國家在我這裡都是正面概念，或者說是具有正當性的國族與國家，也就是包含了現代權利意識、公民意識、法律意識等自由民主理論所強調的現代價值。但「公民宗教」本身

不是什麼規範性的東西，而是一些共識、共同善之類的東西，是各
社會文化體之間的最大公約數。國於天地，必有以立。這個所以立
之基礎，必然是價值性的，而價值的基礎從根本上說只能是基於信
仰的，是宗教性的。我希望儒教能夠憑著自己在現代國家建構中所
作出的努力和貢獻，來獲得公民宗教的地位。

我所想像的公民宗教是佛教徒、穆斯林、基督徒也能夠接受的
一些觀念價值，像生生之德、天理良心以及和諧、仁愛什麼的，既
是理念、價值也是共識、情感。當然，基督教、伊斯蘭教等其他宗
教的一些觀念價值也可以整合到裡面來。所謂「作爲公民宗教的儒
教」無非是說：在我們的公民宗教裡，儒教占有比較大的思想比重
而已！公民宗教比較薄，但卻又具有綜合的特徵，內涵小外延廣吧！

台大的陳昭瑛教授對儒教論一直不怎麼認同，但最近跟我說公
民宗教概念還是能夠成立的。不知她是不是意識到儒學在台灣實際
上就具有類似的地位和作用？你們把以儒家爲主體的中華文化課作
爲必選，並且提高到六個學分，以及在大陸主政時期就提倡的四維
八德、禮義廉恥、忠孝仁愛信義和平等，本身就應該從這個角度去
理解。

問：可是在台灣，即使「儒家教育具有公民宗教的社會整合功
能」的說法可以成立（這點我目前還無法確定），這種功能大概與「禮
義廉恥」有關，但卻似乎不是以「作爲一個宗教的儒教」作爲基底
的。

陳：說它是以儒家文化作爲我們的傳統，歷史久遠、影響廣泛、
正當性普遍承認，應該不會有錯吧？這些東西是一個系統，它的基
礎論述顯然是天、是聖賢。當我們說它不是宗教的時候，通常是以
基督教或者佛教、伊斯蘭教等作爲宗教的標準。但實際上，幾乎有
多少個民族就有多少種宗教，它們的宗教屬性是不能以某些特定宗

教作爲標準衡量的。例如按照基督教的標準，佛教是不能算宗教的，因爲佛不是神，而只是一個覺悟者。回到儒教問題，如果不是儒教社會基礎深厚，漢武帝怎麼會接受董仲舒的建議，承認天的至上性、政治上復古更化？再以國外爲例，自由平等博愛明明是資產階級的價值理想，但是，其論證卻偏要扯上基督教的上帝，這又是爲什麼？本身有內在關係？增強說服力？這已經不重要了，關鍵是它確實就是這樣做的。

貝拉好像還說過，在清朝的時候，儒教就是中國傳統的公民宗教。這既是因爲滿人信的是薩滿教，也因爲儒教在漢人爲主體的社會中基礎廣泛。

問：您的說法似乎接近於一種以儒家作爲文化基底的國族主義。中華民族或中華國族作爲一種想像的共同體，會選擇性地從過去的文化傳統中去汲取很多資源，以建構出一套國族歷史敘事，以肯認自身的文化認同。這是您的想法嗎？

陳：沒問題，我可以接受這個說法。

我不否認自己的公民宗教論述，是希望儒家傳統在這個多元一體的國家中獲得更大的影響力。但我要強調的是，這個以儒家爲基底的公民宗教，正是要超越作爲ethnic groups的族群性。相對於其他可以選擇的資源，儒教顯然比基督教、伊斯蘭教、佛教或道教更具開放性，因此也更具有競爭力——也許他們不這樣認爲，但這是我的立場，可以在另一個層面展開討論。在這裡，政治價值方面的元素、共時性基礎上的共同體感受與經驗才是主導性的；而文化的元素、歷史的敘事則是材料性的、輔助性的。

姚：重建儒家，在您那裡是兩個過程。一個是要重建儒家本身，然後您還有第二重情形，是要爲一個正在形成中的現代國家提供某種精神支撐。這是兩個不同的任務，而您似乎想要畢其功於一役。

陳：我是分別從「作為一個宗教的儒教」和「作為公民宗教的儒教」兩個層面思考儒教的重建問題，並且強調「最終獲得公民宗教的地位或功能」這個目標的重要性與導向性。這是因為儒教如果不能發揮這個作用，那麼它的存在就算不是沒有意義，那也意義有限。

姚：我覺得，這兩個工作、目標之間存在著很嚴重的衝突。要重建儒家，必須把儒家做「厚」。如果又要為現代國家提供一種普遍的價值，那一定是要把儒家削得很「薄」的，否則的話就沒有這種可能性。

陳：是這麼回事。我在給《第歐根尼》寫的文章中就特別指出了這點。但我跟你的不同在於，我認為，如果不能在第二個層面上產生效用，即如果不能作為公民宗教為現代國家的建構、中華民族意識的塑造發揮某種重要的作用，那麼，「作為一個宗教的儒教」無論做得多「厚」都意義不大。唐代就有儒教治世、佛教治心、道教治身的三教合一論。所謂儒教治世，就是指對公共事務比較關心，同時在公共事務中也具有較大影響力。在今天，儒教固然要補足自己的短板，即關於身心性命、靈魂生死等問題的論述，從而在社會中立足；但立志卻一定要定位到「公民宗教」，並考慮為它的銜接留下介面和空間。相反，國教論才是希望畢其功於一役，甚至合二為一。我不是！

首先，我嚴格區分「作為一個宗教的儒教」與「作為公民宗教的儒教」。作為一個宗教的儒教，是相對於漢族或儒教信仰者而言的，是作為一個完整的宗教系統對信徒的精神生活發揮作用。作為公民宗教的儒教，則是相對於中華國族而言的；它是對作為一個宗教的儒教一些價值和論述的抽繹，但卻是在公共領域中發揮影響作用。

其次，我承認「作爲一個宗教的儒教」本身是有自己特點的，但同時也屬於一種「薄」的宗教，存在很多的弱項，如沒有自己獨立的組織系統、對靈魂生死問題缺乏足夠關心等等。

最後，我認爲儒教在今天與其說是要復興，不如說是要「重建」，並且是從社會層面的公民宗教的定位來重建，以虛帶實，以公民宗教之虛帶一個宗教之實。把這個過程跟我們國家的發展轉型結合在一起來理解，是這個過程的重要組成部分。在台灣，我發現「作爲一個宗教的儒教」並不是特別繁榮，似乎比不過佛教、道教；但是每個人心底都多少存活著儒教的根苗，而這正是「作爲公民宗教的儒教」地位穩固、影響廣泛的根據所在。這也使我對自己的思考更有信心。可以推論，將來大陸儒教在具體宗教層面的發展也必將是多元的，跟台灣的情形一樣，跟基督教也一樣；很多不同名稱的宗教，實際上不過是儒教或基督教的不同教派。

七、從中體西用到「即用見體」

問：您提出「即用見體」論，但到底什麼是「用」，並不是不證自明的。您現在覺得有些現實問題是最重要的，比方說西藏、新疆、台灣等等。所以您強調儒家必須要對中華民族或國族意識的打造、對現代國家的構建「有用」。但「現實問題」有許多，每個人看到的重要問題都不太一樣。

陳：首先我想澄清一下我的「即用見體」命題。「即用見體」是在對近代著名的「中體西用」命題的思考中形成提出的。「中體西用」是一個方案性的東西，是士大夫群體在面對西方文化進入的時候，處理儒家傳統與西方文化二者關係的一個問題解決方案。它主要就是明確以中國文化爲主，西方文化爲輔。「中體西用」實際

上是從「中主西輔」而來，而其所以取代後者，成為一種共識，是因為體用概念在主、輔意義之外，還有本、末的意義。這樣，就對中西文化何以應該是一為主一為輔，做出了某種程度的理論說明、規定或論證。一般認為，中國文化是講倫理綱常，是講精神的；西方是講堅船利炮，是講物質的；精神的東西是根本性的，物質的東西是末節性的。這裡面雖然存在將複雜的東西簡單化的問題，但在理論上有它的一套說法，現實中也符合主流的意願。所以，「中體西用」就獲得了它的歷史地位並影響廣泛。

跟孔子修《春秋》一樣，張之洞寫《勸學篇》既是文化的也是政治的。奧克肖特說政治生活的目的就是理解植根於特定政治傳統中的暗示，這跟伽達默爾講詮釋學的方法精神氣質相同。把政治當成行為是很好理解的，把文本當成行為就是洞見。塞爾的心靈哲學以奧斯丁的以言行事論為基礎，實際就是把言語當成行為來研究。行為就意味著意志或者意向——塞爾認為信念、願望都是意向性的。只有明確了這點，意義的討論和理解才是可能的。所謂以天下為一家、以中國為一人的仁，不是別的，正是這樣一種意志、意向。它的源頭、根據或基礎，則是天地的生生之德。梁漱溟感覺到了這點，所以他用Will說仁；只是受叔本華、柏格森影響，他講作意欲，偏重自然生命性而不是文化生命性。既然是Will，它就要求實現（梁漱溟從欲求講，所以用滿足這個詞，與仁的內在性質不符，這裡不論），因此，它就是行為和事件裡面或背後的東西。在我看來，「中體西用」論的提出首先是一個行為，然後才是一個思想。這個思想行為之所以值得肯定，就在於它的後面有一個中國人之主體意志的自覺和設定。我的「即用見體」說，就是為了把這關鍵的一點凸顯出來並加以闡釋。

即用見體的「體」，在本體論層面是指天地生物之心；在人文

層面，是指聖人體天製作的王心——這是董仲舒的概念，即王者之用心。它本身無形無跡也無言，天何言哉？天意見諸世間萬物，所謂「春夏秋冬、風雨霜露，無非教也」，我們只能即用以見之。這個「用」，首先應該作動詞或動名詞使用或實踐講，然後才有效用、效果、情境以及所成就之事物的意思——實踐總是情境性的、意向性的、有結果效應的。這個作為效果的用，是由意向性目標決定的；反過來說，這個意向性本身也只有通過這種「活動」「發用」才「呈現」出來。而儒家最高人格聖人是奉天而行，以生生為德，以仁為心，成己成物參贊化育的，因此所謂的用首先是「發用」。從實用主義去理解有它的契合性，但把它庸俗化則是不可接受的。

　　「用」之所以不是自明的，是因為意向性本身是抽象的，只有落實於特定情境之中才獲得具體規定。簡單說，「用」有一人之用一時之用，也有天下之用萬世之用；所以儒家要求大其心，為萬世開太平。在這個利益分化、社會多元的時代，它一方面有「己所不欲勿施於人」的元規則，另一方面也有尋找各方利益的相對均衡點的中庸之道。戴震認為仁者愛人就是「與天下共遂其生」，這與一神論、與鬥爭哲學都是不太一樣的，應該可以作為一個底線共識吧？

　　問：您想把當前重大的現實問題跟儒家聯繫在一起，通過建構、實現儒教之「用」，來彰顯儒家的價值。這種「即用見體」要兩邊照顧、來回論證，而且，有效與否還取決於一些不確定因素。

　　陳：你說得很對，正因為這樣，所以是一種實用主義和建構主義，但更像是建構主義。我基本是使用一種建構主義的觀點或思維方式。只談實用主義的話，可能就會把道德或價值的維度給犧牲掉。儒家講立德，講為生民立命，這都是虛的，也都是實的。朝一個目標行進，自然需要每一步都有所接近。因此，講究效用有什麼不好呢？心靈哲學說信念理想都是意向，意向就意味著行為，行為就意

味著效用和意義。這很適合古聖先賢。體天製作是價值理性，是「不易」；順時立教是工具理性，是「變易」。這二者是緊密結合的。

八、不是文化國族論，也不是天下主義

問：晚近隨著中國的經濟崛起，出現了一波國家主義的新高潮，種種文化國族主義以及政治國族主義言說再度抬頭。您的自我定位是什麼？您是文化國族主義者嗎？

陳：不，我不是你說的這種意義上的國族主義者。

我想強調的一點是：我之所以說要揚棄夷夏之辨，主要就是因為它後面潛藏的文化民族論與文化國家論在現代社會已經不是事實、不能成立。相應的第二點就是，按照這個原則實施，效果不好，既不符合更基礎的儒家原則，也不利於生民福祉。文化國家主義和文化民族主義就是把文化當作國家的本質、民族的本質。這樣一種本質主義，實際上是一種意識型態話語，一種形而上學思維。《春秋》大義的尊王攘夷論與文化夷夏論二者之間，應該均衡地去考慮。尊王攘夷論裡面對政治及其附著的共同體意識和利益有較多重視；文化夷夏論應該結合著這一切去做歷史的理解，才不會走向非歷史的虛無與悖謬。

前陣子我在廣州做了一個演講，從中華民族的角度討論儒學的問題。我說到要反對文化民族論、文化國家論，馬上就有人反對我。有個人舉了亨廷頓的文明衝突論，說歐盟是因為有共同的文化才出現的。但是我首先從事實來反駁他：文化同質性最高的是阿拉伯民族，其次就是所謂的儒教中國，就是中、朝（韓）、日、越南。但是在這些地方，仗打得有多厲害？搞台獨的深綠他們的福佬文化實際還是中原河洛文明的正宗呢！你還能簡單堅持說文化就那麼有力，

能夠等同於或成就一個政治聯合體嗎？現代國家以土地作為硬體基礎是有它的道理的，雖然這個道理也不是那麼經得起推究，但歷史事實從來都是這樣。

問：您剛剛講公民宗教，是在強調某種跨族群的國族文化認同的重要性。現在您好像反了過來，反對把文化無限上綱的文化國族論。

陳：這不衝突啊！自由主義者從無知之幕開始講政治，人被抽象化，這是不妥當的；文化決定論者則看不到這一遮擋的必要性，直接把文化帶入政治，這也是不妥當的。我認為兩邊都要考慮。所以我對於那種文化民族主義和文化國家主義論述有保留；對只講政治、只討論公共領域的人，我又強調文化維度的重要性。文化、政治在生活中的關係複雜糾結，應該從一個結構關係的視角去理解，而不能只是做一個平面的、一階的處理；它們不能互相化約、僭越和替代。在儒家內部，我們要說道統高於政統，政治要有價值的基礎。但在現實層面，又要尊重政教分離的原則，承認任何文化都應該是在一個法律的架構或平台上運作。

我以前這樣批評過朱學勤——自由主義者把政治共同體理解為個體的組合，實際每個人身上的文化元素是不可能完全被無知之幕所遮罩的；現在又從另一個角度批評原教旨主義的華夷之辨——每個群體都把自己的文化帶到政治生活中唯一的結果就是這個政治共同體的分裂瓦解了。我早就寫過〈多研究些問題，少談些文化〉，反對什麼都往文化上扯。相對於那種無限上綱的文化民族、文化國家的論述，我覺得要看到政治或是利益的關鍵性。文化雖然不是可有可無，但絕對不是最重要的。

我們講五族共和，要滿漢蒙回藏成為一個現代國家的話，當然它首先要有好的制度，但也要致力於某種公民意識的建設。公民宗

教的建構就是要做這個工作,它是跨文化的文化,超越族群的文化。沒有這個東西,政治一體,文化卻沒有交集,各自在自己的軌道上奔跑,這個政治的大屋頂或者基礎就會變得非常脆弱、難以長久維持。

問:晚近有不少大陸論者大談天下主義、朝貢體系、中華帝國。您剛才說您主張揚棄夷夏之辨,因爲漢族沙文主義不利於中華民族的整合。您似乎接受國際現實主義,所以您不怎麼談天下主義、朝貢體系、中華帝國這些東西。這個觀察對嗎?

陳:從外部原因說,是這樣。但還有一個內部原因。天下主義實際是有一個文化邊界的,因爲首先要有個天,然後才有所謂天之下。天必然是一個有意義的、神靈的、或者是神聖性的東西。但耶和華、真主,他們都是在我們這個天之外的——我們的天是自然、義理、價值、意志統一的有機體。他們是在有天地之前就存在的絕對的靈,所以他們跟我們壓根就是不共戴天,又哪來什麼天下呢?這是第一。

第二,講「天下」的時候,毫無疑問,這個理論已經預設了我族中心。每個民族都講我族中心,這可以理解。但是現在的問題在於:把這個我們的「天下」拿到世界體系裡面去談,還把它說成一種最公平的體系,這首先就忽略了它本身的我族中心預設,以及背後與之相應的力量結構格局。搞這些東西的人,似乎都沒有意識到這一點。

問:可是也有不少人充分意識到了這一點。他們談天下主義、朝貢體系,就是要搞中國中心主義,不是嗎?

陳:我知道。這就更不可思議了!打鐵先要自身硬,你現在吃幾兩乾飯,有沒搞錯?WTO以後的世界是個帝國,帝國就只有一個中心,那就是美國。朝貢體系,向美國朝貢還是向中國朝貢?自己

的法權都得不到尊重，例如外匯儲備都保不住，還說什麼說啊？聽著叫人想起金庸筆下的慕容復！

　　姚：其實提出朝貢體系的初衷，和天下主義的討論是一樣的，都認為中國人已經發明了一個更文明的組織這個世界的模式。

　　陳：對，我剛才反駁的就是這點。政治不是科學，是博弈的藝術。這些極聰明的人在這裡這麼書呆，可能是為了跟國際學術平台接軌吧！？實際上朝貢體系我很早就關心，黃枝連最早的書我在澳門97年就看到。他們是談戰略的問題，有它的意義。但重點是，世界是怎麼組織的？根據權力大小和利益關係。你現在有什麼？有道德還是有智慧？這不說沒用，至少用處不大。裝糊塗的話還好，真糊塗就沒得治了。

　　問：有些人認為：中國現在崛起了啊，就快要取代美帝了，而且絕對不會像德國或日本那樣失敗！您沒做過這種中華帝國大夢嗎？

　　姚：在這點上，陳明倒是自由主義的傾向比較明顯。他的一個基本預設就是中國還沒有完成現代國家的構建。那些人的看法都是中國已經很偉大了，現在問題是怎麼收拾別人。其實從這個角度來講，陳明也更像一個儒家，因為儒家通常只關心內部的治理，對外部世界基本是沒有興趣的。

　　陳：對，我是很自由主義的民族主義者。但是我挺關心外部世界，南海、藏南地區，我都很關心啊！但正因此，我知道我們自己雖然大，卻不強，憋屈的事到處都有。

　　秋風說儒家通常只關心內部的治理，對外部世界基本沒有興趣。也許如此，但我不這樣認為。天下、國家、社會、個體，四個層面在我看來都是真實的存在，都必須給予同樣的重視。但秋風只關心天下與個體，現在好像對社會也比較關心了，但是對國家的意

義還是重視不夠。前陣子他還說：他是文化中國論的天下主義的儒
家，而我是尊王攘夷的民族主義的儒家。我覺得「大丈夫當立功絕
域，何能坐事散儒」的話就很豪氣，而賈捐之那樣的書生則確實很
迂腐。言必稱文化實際上是無能的表現。有人說我是「僞儒」，我
不以爲意。

九、公民儒教與憲政民主

陳：我堅持五四的口號：外爭國權，內爭民權。

我首先覺得，中國作爲一個現代國家，該爭取和維護的利益一
定要努力爭取和維護。一般來說，自由主義者對內部的公平正義問
題感受急迫一些，新左派對帝國主義問題感受急迫一些，並且都常
常是只見其一不見其二。我有所不同，都有感受，並且注意區分利
益的大小遠近，問題的輕重緩急。

問：能否談談您對自由主義的批評？

陳：我剛剛說，我反對把文化放到決定性的地位上去；在這裡，
我區別於蔣慶他們那樣的原教旨主義者。但是一個現代國家也不能
完全只靠制度安排或法律來整合，它需要一種公民意識或公民宗教
來做連接，來提供認同感和歸屬感；在這裡，我又區別於一些自由
主義者。

自由主義的「憲政愛國主義」有它一定的道理，我這裡講的就
是遵循它的邏輯。但是它完全抽離文化、社會和歷史等方面的內容，
憲政國家成爲原子化個人的結合，於是變得非常空洞、不合事實。
任何政治共同體本身也是有歷史的，必然要生成出與之相應的觀念
意識與情感型態。前面說過，美利堅民族必然存在一種與之匹配的
文化型態，例如貝拉所謂公民宗教這樣的東西就是。

　　自由主義者如果選擇正面去理解儒家，我是覺得很輕鬆欣慰的。因爲在我的理解裡，儒家思想跟自由主義是可以很親和的，尤其古典自由主義和現代自由主義中的社群主義。我曾經也有過這樣的緊張：作爲植根於前現代的儒家與作爲現代價值的民主與科學，是不是必然衝突、無法協調？現在看，這完全是杞人憂天。英國是最早的自由主義國家，但是英國並沒有經過法國德國式的啓蒙運動。我們掛在嘴上的所謂啓蒙，主要是法國式的、德國式的，路德、加爾文這樣的宗教改革家也並不是英國人。重要的是工業革命，是社會內部利益關係的協調平衡。什麼韋伯命題，我看可以說完全是虛構出來的。如果是普世價值，那一定是因爲植根於人性；既然植根於人性，就一定不會受文化傳統的限制。

　　問：您的「公民宗教」論說，指向以「儒教」作爲文化基底的中華國族認同。在國族認同問題上，自由主義者之間是有分歧的。有些自由主義者特別擔心狹隘國族主義，因此選擇與太厚的國族主義論述保持距離。但也有些自由主義者認爲，某種具凝聚力的國族認同不但重要，甚至必要。

　　我的觀察是，部分自由主義者之所以對公民宗教說有所懷疑，未必是出於一成不變的、僵化的激進反傳統主義，而可能是因爲搞不清楚：在您所謂的公民宗教（或「公民儒教」）與現代自由民主憲政所需要的公民文化、公民意識之間，關係到底是什麼？

　　陳：我認爲公民文化的概念太泛，不能傳達國族意識的深層底蘊，尤其是不能幫助對政治共同體與文化族群進行整合。

　　人們對於宗教概念的理解主要來自基督教、佛教等等，這些宗教雖然強勢、影響廣，但並不意味著它們就是宗教的典範，甚至可以說它們在宗教世界中都屬於少數派甚至特例。更加普遍的是從薩滿教發展出來的各種所謂民間宗教，從弗雷澤、伊利亞德的著作和

觀點看是這樣，從出土文獻看也是這樣。孔子說「吾與巫史同途而殊歸者也，吾好其德義也」，這裡的「其」就是指天；孔子關心的不是絕對者別的屬性或意志，而是對它的生生之大德情有獨鍾。正是在這裡，儒教建立起了自己的神學論述，並奠定了其他諸如生命論或人生論的論述：既然性自命出，那就應該奉天而行，成己成物，最終與天合德即參贊化育，經由立德而不朽。修齊治平的政治哲學，實際上是鑲嵌在這樣一個宗教性的話語板塊之中的。格物致知就是於物上感悟天地生生之德，內化為自己的人生目標進而踐履實行。確立這樣一個儒教的話語系統，可以為儒教的公民宗教地位、中華民族意識的塑造打下基礎。

這個系統是孔子創造的，但後來被理學覆蓋了。朱子把作為生命起點的太極說成是理，將宇宙的生命性轉換成道德性，作為生命意志的仁也就被轉換成了作為道德意志的仁。我最近寫了一篇〈孔孟異同論〉，因為孟子是宋儒的始祖，而宋儒的那套說法是我非常不喜歡的，所以我就彰顯孔孟的差異。相對於孔子，孟子有一個存有論與倫理學的錯位，把倫理學層面的善提升到了存有論層面，而存有論層面的最高的善則因此被排斥湮沒。具體表現就是：孔子是從生命角度談善、談道德，孟子則是從道德角度、善的角度談生命。

生生的最好表述是「天地位焉，萬物化焉」，包括天的創造、聖賢的教化和每個生命體的自由生長，既是天道的最高體現，也是事物追求的目標和實現的根據。它就是亞里斯多德講的最高的善，即繁榮flourishing。因此，凡是有助於這種繁榮的東西，自然也就是善的與正當的。我想，應該是在這種意義上，歷史才被克羅齊說成是關於自由的故事。孔子這種對生命絕對而抽象的肯定，在給出了價值方向的同時，還賦予了我們去因時設教成己成物的使命和責任。

孔子對好的政治的描述是「安老懷少悅近來遠」，對於執政者的要求是「博施廣濟」，對於施政次第的理解是「先富後教」。這些都是抽象的，具體怎麼做，我想應該是無可無不可，「即用見體」並不執著。孔子怎麼會反憲政呢？康有為、陳煥章都明確支持憲政。憲政之憲，本就是指「聖王法天以立教於下」，本身就意味對權力的限制，並且不只是一個世俗性概念。

問：「儒教憲政」最近在大陸變成了流行名詞。但是，原教旨主義式的儒教憲政，是公開反對自由民主的；那些老是想拿孔子替當局化妝的「通三統」式儒教言說，也是如此。換句話說，「儒教憲政」與「現代自由民主憲政」之間的關係為何，仍是需要說明的。

陳：人家怎麼說「儒教憲政」是人家的事，我不置評。我覺得曾國藩、張之洞、康有為、梁啓超以及後來的新儒家張君勱、牟宗三、徐復觀和錢穆他們，應該都是儒教的認同者，並且也應該屬於憲政的認同者或儒家的改革派吧？我認為這應該才是近代儒家的主流甚至正宗。我覺得自己應該屬於並去傳承這一脈絡。

問：您前面提到儒家需要現代化，提到現代權利意識、公民意識、法律意識的重要性，而這意味要帶入政治現代性的元素。您強調作為公民宗教的儒教，應該成為現代民主憲政的重要鋪墊。可是，這兩方面該如何銜接？您好像只是揭示了您的意向或目標（即以「公民儒教」作為現代自由民主憲政中國的國族認同基底），但目前為止，除了訴諸貝拉的結構功能論，您好像還沒有談出「公民儒教」與「現代憲政民主中國」之間更具體的銜接方式。

陳：我覺得你這裡講的問題，實際上正是我現在想去解決的。我認為自由主義者可能對我太警惕了一些。我老是想把儒家的身段放軟放低，就是為了實現與自由主義結合的目標，就是為了更好的應對你這裡說的權利意識、制度架構等問題。但是，我理解的自由

主義不僅在政治哲學上是一個薄的版本，其形上學基礎也不是現代性的原子個人主義什麼的。我希望回到亞里斯多德的目的論基礎上，回到至善的概念上，用生生之德與繁榮的意義交集來實現雙方的對接。

新一期的《原道》是做中華民族建構的主題。實際上，我個人想導向儒家與自由主義的結合，做這方面的題目。我認為台灣不能獨立，國家不能分裂，所以制度必須改良，要能夠給人家提供認同感或歸屬感。從這個角度出發，儒家就必須得對儒家本身進行一些理論的更新。這既包括對過去儒學的整體圖景的重新描寫，也包括對新的價值的吸收，以及操作模式的重新設計。

我相信人能弘道非道弘人，我感到六經責我開生面。所以我辦《原道》，現在還想辦書院。我相信證嚴法師的那句話：去做，就對了！

問：今天大陸經濟成長得很快，可是在這個過程中，基本社會規則以及倫理精神秩序被破壞得很嚴重。這是許多大陸朋友的憂慮所在，我猜想您也是其中之一。如果儒家或「儒教」要在大陸發揮自下而上的更大作用力，是否首先就要設法改變當前社會潰敗的升級趨勢？

陳：這是毫無疑問的。儒家跟社會是結合在一起的，天下之本在國，國之本在家嘛。社會的提升與儒教的重振是同一個過程。現代社會多元，但儒教作為一種重要元素肯定具有不可替代性。你說的社會的潰敗，一個是指它自己的有機構成下降，一個是指相對於政府權力、相對於資本，它的影響力下降。「大社會、小政府」的模式曾經做口號喊過，現在也悄無聲息了。國進民退，權力和資源都向政府和大企業集中，公民社會、中產階級都成了負面概念，這是非常叫人憂慮的。這對儒教來說實際也是致命的。但沒有任何人

能從社會的潰敗中受益，所以，這種趨勢遲早會得到扭轉。那個時候也許是儒教的機會。

我常說美國真正厲害的地方不在於十幾個航母編隊，不在於制度優勢，而在於有一個發育充分、運作有序的社會。基督教則是其深層內核。所以我覺得儒教要出頭就要深耕基層，把社會給做厚。這也是我主張儒教要改革、要與時俱進的原因。執政者中的有識之士應該看到，在這裡他們跟儒教其實是有共同利益的。當年的漢武帝就是這樣的有識之士。漢帝國國祚綿延，漢民族也由此奠基。

問：假如有朝一日，某種中國特色憲政民主出現了，部分實現了「近者悅，遠者來」、「老者安之，少者懷之」，但是儒家仍然沒有取得公民宗教的地位，您能接受這種狀況嗎？

陳：當然接受呀！儒家是講憂患，但並不是焦慮症或偏執狂。孔子說天下有道丘不與易也。他要是有空，肯定是三五童子踏青去，微風細雨不須歸了。

問：最後一個問題，是關於您的台灣印象。因爲您來台灣好幾次了，不但跟台灣儒學界多所交流，也特別關切台灣民間宗教的發展。

陳：我最主要的台灣印象就是：一條不長的街上，百年老屋、幾十年前的磚房和不久前的高樓大廈連接在一起，而在它的連接處或者某個拐角，就赫然坐落著某個不知名的神靈並且香煙裊裊。初看過去不太美觀協調，但稍一琢磨，心生敬意。這就像樹的年輪一樣，記錄著台灣社會的自然成長，它的後面則是制度的理性、人性和生活的充實、祥和。

儒家和儒教的影響力，很難說得清，因爲它已經與這裡的人們相融爲一，成爲人們生活內在的組成部分了。貝拉今年要到香港說公民宗教，你要是先邀他到台灣看看，我敢肯定他不會再拿滿清說

事，而會直接以「儒教：台灣的公民宗教」爲題發言。

　　台灣對大陸未來發展的最大啓示，我想應該還是在社會層面。
我們應該對社會抱有信心，對傳統文化之於社會建設的正面性、有
效性抱有信心。

　　陳宜中，中央研究院人社中心副研究員，並擔任本刊編委。研究
興趣在當代政治哲學以及社會主義思想史。

思想
評論

0

後全球化時代的愛爾蘭劇場

高維泓

一、導言

　　過去許多個世紀，愛爾蘭因多雨，經濟上以農牧為主，林地廣袤又少人為開發，被賦予一個充滿詩意的名字：「翠綠之島」（The Emerald Isle）。然而，近二十年來快速全球化的愛爾蘭，吸納了各國專業人士與經濟移民，以及尋求庇護的東歐及非洲難民，短時間裡成為美亞非各洲的文化熔爐。換言之，愛爾蘭不再只是翠綠，而已成為綴滿各種繽紛圖案的文化「織錦」（tapestry）。這條「織錦」上有著密密麻麻、經緯穿梭的各色繡線，若要細覷，恐難窺全貌；如想宏觀，則不易發現繡線底下隱藏但卻已變易的傳統底蘊。對於本國人而言（尤其在2008年經濟風暴之前），這個曾經在1988年被英國《經濟學人》雜誌貶為「歐洲乞丐」、青壯大量遠走他鄉的國家，經濟起飛後「擁有第一世界的富裕，卻帶著第三世界國家的記憶」（Gibbons 27）。然而，這種矛盾並未因全球化而消解，反而更加深化；儘管《經濟學人》在1998年在封面改稱愛爾蘭為「歐洲之光」，卻有更多本國人覺得愛爾蘭不再讓人有歸屬感，「家成為一個陌生的場域，就好像身處外國一樣」（O'Toole 173）。全球化所帶來的改

變是不可逆的，本土和舶來文化的傾軋與融合，不僅改變「織錦」
上繡線的方向與花色，也讓想一窺愛爾蘭當代文化堂奧的外來客感
覺既熟悉又很遙遠。不同於過往文化民族主義者所定義的「流離」
或「流放」，這種在地人的「飄浪感」（disporaic），也呼應社會學
者高德爾思（Nathan Gardels）所說，「後全球化時代雖標榜各大經濟
體能互通有無，但最終無法改變各族群在文化、政治、經濟體質上
的差異」，這也是多元化的愛爾蘭所正經歷的狀況之一（Gardels 5）。
本文將以劇本主題屬性，分別分析當代愛爾蘭劇場中之「外國情
調」、「移民血淚」、及「邊緣族群」三大元素，或以劇作家之系
列作品，或以同一主題之不同作品為切入點，回顧並剖析全球化對
愛爾蘭所造成的各色影響，以及所留下的歷史印記。

　　愛爾蘭人對「家」的陌生感，早在20世紀初就已經困擾當地人。
蕭伯納在批判英國殖民主義與愛爾蘭島國根性的劇作《英國佬的另
一個島》（*John Bull's Other Island*, 1904）中，就指出英國和愛爾蘭人
儘管彼此緊鄰，想法卻大相逕庭，就在於「各自不曾離開居所，所
以根本不知道自己屋子的樣子」；愛爾蘭與英國人只得不斷想像，
或複製跟對方有關的刻板印象（Shaw 95）。更令愛爾蘭人焦慮的是，
好不容易跨出「家／國門」，卻赫然發現英國鄰居（殖民者）是以觀
奇的方式來塑造或扭曲愛爾蘭形象，但自己又無法清楚說明「我是
誰」、「誰可代表我」。在愛爾蘭民族主義方興未艾的20世紀初，
蕭伯納的這部幾可動搖民族自信心的劇作，自然被主導艾比劇院
（The Abbey Theatre）的葉慈所婉拒。葉慈婉拒當時在英國劇場已頗
有聲望的蕭伯納，想必經過審慎揀擇，卻反映了對「外國人眼中的
愛爾蘭」，及「愛爾蘭如何展演自己」的焦慮。如果說英國殖民主
義是使愛爾蘭邁向全球化的濫觴（比如大量移民引發資本流動），對
照晚近時有所聞的種族衝突及各種防堵難民定居的法條，顯示當代

愛爾蘭還未能從容地面對「後全球化」的自己[1]。

　善於反映社會現實及文化心理的愛爾蘭劇場，開始將這種「本土vs.外國」的集體焦慮呈現在舞台上。儘管咸認1990年代以降，愛爾蘭劇作家已不再將焦點對著過去，而多放眼「現狀」，並處理跟多元化社會及新移民等有關議題，但20世紀中期的劇作家，並沒有因為天主教政府採取鎖國政策，就終止對島外世界的關心，反而常以後殖民的角度檢視愛爾蘭人排外與崇洋的矛盾心理，作品如約翰・金(John B. Keane)的*Many Young Men of Twenty*（1961）、墨菲(Thomas Murphy)的 *A Whistle in the Dark*（1961）、*A Crucial Week in the Life of a Grocer's Assistant*（1969）、*Conversations on a Homecoming*（1985）。費爾(Brian Friel)中早期的劇作如*The Enemy Within*（1962）、*Philadelphia, Here I Come!*（1964）*The Loves of Cass McGuire*（1966）、*Faith Healer*（1979）等，都直接或間接地呈現外國文化對傳統愛爾蘭性(Irishness)的衝擊，連帶影響劇中人的自我認同及引發信仰危機。

　1990年代以後，本土劇作家更積極拓展關懷的面向，如巴利(Sebastian Barry)的White Women's Street（1992）刻畫移民美國之愛爾蘭人，與來自俄國、中國、德國等地之淘金客聯手欺壓印第安少女的故事；歐凱利(Donal O'Kelly)描寫烏干達難民遭愛爾蘭官員不當遣返的寫實劇作*Asylum! Asylum!*（1994）、馬克唐納(Martin McDonagh)諷刺愛爾蘭人大做美國夢的*The Cripple of Inismaan*

1　比方2005年，愛爾蘭曾舉辦有關是否賦予在愛爾蘭出生，但父母親為非愛爾蘭籍之嬰兒「自動公民權」公投。有高達79.1%的投票人投否定票，而不顧這些嬰兒可能成為國際人球。舉辦以種族為議題的公投，讓以難民身分來到愛爾蘭的烏干達裔劇作家沙朗巴(George Seremba)，覺得「在街上就聞得到敵意」(摘自 *King 119*)。

（1996）、巴勒特（John Barrett）刻畫1904年科克市大規模反猶太人運動的*Borrowed Robes*（1998）。千禧年以後，劇作家關注的焦點更貼近時事及愛爾蘭邊緣族群，如歐羅（Mark O'Rowe）揭露青少年黑幫性暴力的*Made in China*（2001）、堤方（Colin Teevan）以伊拉克戰事隱射北愛問題的*How Many Miles to Basra*（2006）、班維爾（John Banville）透過回顧猶太詩人策蘭（Paul Celan）與曾支持納粹的德國哲學家海德格之間恩怨，暗批都柏林種族暴力的*Conversation in the Mountains*（2008）、費希理（Stella Feehily）刻畫表面富裕，卻心靈苦悶的都柏林青少年之*Duck*（2003），也有直接將迦納女劇作家艾都（Ama Ata Aidoo）描寫非裔美國人文化衝突的*The Dilemma of a Ghost*（1965, 2007）搬上都柏林舞台。

　　根據愛爾蘭劇評家隆諾根（Patrick Lonergan）統計，若包含在海外首演的作品，2001年至2007年間愛爾蘭劇作家共有263部新作發表（182）。劇作家選擇在海外首演作品一方面是為（英語）市場考量，這個數字卻意味著新一代愛爾蘭劇作家的創作焦慮。跟過去傳統或經典的劇作不同的是，這些新劇大多嘗試以新的題材與視野，以直接或間接的方式，來呈現愛爾蘭在全球化過程中的各種經驗；劇作家也不再創作與傳統民族主義直接相關的作品。愛爾蘭人所必須面對的移民、毒品、黑幫、失業、工殤議題，也與世界其他地區所面臨的問題有相通之處，這也體現全球化對愛爾蘭劇作家的正面影響。

　　在高科技的推波助瀾之下，全球化改變了傳統「疆界」的定義，快速流通的資訊、異國文化的影響，都能以「無國界」的方式悄然進行。對於曾戮力要維護領土完整，而不惜流血犧牲的愛爾蘭人而言，全球化確實幫助愛爾蘭能以英語優勢很快融入全球市場，但國族文化傳承及社群認同該如何維繫，則是令人憂慮的。然而，在細究當代愛爾蘭劇場如何呈現這種集體社會焦慮之前，有必要再爬梳

這個看似平和的「翠綠之島」，爲何對「國／家」的重組與轉變有
著高度的敏感與不安。這或許是因爲過於快速的全球化，使得人們
無法適應轉變過程中的陣痛，而對「家」產生疏離感：對本國人而
言，「家」中多了陌生的組成分子；對於新移民而言，新「家」存
在著不明敵意，難以安心[2]。但若從大歷史的角度來看，全球化所導
致的種族、政治、經濟問題，如同薩伊德所言，是一種延續自舊時
代「帝國主義與極權主義對弱勢者的侵害」，是強國挾各種政經優
勢對跨界邊緣族群（如難民）的「戰爭行爲」（Said 137）；弱勢者只
能透過搶灘登陸的大規模移民來反制這種隱性的戰爭。

　　更確切地說，愛爾蘭人對於非我族類的強烈排斥或焦慮，並非
因晚近全球化而起，而是肇因於長年來政治宗教上的分化主義
（sectarianism）。這種潛意識上「分別敵我」心態，似乎因北愛問題
緩和與南愛經濟躍升而消解，但如同愛爾蘭文化研究者迪恩
（Seamus Deane）於1990年代初期所預示，「當一個文化在政治層次
上越統合，……這種分化主義就越外顯，且通常伴隨著仇視外國人
的心態」（Deane 682）。雖然當年迪恩所要批判的是愛爾蘭因政治分
裂，導致精於相互內鬥虛耗之民族性，但當全球化以直接、間接的
方式改變了該國的政治狀態（如北愛和平進程）、經濟體質（成爲歐盟
第二富國，僅次於盧森堡）、及人口組成（經濟移民與難民之湧入），
這種隱藏在心理深層的分化主義，卻轉化成劃分主流與邊緣、白皮
膚愛爾蘭人與有色外國人、中／高經濟水平與經濟弱勢者之「外顯」

2　光就1996至2002年間，就有153,000人移居愛爾蘭。1999至2004年
　　間，所發出的工作簽證達600%的成長率；愛爾蘭政府發出47,000
　　個工作簽證給外國人。這些廣開經濟大門的措施，對愛爾蘭文化之
　　影響可說甚巨。詳見Martine Pelletier之 "'New Articulations of
　　Irishness and otherness' on the contemporary Irish Stage," p. 99.

意識。表面上南北愛紛爭已近平息，但這種社會快速轉變所引發的不適應感，自然使土生土長的愛爾蘭人覺得「在家裡彷彿像在外國一樣」。這種焦慮引發的種種社會現象，也成爲20世紀末愛爾蘭劇作家創作時的共同題材。

社會的集體焦慮必然影響文化傳承與社群概念的穩定性。全球化改變了「疆界」的意義，加速人口的流動，也動搖個人原本習以爲常的「國／家」概念。就愛爾蘭而言，這種挑戰的力道乃從帝國殖民時期開始積累，「國家」此一概念因不斷地被否認、辦證與被強行定義，加上晚近全球化的催化，至20世紀末轉變成多元、混雜而不穩定的「狀態」。這種演進一如後殖民學者巴巴（Homi K. Bhabha）所說：後殖民國家在建構的過程中「總是不斷受另一個飄渺、短暫但又不能忽視的外力所干擾」（Bhabha 143）。在後全球化的時代裡，這種「干擾」已不再是阻撓愛爾蘭國家發展的絕對外力；國／家不再是一個不可分割、不可變動的概念，而成爲具混雜特性的「多元文化群體」。愛爾蘭學者凱柏（Declan Kiberd）因此捨棄以「疆界」來定義後全球化時代的「國家」：「國家成爲一種文化混雜現狀的投射，各種文化元素都有其完整性，也觸發更多混合／雜的狀態」（Kiberd 313）。在這種新的國家「狀態」下，愛爾蘭民族主義不再激情，但也未必意味各種「異類」都能獲得重視，具有種族歧視及偏見的「排外性」法案、新聞報導、街頭霸凌與塗鴉仍時有所見／聞。與其他倚仗數世紀殖民經驗積累，才進入全球化的歐洲國家（如英、法等國）相較，愛爾蘭（同其他亞洲發展中國家一樣），仍是後全球化時代的「新」國家，是一個與外界仍在妥協的區域。然而，改變太過劇烈，使得愛爾蘭人簡化（或遺忘）己身被殖民過的歷史，以及內部分裂的痛苦經驗，轉而對有色異類、邊緣族群、新移民的集體敵視。

　　因此，世紀末愛爾蘭劇場除了呈現社會轉型過程中的陣痛，也成為解構文化民族主義的平台。最明顯的例子就是麥克唐諾的*The Cripple of Inishmaan*（1996）。這部以艾蘭島（The Aran Islands）為背景的黑色喜劇，諷刺美國／跨國影業公司所刻意塑造的愛爾蘭性，其實充滿人為斧鑿的痕跡，反映「新殖民主義」正透過非武力的方式影響較弱勢的國家。然而，這種以偏僻小島為宣傳主體的愛爾蘭性，透過島民的合作、跨國媒體及官方觀光政策的強力行銷，雖成為具有海外市場的文化樣板，卻脫離絕大多數愛爾蘭人的生活現狀。這對於官方與民間自愛爾蘭文藝復興運動（The Irish Revival）以來，所要「復刻具本土特色」的愛爾蘭性，無異是一大諷刺。這部戲也凸顯愛爾蘭在與全球市場接軌的同時，學習質疑所曾自我打造的民族及文化形象，讓觀眾從「境外」的角度來檢視自己，反省當時愛爾蘭鎖國政策所造成的文化閉塞。

　　全球化促使愛爾蘭劇作家與世界密集對話，也使過去穩定的「國／家」概念呈現不穩定的狀態。2010年艾比劇場在愛爾蘭經濟泡沫化時，將歐凱西（Sean O'Casey）批判民族主義的經典劇碼*The Plough and the Stars*（1926）重新包裝，引起熱烈迴響。這部「老」戲之所以能吸引觀眾，原因之一是劇中角色為一窮二白的社會底層勞工，而改編後的場景與台詞，與當時幾近破產的國家經濟、失業率遽升的社會現狀若合符節。以「舊瓶裝新酒」的方式重新演繹這部戲，凸顯全球化所曾帶給愛爾蘭人的美夢，就如同舊時的基進民族主義，既可載舟，亦可覆舟；人們無奈之餘，對國家失望，更對自我歸屬產生懷疑。然而，這種鬆動民族主義概念、具有異國情調、建構個人價值的作品，早在愛爾蘭邁入全球化初期就已被搬上舞台。費爾早期之*Philadelphia Here I Come!*（1964），描寫欲移民者的認同危機，國／家成為個人亟欲擺脫的枷鎖；他後期一系列政治味濃厚的

劇本如*Translations*(1980)、*Making History*(1988)等，重現英愛歷史
與文化發展中的糾葛與矛盾，「國家」也成為一種不穩定的概念。
麥克福森(Conor McPherson)探討年輕人與社群間衝突的系列作品
Rum and Vodka(1992)、*The Good Thief*(1994)、*The Weir* (1997)等，
已不復強烈的國家意識，取而代之的是呈現個人記憶的不可靠性與
通俗情節(melodrama)。麥克福森所刻畫的角色大多都是小人物，但
多與愛爾蘭以外的世界產生各種形式的關連；他們看似主角，但卻
是全球化社群裡無足輕重的邊緣角色，常只能透過獨白的方式假想
與外界溝通。這種超越國界，凸顯個人與海外文化脈絡的主題，更
常為愛爾蘭劇作家在拓展海外市場時所用。麥克金尼斯(Frank
McGuinness)、契洛伊(Thomas Kilroy)、墨菲(Thomas Murphy)、堤
方、費爾等，皆有重譯／編易卜生、契訶夫、及／或屠格涅夫的作
品，或是依照這些歐陸劇作家所創造的角色原型，重新打造適合愛
爾蘭文化情境的新作。更有劇作家將希臘古典神話賦予具普世性、
現代性的版本，例如保林(Tom Paulin)的*The Riot Act*(1985)、卡爾
(Marina Carr)的*The Mai*(1995)與*On Raftery's Hill* (2000)、費爾的
Living Quarters，及希尼(Seamus Heaney)的*The Burial at Thebes:
Sophocles' Antigone* (2004)等。

二、後全球化愛爾蘭劇場之外國情調

　　早在19世紀末，倡議以文化民族主義來化解愛爾蘭內部僵局的
葉慈，就曾提出以「普世性」的觀點來理解愛爾蘭(Yeats 174)，但
先決條件是要愛爾蘭人先要戴上「愛國手套」，再來處理小至個人、
鄉村，大至與眾人有關的政治事務。在他的浪漫想像裡，這款「手
套」是某種愛鄉愛國的共識，可先促進愛爾蘭人的本土文化認同，

進而解決政治宗教難題。然而，葉慈所忽略的是，這款以「本土」
為品牌的手套，表面上要將愛爾蘭與英國做文化區隔，卻也把「愛
爾蘭島」與更廣袤的海外世界一分為二，以致往後為了「維護」本
土意識及天主教「淨土」，愛爾蘭獨立後便進入長期之文化鎖國時
期，直到1970年代晚期，才放鬆新聞檢查制度[3]。這種因鎖國政策帶
來的文化真空，導致20世紀中期愛爾蘭缺乏耀眼的文學作品。然而，
在對內缺乏學習典範的情況下，許多劇作家以歐陸經典作品為標
竿，即使不諳該國語言（如俄語、挪威語、希臘語等），仍勉力參照
各種不同的譯本或查考各方資料，改編出符合愛爾蘭情境的英語版
本[4]。

　　無獨有偶的是，活躍於19世紀末期，以社會寫實主義見長的俄
國劇作家契訶夫與屠格涅夫，及挪威劇作家易卜生，是1980年代以
後愛爾蘭劇作家如麥可金尼斯、墨菲、契洛伊、費爾、堤方所私淑
的對象。雖然20世紀初歐凱西的「都柏林三部曲」曾援引易卜生式

3　根據統計，為了防止外國及不良文化「污染」，光在1924至1927年
　　間，愛爾蘭自由州（Irish Free State）政府就禁了44位作家的77本書，
　　作家如喬伊思（James Joyce）、貝克特（Samuel Beckett），和蕭伯納等
　　都是禁書作家。有關20世紀愛爾蘭嚴峻之新聞檢查制度，詳見
　　Michael Adams之*Censorship: The Irish Experience*。

4　舉例來說，麥可金尼斯改編過易卜生作品*Rosmersholm*、*Peer Gynt*、
　　Hedda Gabler、*A Doll's House*、*John Gabriel Borkman*，以及契訶夫
　　的*Three Sisters*與*Uncle Vanya*。契洛伊重編／譯過易卜生的*Ghosts*，
　　並在劇名上標示為"After Ibsen"，以及契訶夫的*The Seagull*。堤方重
　　譯過易卜生的*Peer Gynt*。墨菲的*The House*（2000）與他所重繹／編過
　　的契訶夫*The Cherry Orchard*，在主題上有相似處，惟場景轉移至愛
　　爾蘭。費爾翻／編譯過屠格涅夫的*A Month in the Country*及契訶夫
　　的*Uncle Vanya*；劇作*Living Quarters*（1977）及*Aristocrats*（1979）也具
　　有明顯的契訶夫式情調；*The Yalta Game*（2001）則改編自契訶夫的
　　短篇小說*The Lady with the Dog*。

的社會批判來針貶愛爾蘭民族主義，但在將近百年之後，新一代的劇作家仍能以這幾位歐陸劇作家為學習對象，意味愛爾蘭與這些國家在社會發展脈絡上，有互通或相似之處。有趣的是，愛爾蘭劇作家並不認為重編／譯歐陸劇作家的經典作品只是「炒冷飯」，而企圖用更準確的(英)語言，重現原劇作家所欲表達的概念。舉編／翻譯過契訶夫《櫻桃園》的墨菲為例，他認為劇本翻譯應著重原作的「精神」：「透過另一個語言本身的動態，將該『精神』確切表達出來……並再造原作的鮮活性、音樂性及躍動性」(Chekha 2)。因此他的翻譯非句句直譯，或「翻看織錦的反面」，卻以愛爾蘭觀眾能理解的語言，重新編譯《櫻桃園》，以便保留原創精神(Murphy 2)。改編／譯過《海鷗》的契洛伊也認為既有的英語版本都太「規矩而模糊」，唯有以盎格魯‧愛爾蘭為背景，才能一方面符合契訶夫原作裡的「直率熱情」與「半戲謔性的歇斯底里」，並為英語觀眾所了解(Kilroy 80)。另一方面，愛爾蘭劇作家不約而同重編／譯歐陸經典劇作，也因為這些作品所呈現的社會發展、政治鬥爭、階級變動、跨國移民、財富重分配、工業化等歷史情境，與該國目前的全球化歷程相互呼應，能使觀眾透過歐陸國家類似的經驗，來反思種種現狀。有趣的是，劇作家對這些19世紀的經典劇作並非照單全收，墨菲描寫盎格魯‧愛爾蘭沒落地主家庭的作品*The House*（2000），雖然有*The Cherry Orchard*的影子，但卻沒有契訶夫的喜劇氛圍，而以悲劇收場，暗示愛爾蘭早與英帝國切割，但全球化未必使人們擺脫過往被殖民的歷史陰影。

費爾不僅改編過契訶夫的《櫻桃園》與*Uncle Vanya*，也曾改編／譯過屠格涅夫劇作*A Month in the Country*，嘗試如何透過文化翻譯的方式，將俄國文化脈絡以及寫實主義傳統轉化成愛爾蘭情境。舉例來說，費爾的*Living Quarters*與*Aristocrats*與契訶夫的《櫻桃園》

皆描寫失勢的地主家庭，對外抵抗時代變遷，對內必須處理家人間
的複雜情感糾葛或醜聞。這三部劇中皆有一位強勢但實際上無助的
母親或父親，他們的問題也直接或間接地與海外事務產生關連。比
方 *Living Quarters* 的主角 Frank Butler 為聯合國裡負責中東事務的退
役司令官，他在愛爾蘭及海外的前後兩段婚姻，改變了原有的家庭
秩序及倫理。*Aristocrats* 則是穿插一位美國學者在北愛天主教地主家
庭裡，以浪漫的筆法「記錄」被個人過度詮釋的愛爾蘭生活，但這
個家庭正因種種因素分崩離析。契訶夫的《櫻桃園》中各角色的遭
遇，也是受海外因素所影響；跨國的工業化正以不可逆的方式改變
俄國人的生活，各角色若不是正從國外回「家」，就是正要離「家」。
而這三部劇本的互文性，就在於這些同中有異、異中有同的文化脈
絡，以及劇作家在不同時空下對個人價值與全球化／工業化的深度
思考。

三、後全球化愛爾蘭劇場之移民血淚

　　在全球化風潮的催化下，愛爾蘭經濟在1980年代末期開始呈起
飛之勢，也從人口大量移出的國家，逐漸成為移入國。但移入人口
的增加（包括經濟移民、難民、國際學生等），未必改變愛爾蘭人慣
有的「分化」（sectarian）態度，反而催化種族隔閡。如同愛爾蘭社會
學家麥克菲（Robbie McVeigh）所觀察，全球化帶給愛爾蘭新的社會
秩序，導致資本、勞工、貨品、服務被重分配，然而重要資源仍為
經濟強權者所控制，全球化成為「帶有種族色彩的帝國主義」；「國
家」行政單位也成為新秩序的護法，例如透過立法的方式界定（非）
公民、（非）國民、（非法）移民、（非法）勞工等，使他者的存在更加
明顯（406）。另一方面，快速全球化使大多數愛爾蘭人來不及反思本

國所受種族歧視的歷史遭遇(例如在英帝國時期被視爲「白色人猿」,以及在1990年代初期仍被當成「歐洲的黑人」)[5]。20世紀末期的愛爾蘭人,仍如喬依斯在*Ulysses*所描述,對外邦人(如猶太人)仍抱著疑懼或排斥的態度。

　　當代劇作家對於社群中隱性或顯性的種族歧視是極敏感的,多部新作品也「探討移民對晚近愛爾蘭人身分認同與自我認知的影響,成爲該國劇場的新現象」(Pelletier 100)。部分劇作家並組織劇團來反映愛爾蘭的種族問題,使觀眾得以省思政經弱勢者的人權。例如成立於1993年的「卡利普索劇團」(Calypso Productions)就極力推廣「世界公民」的概念,喚醒愛爾蘭人「守護少數族裔之政治、社會、藝術、環境及宗教傳統」的良知,而非成爲「剝奪他人微弱希望的寄生蟲」(摘自Merriman 280)。成立於2003年,以非裔移民爲主要成員的阿瀾比劇團(Arambe Production),也力圖透過改編帶有非洲色彩的愛爾蘭經典劇碼,來展現跨文化的表演精神。這些劇團的呈現方式包括以新聞寫實角度出發,如劇作家歐凱利之*Asylum! Asylum!*(1994);有關倫敦的愛爾蘭移民勞工身分認同議題,如克爾漢(Declan Croghan)的*Paddy Irishman, Paddy English, Paddy...?*(1999);以黑色喜劇戲謔,如歐漢龍(Jim O'Hanlon)之*The Buddhist of Castleknock*(2003);重現猶太人被屠殺的歷史,如庫堤(Elizabeth Kuti)的*Treehouses*(2000)與巴內特(John Barrett)的*Borrowed Robes*(1998);刻畫黑白種族通婚的家庭與文化衝突,如道爾的*Guess Who's Coming for the Dinner*(2001);重構中東庫德族難民的悲慘遭

5　英國作家金思利(Charles Kinsley, 1819-1875)在他的旅遊回憶錄裡,以「白色人猿」描寫所見到的愛爾蘭人(107)。愛爾蘭作家道爾(Roddy Doyle)在1991年出版的小說*The Commitments*,指出歐陸大國仍把這個窮鄰居當成「黑人」,避之為恐不及(7)。

遇，如鮑哲（Dermot Bolger）與法籍伊朗裔劇作家沙賴理（Kazem Shahryari）的*Départ Et Arrivée*（2004），或以黑人及亞洲／中國人飾演辛吉（J.M. Synge）經典劇作*The Playboy of the Western World*（1907）中 Christy 的角色等[6]。這些作品都呈現新世代劇作家對種族議題與社會現狀的焦慮，也說明愛爾蘭劇場在後全球化時代的多元樣貌。

　　舉費爾關於異鄉人身分認同的新作，但尚少被廣泛討論的*The Home Place*（2005）爲例。此劇與契訶夫一系列與地主家庭有關的劇本，在架構上有相似之處。這部戲描寫愛爾蘭裔的英帝國軍官（與傳統盎格魯・愛爾蘭家族不同）以當時流行的社會達爾文主義，作爲檢測艾蘭島（The Aran Islands）島民「黑人成分」（nigrescence）的理論基礎，凸顯種族偏見的荒謬。根據劇作家所言，這部作品與其早期作品*Translations*（1980），都是經嚴謹考察所創作，指陳愛爾蘭人在身分認同上的矛盾，並影射當代層出不窮的種族問題，乃根源於潛意識的被殖民自卑感。劇中場景雖設在1878年的東尼戈省，但角色不時提到英國在印度、南美、非洲等地的殖民狀況，與目前政經強權國家主宰全球化進程有類似之處。另一方面，克爾漢的*Paddy Irishman, Paddy English, Paddy...?*與愛爾蘭劇場經典之一的*The Shadow of Gunman*（1923）具互文性，乃由於兩位劇作家對於強加於愛爾蘭人的政治、文化、軍事身分及刻板印象，持諷刺與懷疑的立場。前者描寫20世紀末在倫敦工作的當代愛爾蘭勞工，在經濟壓力下被迫選擇矛盾卻又政治正確的身分；後者刻畫都柏林的勞工被基

6　2006年，都柏林潘潘劇團（Pan Pan Production）推出以中文演出的都會版*The Playboy of the Western World*，並在都柏林與北京兩地公演。2007年，知名愛爾蘭小說家與劇作家道爾，與來自奈吉力亞的劇作家艾迪光（Bisi Adigun）共同改編本戲，由黑人演員特力拉（Giles Terrera）飾演Christy，於艾比劇場演出。

進民族主義所左右，不但被政治語言所蒙蔽，也缺乏自由表達個人
意志的能力。這兩個研究方向，將有助說明當代的全球化進程與「（英
帝國）國家機器」間的相似性與歧異性，以及新舊世代的劇作家如何
以共有的批判精神，使愛爾蘭劇場總走在社會思潮的前端。

四、後全球化愛爾蘭劇場之邊緣族群

　　學界對於愛爾蘭劇場之研究，大多環繞國族創建或身分認同兩
大議題。無論是民族主義方興未艾的20世紀初，或是全球化已如火
如荼的21世紀此刻，愛爾蘭文化界對於不斷改變又「渾沌未明」的
國家狀態，總是充滿疑慮，具有政治意涵的劇作可說俯拾皆是。這
些劇作的主角們若非受民族主義左右的勞工階級，便是無助又無路
可退的新移民。在諸多劇作家「有志一同」的關注下，這些邊緣人
物比起其他沈默且未受媒體青睞的族群，仍得到較多的曝光度。然
而，國家身分認同對於政經勢力薄弱的邊緣族群（例如青少年）並不
重要，威脅他們的反而是生活中如影隨形的各式霸凌（肢體暴力、言
語侮辱、集體孤立等），家庭、學校，以及其他教育行政系統未必能
提供必要的後盾。另一種邊緣族群則是不見容於公眾媒體的地下化
組織（如黑幫）。做為「國家劇院」代表的艾比劇院，因動見觀瞻，
在建立之初即受社會高道德標準所期待。爾後強烈之民族主義氛
圍、天主教政府之新聞檢查制度、與市場考量，商業化之愛爾蘭劇
場難免要反映主流「品味」[7]。這些因素使得刻畫「極邊緣」族群，

7　舉例來說，契訶夫作品被引介至愛爾蘭的過程，一開始並不順利。
　　由於對歐洲作品的政治正確性持保留態度，艾比劇院遲至1925年才
　　首次演出契訶夫的作品（獨幕劇 *The Proposal*）。為了演出更多契訶
　　夫的劇作，曾經擔任愛爾蘭國家劇院（Irish National Theatre，即艾

缺乏商業市場的劇作很難在大劇院公演，只得在部分設有舞台的小酒館做短期演出，然而，之前所提及之當代劇作家如麥克福森及歐羅，最初卻都是從這樣的小劇場發跡。

後全球化愛爾蘭劇場的特色之一，就在於創作主題的多元化，使得不同背景的劇作家能依本身經驗來發聲，或是描寫過去不被正視的社會百態。社會的多元化也意味著沒有絕對的強勢族群，任何人都可能屬於弱勢，或與邊緣族群有近距離的接觸，例如鮮少當代愛爾蘭作家觸碰的猶太人社群，以及生存在黑幫霸凌陰影下的青少年。

過去在愛爾蘭社會，因種種宗教、政治因素而不太被正視的猶太人，在20世紀末期也開始成為劇本主角。例如成立於1988年，以發掘愛爾蘭新劇作家為宗旨的費先堡劇團（Fishamble Theatre Company），即於1992年演出科斯迪克（Gavin Kostick)的《廢墟之火》（The Ash Fire），將1930年代移民至北都柏林的波蘭裔猶太人與當地愛爾蘭人之互動搬上舞台。值得注意的是，為打破一般人對猶太人保守、刻薄、貪財的刻板印象，劇作家特別指明毋需尋找臉孔「像」猶太人的演員，意味猶太人經過數世紀的遷徙與通婚，並沒有固定的形象可供依循，任何（歐洲）人都可能混雜有猶太血統。劇中的猶太家庭為了能融入愛爾蘭社會，亦刻意把出生的嬰兒取愛爾蘭名

（續）──────────────────────

　　比劇院前身）發起人的馬汀（Edward Martyn)得於1919年另外成立「愛爾蘭劇團」（The Irish Theatre Company），但仍遭致民族主義色彩濃厚的報紙《領導者》（The Leader)質疑為何不以愛爾蘭語演出俄國作品。於1941至1967年間擔任艾比劇院藝術總監的布利特（Ernest Blythe），亦被認為太過於商業考量，而常否決愛爾蘭年輕劇作家的作品。詳見Ros Dixon之 "Chekhov Bogged Down? Tom Kilroy's Version of The Seagull"，及Mária Kurdi之 "An Interview with Tom Murphy"。

字。在劇本中，猶太人所使用的日常辭彙更呈現多元文化的影響，俄文、德文、波蘭文成爲劇中人表達某些概念的媒介。在政治宗教，與性態度上，有想要擺脫民族標籤，支持社會主義的猶太人，也有信仰動搖的猶太人，更有性行爲脫序的猶太人。這些居住於愛爾蘭的猶太人的生活樣貌（與細節），極少在主流劇院裡演出，也顯示社會對此少數族群漠不關心（亦可說是無知）的態度。其他有關猶太人的劇作包括北愛的卡柏斯劇團（Kabosh Theatre Company），於1996年重演猶太人劇作家福斯坦（Harvey Fierstein）的《火炬之歌三部曲》（*Torch Song Trilogy*）、巴勒特重構1904年科克市驅逐猶太人的 *Borrowed Robes*（1998），以及小說家班維爾於2008年發表之《山中對話》，描述猶太詩人策蘭與哲學家海德格間的恩怨。班維爾的這部歷史劇，除了延續其一貫反思歷史（revisionism）的寫作風格，也暗喻當代愛爾蘭人的種族歧視，與納粹屠殺猶太人的過往，就如同五十步笑百步[8]。這個研究將爬梳19世紀末以降有關愛爾蘭猶太人的相關文獻，從猶太人本身的角度，以及歷史學家、作家，媒體的觀點，來重構這個族群失落的聲音。

另一個值得關注卻常被忽略的族群則是成長中的青少年。跟成人比較起來，青少年擁有的實質資源極爲有限。對家庭不健全，但又等不及長大的他們，性與暴力常是尋求外在認同的手段。他們對團體中更邊緣、更弱小份子的霸凌，反映整個社會對邊緣族群有形無形的「系統性冷漠」，霸凌成爲一種反制打壓的方法，也是一種發聲／洩的管道，惡性循環的結果導致更多以暴制暴的行爲。當代

8　班維爾的小說*Birchwood*（1973）、*Kepler*（1993）、*Doctor Copernicus*（1993），與*Eclipse*（2000）等，皆是反思歷史的作品。班維爾的題材不總局限於愛爾蘭本土，後三部作品皆從大歐洲的角度來重新回顧歷史上重要的人物或事件。

劇作家成長在看似進步繁榮，實則（許多）家庭功能失調、教育體制僵化的愛爾蘭，對成人不樂見的青少年暴力、吸毒、酗酒、亂性等有極深刻的觀察。這種青少年的反社會行為在麥克福森早期一系列與黑幫有關之劇本中有詳盡的刻畫，如 *Rum and Vodka*（1994），與 *The Good Thief*（1994）與 *This Lime Tree Bower*（1995），及歐羅的 *Howie the Rookie*（1999）、*Made in China*（2001）等。所欲研究的角度不僅是暴力的呈現方式，並將探索各文本間相互呼應的社會現象，以及暴力背後所指涉的社會意義。

五、結語

學者佛思特（Roy Foster）曾說，愛爾蘭人個個都是歷史學家，都不斷靠想像來理解過去發生的事情，解釋目前的狀況，或推測未來可能的走向（186）。但全球化也使原本習於內視的愛爾蘭人得以改變，實踐蕭伯納在《英國佬的另一個島》所揭示：唯有離開，才能知道自己屋子的樣貌。後全球化時代的愛爾蘭劇作家正是這種文化視野改變的催化劑，亦即透過對「島外」世界的觀察與體悟，以及對外來移民及社會邊緣族群的刻畫，來彰顯各種差異性的可貴，並深化多元文化的內涵。在此脈絡下，愛爾蘭觀眾有了全球化的新身分，劇場也成為地球村的通行證，能不出「翠綠之島」，而能感知各種無遠弗屆的影響；換言之，世界走進了愛爾蘭劇場，反之亦然。然而，台灣的劇場看似蓬勃，職業與業餘演出不曾間斷，但本地劇作家何時能讓島嶼內的異鄉人成為主角，而非只是風景？

參考書目

Adams, Michael. *Censorship: The Irish Experience*(Dublin: Scepter Books, 1968).

Bhabha, Homi K. *The Location of Culture*(New York: Routledge, 1994).

Chekhov, Anton. *The Cherry Orchard*. Adapt. Tom Murphy(London: Methuen, 2004).

Deane, Seamus. "Political Writings and Speeches 1900-1988," *The Field Day Anthology of Irish Writing*. Eds. Deane, Andrew Carpenter, Jonathan Williams. Vol. 3(Derry: Field Day, 1991), 681-5.

Dixon, Ros. "Chekhov Bogged Down or Not? Tom Kilroy's Version of *The Seagull*," *Renegotiating And Resisting Nationalism in 20th-Century Irish Drama*. Ed. Scott Boltwood(Gerrards Cross: Colin Smythe, 2009), 97-109.

Doyle, Roddy. *The Commitments*(Dublin: King Farouk, 1987).

Foster, Roy. "Re-inventing the Past," *Re-imagining Ireland*. Ed. Andrew Higgins Wyndham(Charlottesville: University of Virginia Press, 2006), 186-90.

Gardels, Nathan. "Post-Globalization," *New Perspective Quarterly* 25.2 (2008): 2-5.

Gibbons, Luke. "Ireland and the Colonization of Theory," *Interventions* 1.1 (1998): 27.

Kiberd, Declan. *The Irish Writer and the World*. Cambridge: Cambridge

University Press, 2005.

Kilroy, Thomas. "The Seagull: an Adaptation," *The Cambridge Companion to Chekhov*. Eds. Vera Gottlieb and Paul Allain(Cambridge: Cambridge University Press, 2000), 80-90.

King, King. "Canadian, Irish and Ugandan Theatre Links: An Interview with George Seremba," *Canadian Journal of Irish Studies* 31.1 (2005): 117-21.

Kinsley, Charles. *Charles Kinsley: His Letters and Memories of His Life*. Vol. 2(London: Herny S. King, 1877).

Kurdi, Mária. "An Interview with Tom Murphy," *Irish Studies Review* 12.2 (2004): 233-40.

Lonergan, Patrick. "Irish Theatre and Globalisation: A Faustian Pact?," *Cultural Perspectives on Globalisation and Ireland*. Ed. Eamon Maher(Berlin: Peter Lang, 2009), 177-90.

Merriman, Victor. "Songs of Possible Worlds: Nation, Representation and Citizenship in the Work of Calypso Productions," *Theatre Stuff: Critical Essays on Contemporary Irish Theatre*. Ed. Eamonn Jordan(Dublin: Carysfort, 2000), 280-91.

McVeigh, Robbie. "Racism and Sectarianism in Northern Ireland," *Contemporary Ireland: A Sociological Map*. Ed. Sara O'Sullivan(Dublin: UCD Press, 2007), 402-16.

O'Toole, Fintan. *The Ex-Isle of Erin*(Dublin: New Island Books, 1997).

Pelletier, Martine. "'New Articulations of Irishness and Otherness' on the Contemporary Irish Stage," *Irish Literature Since 1990: Diverse Voices*. Eds. Scott Brewster and Michael Parker (Manchester: Manchester University Press, 2009), 98-117.

Said, Edward. "Reflections on Exile," *Altogether Elsewhere: Writers on Exile.* Ed. Marc Robinson(Boston: Faber & Faber, 1994), 137-49.

Shaw, George Bernard. *John Bull's Other Island.* 1907(London: Penguin, 1984).

Yeats, W.B. *Letters to the New Island.* Ed. Horace Reynolds(Cambridge, Mass.: Harvard University Press, 1934).

高維泓，國立台灣大學外文系副教授。近年來或近或遠地觀察愛爾蘭劇場發展，稍有心得。

思想
人生

余英時：
知人論世

李懷宇

一、未成小隱聊中隱

如果人間真有世外桃源，對我而言，夢裡桃源便是普林斯頓。

2007年秋天，當我準備美國之行時，設想的第一訪問對象是余英時先生。中秋節下午，我給余先生家發了一份傳真，心中不免忐忑，怕被拒之門外。中秋之夜，我給余先生家打了一個電話，接電話的是余師母陳淑平女士，從聲音裡可以感覺是一位大家閨秀。我大喜過望：余先生願意見我。赴美之行恍如夢境。2007年11月5日，我到美國的第二天，從紐約坐火車到普林斯頓，余師母早在車站等候。

余先生在普林斯頓的生活近乎隱居。余家是樹林裡一幢獨立的房子，屋前一個小魚池，屋後一片小竹林，後來我多次陪余先生餵魚散步，頗有「悠然見南山」之趣。大書房上掛鄭板橋的書法「小書齋」。客廳中的字畫多是余先生的師友所贈，印象中有錢穆、俞平伯、張充和的作品。胡適的字是：「不畏浮雲遮望眼，自緣身在最高層。」余先生「集坡公詩句放翁詞句」而請他岳父陳雪屏先生寫的對聯是：「未成小隱聊中隱，卻恐他鄉勝故鄉。」我覺得此聯

頗見余先生晚年心境。

　　冥冥之中有緣，我在普林斯頓盤桓了多日，與余先生暢談了五天三夜。如今回想，我的訪問生涯中從未有此奇緣。

　　在普林斯頓的日子，我受到余師母無微不至的照顧。每天從旅館到余家都由余師母開車接送。第一天晚上，因為時差的緣故，我失眠了，天剛一亮，我匆匆吃過早餐，便到普林斯頓大學裡閒逛。雨後空氣格外清新，校園之美，令我心醉。我在漫步中不免浮想聯翩，愛因斯坦在高等研究院的深思，胡適在葛思德東方圖書館的微笑，彷彿就在眼前。多少年來，我對普林斯頓心嚮往之，無非是因為已故二公與當代余英時。

　　那天早上在余師母的車子裡，閒聊得知我喜歡二公。有一天中午，余先生夫婦專門帶我到愛因斯坦常去的校園餐廳吃飯，飯後兜到愛因斯坦的故居門前，如今的屋主剛拿了諾貝爾獎。余先生沒有見過胡適，余師母的父親陳雪屏與胡適是至交，她告訴我：「我們家常常我開門。胡先生就常常會問我：你現在幾年級，家裡有什麼功課？他把我們小孩子也看成人。」後來從余先生夫婦的待人接物中，我恍然覺得自己也是一個小孩子。

　　別後，我時常打電話到普林斯頓，人間趣事，心中煩惱，事無巨細，余先生夫婦總聽得津津有味。有時讀了余先生的著作或是和余先生通過電話，我會冥思時空的奇妙，古人今人，天涯咫尺，竟在神遊與笑談中穿越時間與空間的隔閡，這也許便是歷史研究的魅力。

二、愛好中國思想史的根苗

　　研究知識人的歷史世界，家學與師承不可不考，天賦與勤奮自

然重要，胸襟與見識尤爲可貴。

　　余英時的父親余協中先生畢業於燕京大學歷史系，但對歐洲史、美國史興趣更大，1926年至1928年赴美國考爾格大學和哈佛大學讀美國史。1929年余協中繼蔣廷黻出任天津南開大學歷史系主任。1930年，余英時在天津出生，母親張韻清女士因爲難產去世。余協中傷心欲絕，舉家離開天津。余英時童年住過北平、南京、開封、安慶等城市。抗戰爆發後，余英時回到祖先居住的故鄉——安徽潛山縣官莊鄉。

　　王元化先生《一九九一年回憶錄》中說，在夏威夷開會時他談到中國的農民意識問題，引起了余英時的批評。余英時說抗戰初在農村住過，所見到的農民都是很質樸老實的，王元化則以1939年初在皖南新四軍軍部的親身經歷爲例申辯。這段回憶錄引起了我的興趣，因此當面向余英時問起。余先生說：「佃戶跟地主的衝突到處都發生，但是那個衝突是不是提高到所謂『階級鬥爭』呢？個人所見是不同的。有的是佃戶欺負地主，地主如果是孤兒寡婦，那是沒有辦法的；地主如果是很強的退休官員，有勢力，欺負佃戶也是有的，不能一概而論。王元化的這個回憶錄我看過，但我們後來也沒有拿這些問題去爭辯了。我常常說，中國這麼大一個社會，比整個歐洲還大，不可能每個地區都是一樣的。」鄉下生活使余英時對傳統文化有參與的體驗，後來人類學家、社會學家的中國調查，在他看來有隔靴搔癢的感覺，並沒有真正抓住生活的經驗，只停留於數位上。

　　1943年前後，桂系有一個營的軍隊駐紮在潛山官莊，營長杜進庭大概做了不少貪贓枉法、欺壓鄉間百姓之事，弄得民怨沸騰。余英時才十三歲左右，並未見過杜營長，但聽鄉中長輩說得太多了，而且每一件事都十分具體，所以心中頗爲憤怒。不知怎樣異想天開，

竟寫了一個很長的狀子，向政府控訴杜營長的種種罪行。這篇狀子
寫完了，余英時便留在書桌上，後來自己也忘記有這樣一回事了。
無巧不成書，余英時去了一趟舒城縣，有好幾天不在家，恰好杜營
長的一個勤務兵到余家詢問什麼事，被引進余英時的書房，無意中
發現狀子，大驚之下便把狀子送給杜營長。據說杜營長讀後不但憤
怒而且驚恐萬分，懷疑狀子不是一個小孩子寫的，必是官莊鄉紳合
謀控告他，要致他於死地。杜營長抓不到余英時，便召集鄉中有地
位有頭面的人，當面追究，這些鄉紳本不知情，自然矢口否認，都
說不過是一個淘氣孩子的遊戲之作。當晚鄉紳準備了豐盛的酒席為
杜營長解憂，杜大醉後失聲痛哭，說這狀子如是官莊鄉人的陰謀，
反正他活不成了，一定要大開殺戒，把余英時等相關的人全部槍斃。
事隔一二日後，余英時在夜晚從舒城回到官莊，先經過鄉間唯一的
一條街，街上熟人見到他好像見到鬼一樣，臉上帶著一種恐懼的表
情。其中有一二老者催余英時趕快回家，不要在街上亂跑。余英時
當時完全不知道發生了什麼事，跑回家中才明白自己闖下大禍，使
全家都吃驚受累。家人怕杜營長聞風來抓人，把余英時連夜送到一
位行醫的老族兄余平格家，躲一躲眼前的風險。余平格平時很嚴肅，
不苟言笑，當晚接待余英時，開口便說：「我因為你年紀小，一直
把你當孩子。但你做了這件事，你已成人了。從此以後，我要另眼
相待了。」余英時回憶：「這一事件在我個人生命史上構成了一個
重大的轉捩點。一夜之間我忽然失去了天真的童年，而進入了成人
的世界。這一轉變並非來自我自己，而是我周邊的人強加於我的。
這一突如其來的變化結束了我的童年，逼得一言一行都不敢不慎
重，以免被人譏評。我可以說是被這件意外之事逼得走上了『少年
老成』的路，在我的成長過程中，是不自然的。」這一「告狀」事
件還有一個尾聲。時間稍久，杜營長大概已接受鄉人的解釋，也認

爲是一個頑皮孩子的戲筆。不過，他還要派一個受過較多教育的政
治指導員來談一次。這位指導員經族人安排，在一個晚上和余英時
吃酒用餐，談話中順便考考余英時的詩文知識，最後他相信「狀子」
是出於余英時之手，而余英時並無真去控告杜營長的意圖。臨走時，
指導員緊緊和余英時握手，表示願意成爲忘年交之意。

　　余英時在鄉間很少正式上學，小學、中學都是分散地上過一兩
個學期的學校。唯一與後來研究有關的是得到了一些古文、古史的
啓蒙。1945年至1946年，余英時在桐城縣城舅舅家裡住了一年。桐
城人以人文自負，但仍然沉浸在方苞、姚鼐的「古文」傳統之中。
余英時在桐城受到了一些「斗方名士」的影響，對舊詩文發生了進
一步的興趣。他的二舅父張仲怡能詩，善書法，是清初張英、張廷
玉的後代，在桐城是望族，與方、姚、馬、左齊名，但那時也相當
衰落了。由於二舅父常和桐城名士來往，余英時從他們的交談中，
偶爾學得一些詩文的知識。余英時至今還記得舅父在鍾馗畫像上題
了一首七絕：「進士平生酒一甌，衣衫襤褸百無求。誇人最是安心
處，鬚髮鬅鬙鬼見愁。」舅父的初稿首句最後三個字原作「仕不優」，
以詩稿示一位詩友，那位詩友立即指出：「仕不優」當改作「酒一
甌」。舅父大喜稱謝，稱他爲「三字師」。「酒一甌」自然渾成，
遠比「仕不優」的生硬爲佳。余英時在一旁聽到這改詩經過，很受
啓發，懂得詩句原來是要這樣「推敲」的。

　　在抗戰期間，余協中在重慶考試院做參事，父子分隔兩地九年，
余英時在鄉間根本沒有碰到西方的書籍。多少年後余英時回想，父
親無形中還是產生了影響：「我對西洋史有興趣是從父親那兒來的。
他編著一部幾十萬字《西洋通史》，對我很有啓發。小時候看不大
懂，但漸漸入門，對著作肅然起敬。因此我不光對中國史有興趣，
還對西洋史有興趣，看看西洋史是怎麼變化的，我用比較的觀點來

看歷史，很早就跟家庭背景有關。」

抗戰勝利後，余協中受杜聿明委託到瀋陽創辦東北中正大學。1946年夏天，余英時從桐城重回安慶，然後到南京轉北平，最後定居瀋陽，期間找老師課外補習英文、數理化。1947年夏天，余英時考進了中正大學歷史系。他回憶：「我選擇歷史爲專業，一方面固然是由於我的數理化不行，但另一方面也是受父親的影響。我家所藏英文書籍也以西史爲主，我雖不能閱讀，但耳濡目染，便起了讀西史的強烈願望。我課外閱讀則由梁啓超、胡適的作品開始，種下了愛好中國思想史的根苗。中正大學一年級的中國通史由一位青年講師講授，用的是錢穆的《國史大綱》，這是我第一次接觸錢先生的學術。因此，我在這所新辦的大學雖然僅僅讀了三個月，但我的人生道路卻大致決定了。」

此後戰局變幻。1947年12月，余英時隨父親從瀋陽飛往北平，當時機場一共有三架飛機，余協中被安排在第一架，余英時則在第三架。當余英時正在排隊登機的時刻，余協中忽然招手要他過去，因爲第一架還有一個空位。於是余英時在最後一刹那坐上第一架，結果第三架失事了。

1947年12月到1948年10月，余英時在北平閒居，開始接觸當時中國流行的思潮，影響他最大的要算儲安平辦的《觀察》以及結集而成的《觀察叢書》。他回憶：「這當然是因爲我的心靈深處是接受五四以來的現代普世價值，如民主、自由、寬容、平等、人權等等。我記得1948年夏天讀到胡適〈自由主義是什麼？〉一文（刊在《獨立時論》上），非常興奮，因爲胡適在文中強調爭取自由在中國有很長的光輝歷史；他指出孔子『爲仁由己』便是『自由』的另一說法，我也認爲很有說服力。我一直相信中國既是一個古老的文明，其中必有合情、合理、合乎人性的文化因素，經過調整之後，可以與普

世價值合流，帶動現代化。我不能接受一種極端的觀點，認爲中國文化傳統中只有專制、不平等、壓迫等等負面的東西。」

在20歲以前，余英時親歷了天翻地覆的變動時代，接受了並不完整的學校教育。1949年8月底到12月底，余英時成爲燕京大學歷史系二年級插班生，留下美好的回憶。2008年余英時爲巫寧坤的《孤琴》作序，便以〈回憶一九四九年秋季的燕京大學〉爲題。

三、人的記憶才是眞生命

1950年元月初，余英時到香港探望父親和繼母。余協中原來在瀋陽辦中正大學時，曾決定請錢穆先生去教書，錢先生當時答應了，後來沒有去成。余英時到了香港以後，余協中說：「錢穆先生現在這兒辦新亞書院，我送你去念書吧。」當時新亞書院就是一個普通樓房的兩層。余英時去考試時，錢穆親自出來主持，只叫余英時用中英文各寫一篇讀書的經歷和志願之類的文字。交卷以後，錢穆當場看了余英時的中文試卷，接著又看英文試卷，馬上決定錄取。

錢穆那時候心情不好，教書也沒有好多心思，常常要去台灣找經費。學生的學費都交不起，後來余英時的成績比較好，算是免費的。老師們非常艱苦，就靠自己寫稿。有一年暑假，香港奇熱，錢穆又犯了嚴重的胃潰瘍，一個人孤零零地躺在一間空教室的地上養病。余英時去看他：「有什麼事要我幫您做嗎？」錢穆說：「我想讀王陽明的文集。」余英時便去商務印書館買了一部來。余英時回來的時候，錢穆仍然是一個人躺在教室的地上，似乎新亞書院全是空的。

1950年朝鮮戰爭爆發以後，余英時猶豫不定，還是決定回北京。他說：「我也不喜歡香港的殖民地生活，雖然我已經在新亞書院念

了一學期，還是覺得在燕京大學好，因為在香港我不知將來幹什麼。」
這一年夏天，余英時坐上開往大陸的火車，過了香港不久，車到東
莞石龍，停了三四個小時，他的內心經歷了一場搏鬥：「我是跟我
父母呢，還是回北京？後來考慮到父親年紀大了，弟弟還小，也沒
有人照顧。我想中國人多得很，多我一個少我一個不相干。我在思
想交戰之下，最後決定還是回香港，主要還不是政治考慮，是個人
的『小資產階級溫情主義』戰勝了革命理想。」火車到了廣州，形
勢緊了，香港人也多了，不能隨便回去，余英時就找到一個所謂「黃
牛」，私下給了大概一百港幣，順利回到了香港，不復北上。

　　從此，余英時決心在新亞書院讀書。1951年冬天，錢穆去了台
北。不久發生了在聯合國同志會演講而禮堂倒塌的事件，使錢穆頭
破血流，昏迷了兩三天，幾乎死去，有一段時間在台北養傷。等到
1952年6月，余英時畢業的時候，錢穆還在養傷，到秋天才回來。畢
業以後，余英時反倒跟錢穆談得多一點。「我跟錢先生談的都是怎
麼研究中國思想史、中國學術史。他是學與思並重，是學者也是思
想家。」

　　有時候，余英時的父母請錢穆到海濱去喝茶，常常談一天。錢
穆《師友雜憶》的那些故事，余英時從那時候就聽起了，也勸他寫
下來。「他的記憶力非常了不得，晚年眼睛瞎了，就靠回憶，這些
東西大體上去查證，都很準確，次序井然。有一次講胡適在北大為
了蒙文通的事情，跟他談到中午，胡適要解聘蒙文通，錢先生不贊
成。後來我在胡適日記裡一查，確實如此。有些抗戰時的事情，我
查了吳宓日記，也是相當準確。他有些話很有意思：人的記憶才是
他的真生命。真生命才能記得，如果忘了，就不是在生命裡很重要
的。」

　　1953年，錢穆得到亞洲基金會的資助，在九龍太子道租了一層

樓創辦研究所，這是新亞研究所的前身。當時只有幾個研究生，余
英時也在其中。進入新亞書院以後，余英時就決定將來研究中國史。
他也念有關西方的東西，當時就感覺到不能光看中國的東西，要有
比較世界性的眼光，對西方的歷史思想，後來包括政治思想方面像
民主自由的思想都要考慮。「不過我最早很注重社會史，甚至經濟
史，我不信經濟基礎決定一切，想自己另作研究，早期的作品反映
了這一點。我一方面接受傳統文化教育，另一方面始終沒有放棄對
西方文化與歷史的求知欲望，依舊希望以西方為對照，以認識中國
文化傳統的特性所在。」

　　錢穆創辦新亞書院為故國文化延續了一脈香火。在錢穆逝世
後，余英時將紀念錢穆的文章結集成《猶記風吹水上鱗——錢穆與
現代中國學術》一書。以余英時的專著而言，標舉歷史人物大名者
還有多本：《方以智晚節考》、《論戴震與章學誠》、《朱熹的歷
史世界》、《陳寅恪晚年詩文釋證》、《重尋胡適歷程》。這些著
作的重心實則投注在這些人物所處的時代。余英時在談新亞書院精
神的文章中引《新亞學規》：「中國宋代的書院教育是人物中心的，
現代的大學教育是課程中心的。我們書院精神是以各門課程來完成
人物中心的，是以人物中心來傳授各門課程的。」或許可以由此看
出余英時治學中的一些脈絡。

四、綜合與分析並重

　　1955年，余英時以「無國籍之人」（a stateless person）的身分到
哈佛大學當訪問學人。原來哈佛燕京學社在1954年就來函，邀請新
亞書院選派一名三十五歲以下的年輕教師赴哈佛訪問。這一年新亞
書院的教師中沒有年輕合格者，便推薦了曾留美的老學者陳伯莊，

哈佛大學認為年齡太大，不符條件。翌年又來函邀請，新亞書院遂將二十五歲的余英時以助教名義派送前往。余英時回憶：「我根本就不認為我去哈佛燕京的可能性有多少，等他們的通知來了，我才知道居然有這個機會。」

在哈佛大學，余英時第一年是訪問學人，以後的五年半是博士班研究生，指導老師是楊聯陞。錢穆《師友雜憶》說：「學期中，哈佛來邀去作學術演講。晤雷少華，親謝其對新亞研究所之協助。雷少華謂，哈佛得新亞一余英時，價值勝哈佛贈款之上多矣，何言謝。英時自去哈佛兩年，轉請入研究所讀學位，獲楊聯陞指導，成績稱優，時尚在校。」

在1955年之前，余英時根本就不知道楊聯陞這個人。初到哈佛，幾個朋友帶余英時到楊聯陞先生家裡拜訪，閒談中感覺楊先生學問淵深。兩三天以後，在費正清家中的茶會上，余英時向楊聯陞問道：「您現在專門研究什麼東西？」後來傳為笑話。余英時回憶：「這並不是我看不起楊先生，我根本不知道他，怎麼可以亂講話：久仰久仰。後來我寫東漢士族大姓與政權，有人告訴我：楊先生寫過很長而且很有名的文章，日本人都注意了。我才知道，所以我的文章寫完以後，請楊先生看一看，他借給我兩本日本書，說日本研究的很多。他很擔心我的文章內容是他已經講過的，等他看完說：你這個跟我的不一樣。雖然是閉門造車，但是跟日本人的並沒有重複。他讀我的稿子時，我也同時在讀他的名文——〈東漢的豪族〉。他講了東漢一代，我當然開了眼界，但我講的是兩漢之際那一小段，而且特別注意『士族』，和一般的『豪族』也不同。」

正式成為楊聯陞的學生後，余英時深感楊先生為人厚道，非常愛護年輕人。而楊先生做學問是日夜不息，非常用功。我問：「楊聯陞先生得精神病是怎麼回事？」余先生說：「那可能有遺傳的關

係。按照楊夫人的說法，他們楊家上一代有這種病。當然，美國生活很緊張，什麼都得自己管，我在這兒生活如果不是我太太什麼都管，我根本沒有辦法專心做研究。而且在美國做教授，每年必須發表文章到一個程度，如果幾年沒有什麼成績，那別人不說話你也心理上過意不去。楊先生受到的壓力你可想而知，他一個人獨立地寫書評，各種各樣都得寫，藝術史、考古、語言、中國史、中外關係史、科學史都得評，那都得花多少工夫？所以胡適就說：你太辛苦，希望你能輕鬆一點。他到四十多歲的時候就精神崩潰了，以後當然恢復過來，但是反反覆覆過兩年又不行了。那時候要電打頭腦，楊先生告訴我，這東西是五雷轟頂。我對楊先生是非常同情的。」

　　我不免感慨楊聯陞先生「千古文章未盡才」。余先生說：「也不然，楊先生的論文相當多。他到四十五、六歲之後基本上不能做大規模的研究了。當我初來的時候，大家都認為他是漢學界『第一人』。我記得他病的時候，我代他教書，用他的書房，我看見費正清給他條子：你就好好休息一年，你還是第一人，放心好了。楊先生閱讀的漢學範圍很廣，尤其在日本方面，他如數家珍。許多大史學家、文學家對他都非常推崇，像法國的戴密微。說老實話，作品不在多少。他的許多論文都有開創性，影響很大。」我順口道：「傳說梁啟超推薦陳寅恪時說：陳先生寥寥幾百字比我著作等身更有價值。」余先生說：「人真正傳下去的東西不會太多的。你想，尤其在自然科學或者數學，像1994年得諾貝爾經濟學獎金的納什，就是《美麗心靈》的主角，早年只有一兩篇論文，才到中年就得了神經病，什麼事也沒做，晚年還是得到承認，得獎還是靠早年的論文。當然人文研究不太一樣，需要更長時間才成熟，著作量也比較重要，不過著作等身的人，真能傳世的也不過幾種而已。人文著作尤其需要通過時間的測驗，轟動一時之作，未必真站得住。」我說：「身

後之事誰能管呢？」余先生說：「中國的文人都是難免受到『三不朽』的影響，立功、立德、立言，其實大可不必在這上面費心思。」

重尋學術歷程，錢穆和楊聯陞對余英時影響深遠。「錢先生給我關於中國傳統學問的基本指導，要我在經、史、子、集上選取最重要的原典下扎實的功夫，必須做到『好學深思，心知其意』的地步。有了這個基礎，以後才能自己發揮。決不能書未讀通，便搶著想表現，急於發表文章。」余先生說，「楊先生知道我已在錢先生門下受過薰陶，所以開玩笑地說我是『帶藝投師』。因此他教我另外一套治學方式，也就是現代西方學界的普遍規矩：基本材料當然是原始文獻，但原始文獻中有許多地方必須用現代的眼光去理解，讀者才能明白，這就得考證和分析，不能不負責任地引用經典原文，便算了事。更重要的是，研究任何一個歷史上的大問題，其中都涉及無數次一級的小問題，有些是現代學人已研究過的。你必須廣讀相關的他人著作，英文、法文、日文等不能放過，這些是所謂第二手的資料，別人已解決了的問題你不能不知道。所以我很有運氣，兩位老師各教一個方面，恰好互補，綜合與分析並重。這是可遇不可求的機緣。」

五、中國情懷

余英時在哈佛大學的博士論文爲《東漢生死觀》，1967年出版了英文專著《漢代貿易與擴張》，後來結集的英文著作有《十字路口的中國史學》、《人文與理性的中國》。1973年至1975年，余英時出任新亞書院院長兼香港中文大學副校長，轉向用中文發表學術著作。

新亞書院的發展，並不全在錢穆的構思之中。歷史的變幻常出

人意表，錢穆從香港到台北定居，重要的緣故之一便是新亞書院後
來併入香港中文大學。新亞書院在余英時的學術生涯中也佔據了重
要的地位，而擔任新亞書院院長是他生平唯一從事行政工作的兩
年。1974至1975年學年，香港中文大學校長李卓敏雄才大略，請余
英時擔任「大學改制工作小組」主席，成員中有日後卓然成家的金
耀基、陳方正。在患難之中，余、金、陳三人成為一生至交。金耀
基先生談到自己當時的處境：「1975年大學正在改制，學校裡各方
面有不同的理念衝突。這時候，我拿到去劍橋大學訪問的通知，多
麼愉快啊！這樣就沒有這麼多煩的事情。」得力幫手尚且如此，余
先生有多「煩」就可想而知。陳方正先生則回憶：「他翩然回歸，
出掌母校新亞書院，跟著又擔任中文大學副校長，真所謂英才俊發，
風華正茂，不料旋即捲入大學體制改革風波，為這所嶄新學府的轉
型付出沉重代價，兩年後就黯然返美，似乎是絢爛歸於平淡了。其
實，那才是他事業的真正開始。」此中歷練，對余先生而言，既是
危機，也是轉機。

　　據我從旁得知，余英時後來在多家著名學術機構邀請擔任行政
職務時，皆毅然謝絕。有一次，余先生向我坦露心跡：「權力對我
毫無意義，我做了兩年新亞書院院長，自知與性情不合，便斷了搞
行政的念頭。那時候我才四十幾歲，若把學問丟掉，處理人事，那
是舍己之長，用己之短，浪費我的真生命。校長雖然有些權力，但
是我不知如何使用它，不認為這是人生的價值所在。」

　　在香港中文大學這兩年，是余英時重新轉向東方的開始。1976
年，余英時在台灣出版了《歷史與思想》，在中文學界可謂石破天
驚。此後，余英時在台灣每出版一本著作，均引起學界的關注與討
論。中年學者黃克武說：「在台灣，像我這樣年齡的人，大多經歷
過英雄崇拜的時代，最崇拜的是：梁啓超、胡適、余英時。」

　　余英時夫婦第一次回到東方時到日本旅行，結識了日本漢學泰
斗島田虔次，成爲好朋友。島田虔次有言：「雖與余教授的學術論
點不盡相同，卻不能不推崇他是當今中國最了不起的學者。」島田
虔次很早就關注余英時的著作，從《方以智晚節考》到《論戴震與
章學誠》、《中國近世宗教倫理與商人精神》，都在日本學界鼎力
推介翻譯。而余英時在美國培養的學生河田悌一，後來成爲日本關
西大學校長。2007年，關西大學頒發榮譽博士學位給余英時，並請
余先生在日本中國學會的年會上演講。1927年是胡適在那兒演講，
相距正好八十年。

　　1978年10月16日至11月17日，美國通過美中學術交流會和國家
科學院兩個機構，組成了一個「漢代研究代表團」到中國考察考古
遺址。張光直在後面推動余英時擔任團長。此行訪問了北京、洛陽、
西安、敦煌、蘭州、長沙、昆明、成都。余英時先後會見了俞平伯、
錢鍾書、唐蘭、唐長孺、繆鉞等心儀已久的學術前輩。在成都，繆
鉞先生是楊聯陞先生的內兄，也是錢穆先生的朋友，余英時表示要
去看他。四川大學提出，今晚讓繆鉞到旅館來看余英時。余英時說：
「不行。第一，中國規矩是行客拜坐客。第二，他是我的前輩，如
果把他搞到這裡來，我就不見了。要麼就讓我去看他，不要就算了。」
第二天，四川大學就把繆鉞的家搬了。余英時去拜訪繆鉞的時候，
完全不知道是新搬的房子。學校裡的人也不參加會面，兩個人就很
自由地暢談學術上的問題。繆鉞1978年11月15日給楊聯陞家的信中
說：「因爲余先生來訪，川大很快給我調整了住房，並佈置樓下
那一個大間作爲接待室。」

　　余英時自1950年離開中國大陸後唯一的訪問雖然只有一月，卻
深深地勾起他的「中國情懷」。余英時的回憶文章說：「從西安到
敦煌這一段火車行程尤其使我神游於千載之上，時時體念到漢唐時

代的祖先怎樣開拓了這樣一個規模宏大的國家，創造了這樣一個綿延不絕的文化。我的心情不但與美國同行者完全不同，甚至和伴隨我們的中國朋友也截然異趣。」從敦煌回來的路上，余先生詩情勃發：「一彎殘月渡流沙，訪古歸來興倍賒。留得鄉音皤卻鬢，不知何處是吾家。」

返美後，余英時情緒低落了好幾個月。多年後，余英時說：「我在哪裡，哪裡就是中國。」而在1989年，余英時在普林斯頓竭盡全力安頓了許多中國學人。個中種種因緣，皆由文化情懷所致，他說：「我對政治只有遙遠的興趣。」

六、文化與歷史的追索

2009年12月，台灣聯經出版公司出版了《文化與歷史的追索：余英時教授八秩壽慶論文集》。該書厚達960頁，彙聚了華人世界眾多著名學者的論文，向余英時先生致敬。在前言中，余英時的學生田浩、黃進興、陳弱水、王汎森回憶了自己所認識的老師，其中有一句話頗有意思：「為什麼這位學者的英文著作比較少，可是在哈佛、耶魯、普林斯頓三所名牌大學任教數十年，而且是頭一位獲頒Kluge Prize的亞洲歷史學家？」

克魯格獎(John W. Kluge Prize)是由克魯格捐資，為諾貝爾獎未能涵蓋的人文研究，如歷史、政治學、社會學、哲學、人類學、宗教學、語言學和批評而設立的不分語種的獎項，由美國國會圖書館頒發。2006年，余英時成為克魯格獎的共同得主。這次得獎，在余先生看來是機緣湊合：「許多外面的東西我認為都不必去求的。我早已決定自己的真生命便是求知識學問，我也沒有別的才能。至於將來得到什麼榮譽，這是自己做不了主的。我對自己做不了主的事

情，一概置之不問，等於不存在一樣。我只要夠吃飯就行了，用不著蠅營狗苟去追求這個追求那個。」

在美國學界，余英時培養了許多英才。1962年從哈佛大學博士畢業後，余英時在密西根大學任教，學生中有比他大十二歲的黃仁宇。在黃仁宇的回憶錄《黃河青山》中，多處寫到余英時熱心地為他推薦工作、申請研究基金。黃仁宇在中國如此暢銷的史學家，竟在六十一歲被紐約州紐普茲州立大學所解聘，怎不讓人心痛！當時黃仁宇賦閒在家撰寫新書《資本主義與廿一世紀》，經余英時告知台灣《聯合報》老闆王惕吾，資助黃仁宇兩年的研究費用，使其生活無虞，專心寫作。1991年7月4日，余先生為黃先生的《資本主義與廿一世紀》寫的序中說：「我們無論是否接受作者的史學預設或同意他對於具體事件的解釋，我們都不能不對他的知識真誠和故國情深表示一種同情。」

余英時在密西根大學任教四年後，1966年秋天回到哈佛大學任教，1967年春天拿到長期聘約。當年華人學界，楊聯陞之後，哈佛大學最耀眼的學者當屬余英時。此後，余英時自北而南，1977年受耶魯大學禮聘為講座教授，1987年受普林斯頓大學禮聘為全大學講座教授，這在美東常春藤名校中可能是少有的紀錄。

2007年我的美國之行，閒遊了余英時任教過的哈佛大學、耶魯大學、普林斯頓大學，領略三所校園各自的美妙。而2009年我的台灣之行，訪問了余英時的學生黃進興、陳弱水、王汎森，聆聽他們記憶裡的先生之風。

黃進興讀哈佛大學是得力於余英時的推薦。但黃進興剛到哈佛大學那一年，余英時便轉任耶魯大學。余先生偶過波士頓時，有一晚電話召黃進興聚談，深夜步行到唐人街吃宵夜，黃進興聽余先生一再說：「做學問說穿了就是『敬業』兩字。」從古人的「聞道」

到余先生的「敬業」，黃進興靈光一閃，似乎看到近代學術的真精
神。黃進興在哈佛大學的老師史華慈說：「你要在中國學方面打點
基礎，我介紹你到耶魯去跟余英時教授好了。」於是黃進興每隔兩
三個月就去余英時家住一兩晚，是一輩子讀書愉快的經驗。他受余
英時影響，一方面研究新學術，一方面彌補舊學的不足。黃進興的
博士論文題目《18世紀中國的哲學、考據學和政治：李紱和清代陸
王學派》實際上是余英時給他的。黃進興回憶：「我的博士論文寫
得很快，一年九個月就完成了。我當然不是天縱英明，而是有個好
老師。」

　　陳弱水親眼看到耶魯時代的余英時是創作力最旺盛的時候：「他
無時無刻不在想問題」。在一次在課堂上念趙翼的《廿二史劄記》，
學生拿出什麼條目來，余英時就臨時看，結果一面讀，就發現趙翼
的錯誤，得出正確的答案。陳弱水說：「這對我做研究有很深的啟
示：人文學者做研究要靠自己的心、頭腦，隨時都要在一個嚴謹、
具有批判性的狀態當中。」在耶魯大學時，陳弱水擔任過余英時和
史景遷的助教。他回憶：「余先生某方面來說有道家性格，生活狀
態基本順其自然，這是本性吧。他經常叫我從容，可是我很難做到，
他是天生這種性格。別人看來很多事情他是有意做的，其實不是，
他有意做的未必做到。余先生決斷力很強。我們知道自己的性情，
但很難按照性情做事，會受到外面的影響，不管是文化價值還是名
位的欲望。他在這方面看得比較清楚，這是他能夠比別人專注的原
因之一。」

　　王汎森跟余英時是同時到達普林斯頓大學的。早在高中時代，
王汎森就是看余英時的文章長大的，後來他對余先生說：「如果您
不是1970年代開始寫大量中文，在美國是一個成功的教授。但是寫
了大量中文，您成為這個歷史文化傳統中的重要一份子，不僅是一

個成功的學者而已。」在普林斯頓大學，余英時很鼓勵學生嘗試各種可能性。王汎森回憶：「余先生看西方的書很多，很及時，舊學也很厲害，所以對題目的潛勢看得很恰當，知道可能性在哪裡，限制在哪裡，知道怎麼引到有意義的方向。這不是一般老師能做到的。一般老師可能理論講得很好，但不一定對那個領域、材料掌握得那麼深。有一次討論到一位有名的學人，他說那個教授只能教大學，但不大能教研究所，因為那個教授對材料的廣度及縱深掌握不夠。余先生是兩者皆長，對研究生影響更大。一般大學見到老師比較難，但普林斯頓學生不多，學生要見教授，通常只要敲個門就可以了。學問很多時候就是聊出來的。」

七、人的尊嚴

我讀余英時的著作，常常發現字裡行間閃爍著對人的關懷。在他看來，把「人」變成「分子」會有意想不到的災難性後果。2002年9月22日，余英時為《士與中國文化》寫新版序，表示近來極力避免「知識分子」，而一律改用「知識人」：「我想儘量恢復 intellectual 的『人』的尊嚴，對於中國古代的『士』更應如此。把孔、孟、老、莊一概稱之為『知識分子』似乎總不免感覺著有點彆扭。但語言是『約定俗成』的，我只能求一己的心安，卻不敢奢望別人也同情我的感覺取向。」我對余先生的這個說法一見傾心，從此也改用「知識人」了。

凡是與余英時深交的人，無不感受到他的古道熱腸。余英時義不容辭地為友人寫序，已集成《會友集》一書，而他的多部著作也由友人求序而引發而成，《重尋胡適歷程》、《未盡的才情》便是如此。余英時行文與梁啓超「筆鋒常帶感情」頗為相似。當年梁啓

超爲蔣百里的《歐洲文藝復興史》作序，下筆不能自已，竟成《清代學術概論》一書。而余英時爲《朱子文集》的新標點本作序，步步深入而成《朱熹的歷史世界》一書。完成這部巨著之時，余英時已從普林斯頓大學榮休，以七十有餘之年，依然健筆如椽。

　　余英時的著作幾乎跨越了中國歷史的每一個時代。初次見面時，我的腦子裡還環繞著司馬遷「究天人之際，通古今之變，成一家之言」的思想，便問余先生爲何不寫通史？余先生說：「我自己覺得花幾年時間寫通史，還不如在某一個特別的領域用幾年真正深入地研究，可以產生新的知識，不僅是綜合已有的知識。通史必須儘量求全面，許多專門領域，自己不甚了了，也得涉及。這也是我不敢下筆的一個原因。一再考慮，我還是覺得把有限的時間用在專題研究上，貢獻較實在。只要所選專題很重要，即可由專中透出通貫的見解。譬如我花了好幾年時間寫成《朱熹的歷史世界》，我自覺打通了宋代政治與思想之間不少隔閡，也有助於『通』。這是以『專』濟『通』。」近年來，余英時把目光投注到唐代的詩人和禪宗。有一次，余先生告訴我：「歷史要看變化，我研究歷史始終有一個重點，不是從頭到尾研究，沒有什麼事情發生，研究它幹什麼？我研究的是有變化的時期，要抓住每一個朝代，都是看它的變化，才能看出全部歷史的貫通之處。有變化時期就多研究，沒有變化時期就擺在一邊。我認爲研究歷史是看整個結構與結構中間的變化，不是盲目地隨便地抓一批就興之所至研究一下，暗裡要有整個的計畫。這就是你心裡想的通史的計畫。」

　　余英時《方以智晚節考》增訂版自序云：「嘗試論之，史者，知人論世之學也。今人於論世之義知之甚審，而於知人之義即多忽之。此時代風氣使然也。然亦未有不知人而真能論世者，更未有不知其心而真能知其人者。此於治思想史爲尤然。」「知人論世」的

追求，貫穿了余英時所有的作品。他把理解與同情注入了歷史研究，方以智、戴震、章學誠、朱熹、陳寅恪、胡適、錢穆、顧頡剛的音容笑貌躍然紙上，而這些歷史人物背後的時代風雲與思想劇變彷彿重現。

現實世界不管如何變幻，《史記‧貨殖列傳》：「天下熙熙，皆爲利來；天下壤壤，皆爲利往。」千百年來依然點中人性的要害。我以訪問知識人爲志業，常常在關鍵時刻見到人性的幽暗一面，心中經歷一番驚濤駭浪之後，只能一笑置之。我雖然是一個無可救藥的樂觀主義者，但有幸遇見真小人與僞君子，心灰意冷之時不免感慨文化界也是名利場。也許是我的有感而發，余先生對我說：「我覺得學歷史的好處不是光看歷史教訓，歷史教訓也是很少人接受，前面犯多少錯誤，到後面還是繼續犯，因爲人性就是大權在握或利益在手，便難以捨棄，權力和利益的關口，有人過得去，也有人過不去。所以讀歷史的最大好處是使我們懂得人性。」

余英時：安徽潛山人，1930年生於天津。1950年至1955年就讀於香港新亞書院及新亞研究所，師從錢穆先生。1956年至1961年就讀於哈佛大學，師從楊聯陞先生，獲博士學位。曾任密西根大學、哈佛大學、耶魯大學教授、香港新亞書院院長兼中文大學副校長，普林斯頓大學講座教授。著有《歷史與思想》、《史學與傳統》、《中國思想傳統的現代詮釋》、《文化評論與中國情懷》、《中國文化與現代變遷》、《歷史人物與文化危機》、《士與中國文化》、《方以智晚節考》、《論戴震與章學誠》、《朱熹的歷史世界》、《重尋胡適歷程》等。

本文參考書目

余英時著作，四十餘種。

田浩(Hoyt Tillman)編，《文化與歷史的追索：余英時教授八秩壽慶
　　論文集》（台北：聯經出版公司，2009年12月初版）。

錢穆，《八十憶雙親　師友雜憶》（北京：三聯書店，2005年3月第2
　　版）。

楊聯陞，《哈佛遺墨》（北京：商務印書館，2004年12月第1版）。

陳方正，《迎接美妙新世紀》（北京：三聯書店，2011年3月第1版）。

李懷宇，傳媒人，作品有《訪問歷史》、《世界知識公民》等。

致讀者

　　儒家這個長遠的傳統，一直是華人世界乃至於東亞社會的重要
文化資源，為個人生命提供敘事架構，從生活倫常為社會秩序提供
基礎，也在政治上構成了正當性論述的依據。但近代以來，儒家全
面敗退，原因所在與其說是被證明為錯謬，不如說是儒家與現代生
活已經互不相干：「現代」人的生活所需要的意義、秩序、以及理
據，另外找到了比儒家更合適、強大、更有說服力的資源。儒家這
種「不相干」，反映在它的思想創造力的枯竭：既然生活中的各項
問題根本無需、無法用儒家的語言來陳述，它也就不可能面對問題
而產生新的說法。如果有人大膽斷言，儒家的經典到了明末就可以
全編定稿，此後的儒門思想只能圍繞著前人這些經典從事詮釋、辯
解、附會的工作，今天的儒者會如何回應呢？跟（例如）基督教神學
思想至今仍然強勁的創造活力相比，儒家真的無力再推陳出新嗎？

　　儒家傳統與現代生活的不相干，在政治領域相當明顯。但也正
是在政治這個領域，今之儒者致力最勤。一方面，無論自由主義、
社會主義或者其他政治思考，在基本政治價值、基本制度、以及關
於政治共同體的想像三方面，都無需再訴諸儒家，甚至於完全顛覆
了儒家的思路。但在另一方面，在20世紀中葉，港台新儒家曾經嚴
肅面對現代政治現實，力圖證明自由主義與儒家是相通的；晚近的
大陸「通三統」之說，則企圖在儒家與「社會主義共和國」之間建
立延續。如果說這類努力尚屬於守勢，最新的「政治儒學」、「儒
教」、「儒家憲政主義」等運動就更為主動，不再著意於辯護，而

是直接根據儒家原則來陳述與思考政治價值、政治制度、政治共同體的性格。這些發展,值得關注。

本期《思想》以「儒家與現代政治」為專輯,呈現了這股思想新動態的部分面貌,除了邀請儒家一方的代表性人物如陳明、姚中秋先生闡述他們的觀點,也邀請了幾位對儒學政治思想有所質疑的學者提出評論。這兩方看似針鋒相對,立場上其實都接近廣義的自由主義,相互有著同情的理解,爭論起來也就更能夠直指本題。

張灝先生關於儒家歷史上政教分合關係的文章,是他在香港中文大學擔任「余英時講座」時的演講稿,與當前儒家復興運動所引起的爭論並沒有直接關係。但此文對儒家政治意識的一個根本糾結提出了縝密的分析,對當前的爭議實際上是深具啟發意義的。

葛兆光先生的《宅茲中國》出版以來,本刊前後發表過三篇評論,正反意見並陳。如今葛先生將他紀念溝口雄三、評論日本漢學傳統的演講稿交給本刊發表,其中除了追溯日本漢學的學術史,更廣泛涉及歷史意識、學術政治、以及學術發展等重大議題。值此亞洲、東亞、中國等概念受到矚目的時刻,本文特別值得參考。

在此,我們要向一群熱心、認真的朋友道歉。在10月份,《思想》與台灣哲學學會合作,以「四書納入高中必選教材是否合宜?」為題,舉辦哲學論壇,邀請了學界、教育界的一些朋友參加討論,並且準備將他們的正反論點在《思想》發表。但是由於本期篇幅有限,必須將整個專題移到下一期的《思想》,特此說明。

最後,謹此沉痛悼念本刊作者高華先生(1954-2011)。

編者

2011年歲末

《思想》徵稿啓事

1. 《思想》旨在透過論述與對話，呈現、梳理與檢討這個時代的思想狀況，針對廣義的文化創造、學術生產、社會動向以及其他各類精神活動，建立自我認識，開拓前瞻的視野。

2. 《思想》的園地開放，面對各地以中文閱讀與寫作的知識分子，並盼望在各個華人社群之間建立交往，因此議題和稿源並無地區的限制。

3. 《思想》歡迎各類主題與文體，專論、評論、報導、書評、回應或者隨筆均可，但請言之有物，並於行文時盡量便利讀者的閱讀與理解。

4. 《思想》的文章以明曉精簡爲佳，以不超過1萬字爲宜，以1萬5千字爲極限。文章中請盡量減少外文、引註或其他妝點，但說明或討論性質的註釋不在此限。

5. 惠賜文章，由《思想》編委會決定是否刊登。一旦發表，敬致薄酬。

6. 來稿請寄：reflexion.linking@gmail.com，或郵遞110台北市基隆路一段180號4樓聯經出版公司《思想》編輯部收。

第16期：台灣史：焦慮與自信（2010年10月出版）

第17期：死刑：情理與法理(2011年1月出版)

第18期：中國：革命到崛起(2011年5月出版)

第19期：香港：解殖與回歸(2011年9月出版)

思想20
儒家與現代政治

2012年1月初版　　　　　　　　　　　　　　　　定價：新臺幣360元
有著作權‧翻印必究
Printed in Taiwan.

編　　　著	思　想　編　委　會
發　行　人	林　　載　　爵

出　版　者	聯 經 出 版 事 業 股 份 有 限 公 司	叢書主編	沙　淑　芬
地　　　址	台 北 市 基 隆 路 一 段 1 8 0 號 4 樓	校　　對	劉　佳　奇
編輯部地址	台 北 市 基 隆 路 一 段 1 8 0 號 4 樓	封面設計	蔡　婕　岑
叢書主編電話	(0 2) 8 7 8 7 6 2 4 2 轉 2 1 2		
台北聯經書房：	台 北 市 新 生 南 路 三 段 9 4 號		
電　　　話：	(0 2) 2 3 6 2 0 3 0 8		
台 中 分 公 司：	台 中 市 健 行 路 3 2 1 號		
暨 門 市 電 話：	(0 4) 2 2 3 7 1 2 3 4 e x t . 5		
郵 政 劃 撥 帳 戶 第 0 1 0 0 5 5 9 - 3 號			
郵 撥 電 話：	(0 2) 2 3 6 2 0 3 0 8		
印　刷　者	世 和 印 製 企 業 有 限 公 司		
總　經　銷	聯 合 發 行 股 份 有 限 公 司		
發　行　所：	台北縣新店市寶橋路235巷6弄6號2樓		
電　　　話：	(0 2) 2 9 1 7 8 0 2 2		

行政院新聞局出版事業登記證局版臺業字第0130號

本書如有缺頁，破損，倒裝請寄回聯經忠孝門市更換。　　ISBN　978-957-08-3949-4 (平裝)
聯經網址：www.linkingbooks.com.tw
電子信箱：linking@udngroup.com

國家圖書館出版品預行編目資料

儒家與現代政治/思想編委會編著. 初版.
臺北市. 聯經. 2012年1月（民101年）. 336面.
14.8×21公分（思想：20）
ISBN　978-957-08-3949-4（平裝）

1.儒家　2.政治思想　3.文集

121.207　　　　　　　　　　　100028021